고사성어 로 엮은

초한지

심덕보 편저

도서출판 진영사

고사성어로 엮은 초한지

심덕보 편저

2025년 2월 10일 초판 인쇄
2025년 2월 14일 초판 발행
발행인 박 진 영
발행처 도서출판 진영사
인천광역시 부평구 주부토로 236 인천테크노밸리 U1 지식산업센터 B동 1507호
전화 : 032)505-4207
팩스 : 032)505-4206
E-mail : 0183734207@hanmail.net
등록 : 제2007-000001호

ISBN 978-89-6541-695-1 93800
값 18,000원

머리말

'초한지'는 명나라 때 종산거사(終山居士) 견위(甄偉)가 쓴 '서한연의(西漢演義)'가 그 원본이라고 알려져 있다.

유방(劉邦)이 건국한 한(漢)나라는 서기 8년 외척인 왕망(王莽)에게 제위를 찬탈당하였다가, 서기 25년 광무제(光武帝) 유수(劉秀)가 한나라를 재건하였다. 이때를 기준으로 한나라는 왕망 이전을 전한(前漢), 광무제 이후를 후한(後漢)으로 구분한다. 전한의 수도인 장안은 후한의 수도인 낙양보다 서쪽에 있다고 하여 전한을 서한(西漢)으로, 후한을 동한(東漢)으로 부르기도 한다.

그러므로 '서한연의'에서 '서한'이란 용어는 여기에서 따온 것이고, 그 배경은 중국의 진(秦)나라 말기부터 전한(前漢) 초기까지이다.

우리나라 시중의 '초한지'는 사마천의 '사기'를 바탕으로 진(秦)나라와 한(漢)나라 교체기의 여러 이야기를 개별 작가들 나름대로 구상하여 쓴 작품들이다.

필자도 사마천의 사기를 바탕으로 진시황에 의해 분서갱유가 일어난 기원전 213년부터 한나라 초기 유방의 서자인 문제(文帝)가 즉위한 기원전 180년까지의 약 30여 년간 이 시기에 유래된 고사성어를 채집하였다.

이 시기는 중국을 통일한 진시황의 폭정이 시작되었고, 그가 죽은 후 2세 황제 호해(胡亥)와 환관 조고(趙高)에게 억압받던 민중들이 반란을 일으킨 틈을 타 일어난 항우(項羽)와 유방(劉邦)이 중국 대륙의 패권을 다투는 난세이었다. 따라서 이 시기에 전개되는 여러 사건과 등장인물 그리고 일화를 배경으로 한 고사성어가 많이 유래되었다.

필자는 2024년 3월에 춘추전국시대를 배경으로 한 '고사성어로 엮은 열국지'를 펴낸 바 있다. 그 후속편으로 춘추전국시대의 다음 시대인 이 시기를 배경으로 한 고사성어 68개를 간추려 시간적 순서대로 차례를 구성하고 집필하여 '고사성어로 엮은 초한지'로 펴내게 되었다.

우선 이 책은 '고사성어로 엮은 열국지'와 마찬가지로 고사성어의 유래만 단편적으로 나열하고 그치는 것이 아니라, 그 유래와 관련된 사건 및 등장인물, 그 일화 등의 배경과 전후 사정을 알 수 있도록 이야기를 이어나가는 형식을 취하였다. 따라서 소제목으로 된 하나의 고사성어로 이야기가 일단락된 것이 아니고, 고사성어와 고사성어가 시간적 순서대로 계속 이야기가 이어지면서 전개되는 형식이다. 그러므로 고사성어의 차례 순에 따라 이 책 한 권을 읽기만 하여도 이 시기의 대강의 역사 내용을 알 수 있도록 하였다.

두 번째로 고사성어에 대한 출전(出典)을 명시하여 그 출처를 명확히 하였다. 이 시기의 고사성어 출전은 주로 사마천(司馬遷)의 사기(史記)이고, 반고(班固)의 한서(漢書)·강지(江贄)의 통감절요(通鑑節要)·홍매(洪邁)의 용재속필(容齋續筆)·양웅(楊雄)의 양자법언(楊子法言)도 참조하였다. 또 한유(韓愈)의 '과홍구(過鴻溝)'와 두목(杜牧)의 '제오강정(題烏江亭)'의 시(詩)도 인용하였다.

세 번째로 고사성어의 글자마다 훈과 음을 달아 한자를 잘 몰라도 이해를 쉽게 하도록 하였다. 고사성어는 인간의 삶 전반과 관련된 상황, 혹은 인간의 심리 상태 등을 옛 선인(先人)들의 사건과 일화에서 교훈을 얻어 한자로 표현한 것이다. 따라서 한자를 모르더라도 글자마다 명기된 훈과 음을 통하여 그 의미가 이해되도록 하였다.

고사성어는 선인의 경험과 심리 상태 등이 깃들어 있어 지혜와 지식의 보고이며, 교훈을 전달하고 있어 우리 생활과 밀접한 일상의 언어이기도 하다. 시대를 배경으로 나온 고사성어는 다양한 삶의 방식과 지혜가 녹아 있어 현실에서 직접 경험하기 어려운 삶의 문제들을 각자의 관점에서 이를 통해 다양하게 상상하고 생각해 볼 수도 있다

진나라 말기부터 한나라 초기까지 이 시기에 유래된 고사성어에 얽힌 역사적 사실과 배경을 바탕으로 구성한 이 책에는 방대한 시중의 '초한지' 내용이 한 권으로 농축되어 있다.

아무쪼록 이 책이 이 시기의 역사에 대한 흥미와 함께 인문학적 소양을 높이는데 보탬이 되기를 바란다.

차 례

제1장
분서갱유(焚書坑儒)

焚 불사를 분 · 書 글 서 · 坑 묻을 갱 · 儒 선비 유

책을 불태우고 선비들을 파묻다는 말. 폭력적이고 야만적인 사상과 문화 탄압 정책을 비유하는 의미이다.

*** 출전: 사마천, 사기(史記) 진시황본기(秦始皇本紀)**

진(秦)나라 왕인 정(政)은 기원전 230년 한(韓)나라 정복을 시작으로 주변국인 조(趙) · 위(魏) · 초(楚) · 연(燕)나라를 차례로 정복하였다. 그리고 마침내 기원전 221년에 제(齊)나라를 정복함으로써 중국 대륙을 하나의 국가로 통일하였다. 그는 전설의 삼황오제(三皇五帝)를 능가한다는 의미로 황제라는 칭호를 사용하였으며, 자신이 제국의 시작이라는 의미로 스스로를 시황제(始皇帝)라고 칭하였다.

통일 이후 시황제는 황제의 권력을 확립하기 위해 중앙집권 체제를 세우는 데 착수하였다. 먼저 군웅들이 난립하던 전국 시대의 혼란은 제후들에게 봉토를 주고 통치를 인정한 분봉제(分封制) 때문이라고 여기고 중앙이 지방을 통치하는 군현제(郡縣制)를 실시하였다.

진나라 좌승상 이사(李斯)는 진나라의 영토를 전국 36개 군(郡)과 현(縣)으로 재편하고, 중앙에서 임명한 관리가 다스리도록 하였다. 이로써 진나라만의 중앙집권 체제가 정비되었고, 이 체제는 이후 중국의 중앙집권 체제의 기본 골격이 되었다. 이와 동시에 시황제는 영토

확장도 계속하여 흉노를 물리치고 해남도(海南島)까지 군현을 설치하였다.

또한 시황제는 전국의 문자와 화폐, 도량형을 통일하고, 전국에 도로와 운하를 건설하였다. 먼저 좌승상 이사로 하여금 소전(小篆) 문자를 만들게 하고, 모든 공문서와 법령에는 이 문자를 쓰도록 통일하였다. 또 황금을 상폐(上幣), 동전을 하폐(下幣)로 하여 화폐를 통일시키고 도량형 · 수레바퀴의 크기·도로의 폭 등을 통일시켰다.

정치 · 경제 영역에 걸친 대대적인 대통일 작업을 수행하면서 진시황은 이를 문화와 사상적인 면에까지 적용해야겠다고 생각하였다. 즉 춘추전국 시대에 유행하던 유가(儒家) · 묵가(墨家) · 도가(道家) 등 다양한 사상의 영향력을 약화시키고, 법가(法家)로 통일시킴으로써 전제주의적 통일 국가를 구축하고자 하였다.

기원전 213년, 진시황은 함양궁(咸陽宮)에서 천하 통일을 경축하는 연회를 열었다. 이 자리에서 복야(僕射) 주청신(周青臣)을 비롯한 대부분의 신하들은 진시황이 구축한 신제도를 칭송하기에 여념이 없었다.

그러나 박사(博士) 순우월(淳于越)은 지금 시행하고 있는 군현제가 왕족들끼리 서로 지켜주는 기능이 없다며 전통을 중시해야 한다는 보수적인 의견을 내놓았다.

"은(殷)나라와 주(周)나라의 두 왕조가 오래도록 유지할 수 있었던 것은 아들이나 형제들에게 땅을 분봉하여 다스렸기 때문입니다. 하지만 오늘날 천하의 주인인 폐하의 자제들은 벼슬이 없는 필부에 지나지 않으니, 만약 반란의 무리가 일어났을 때 과연 누가 폐하를 보좌할 수 있겠습니까?"

이렇게 신제도를 비판하고 구제도를 중시하는 신하들이 여전히 존재하였기 때문에 진시황은 연회에서 순우월의 의견에 대한 가부를 신하들끼리 논의하게 하였다.

그러자 군현제를 입안한 승상 이사가 반박에 나섰다.

“오제(五帝)와 하(夏) · 상(商) · 주나라의 제도는 서로 중복되거나 답습하지 않고 각자 독자적인 방식으로 천하를 다스린 것은 시대의 변화에 따라 적응하였을 뿐, 옛것을 따르거나 따르지도 않았습니다. 지금은 폐하께서 천하 통일을 이룩하여 그 업적이 후세에 길이 남을 것임에도 유학자들은 그 뜻을 제대로 이해하지 못하고 있습니다. 그전에는 제후들이 다투었으므로 경쟁적으로 선비들을 불러 모았지만, 이제는 폐하께서 대통일을 완성하고 법령을 통일하였습니다. 그러니 백성들은 생업에 종사하고 관리들은 새 법령을 익히는 데 온 힘을 기울이면 될 뿐입니다. 지금 시대와 맞는 새로운 것을 배우려 하지 않고 옛것만 고수하는 태도는 지금의 세상을 그르다고 백성들을 미혹하여 민심을 어지럽게 하고 있습니다. 더구나 옛날에는 천하가 혼란스러워 제후들이 군사를 일으키고 하는 말마다 옛것을 내세워 지금을 헐뜯고 실질적인 것을 어지럽혔습니다. 또 저마다 사사로이 배운 것만을 높이 치켜세워 조정에서 세운 제도를 비난하였던 것입니다.”

이렇게 이사는 옛것을 내세워 지금의 제도를 헐뜯고 있는 사사로운 학문을 금지하여 비방의 기회를 주지 말 것을 주장하고, 한 걸음 더 나아가 ‘분서(焚書)’를 진언하였다.

“사관에게 명하시어 진나라 사서(史書)를 제외한 다른 서적들을 불태우시고, 지방관에게 박사가 직무상 봐야 하는 도서와 농서(農書)·복서(卜書)·의서(醫書) 이외의 시경·서경·제자백가의 서적들은 모두 불태우라고 명하십시오. 또한 시서(詩書)에 대해 이야기하는 자는 저잣거리에서 그들을 참수하여 본보기를 보이시고, 여전히 옛것으로 지금의 일을 비판하는 자가 있다면 일가족을 처형하십시오. 또 이와 같은 일을 알고도 잡아 들이지 않는 관리는 같은 죄로 다스리시고, 한 달이 지나도 분서를 하지 않는 이가 있다면 묵형(墨刑)에 처하여 변방으로 노역을 보내십시오. 만약 법령을 배우고자 하는 자가 있다면 관리들을 그 스승으로 삼게 하십시오."

진시황은 이사와 함께 법가 사상에 기반을 둔 정책을 시행하였기 때문에 이사의 주장을 받아들였다. 따라서 진나라 사서 외의 고전 문헌과 제자백가의 서적들이 잿더미로 변하였다.

이러한 '분서 사건'은 진시황이 펼친 폭력적이고 야만적인 정책으로, 최악의 문화 참사라는 오명을 가지게 되었다.

이로부터 1년 후인 기원전 212년, 분서 사건을 능가하는 또 다른 야만적인 사건인 '갱유(坑儒)사건'이 발생하였다.

갱유 사건은 진시황이 유생들을 생매장한 사건으로, 이 사건의 직접적인 원인을 제공한 것은 유학자가 아닌 신선의 술법을 닦는다는 방사(方士)들로써, 후생(侯生)과 노생(盧生)이었다. 이들은 진시황이 불로장생의 미신에 현혹되어 불사의 선약을 구하여 오도록 한 사람들이었다.

이미 진시황은 서복(徐福)이라는 자에게 명하여, 어린 남녀 수천 명을 데리고 동쪽으로 가서 불로초를 구하러 보냈지만 돌아오지 않았다.

제주 서귀포에는 서복이 정방폭포 해안에 닻을 내리고 불로초를 찾아 한라산(영주산)을 다녀갔다는 설화가 전해져 내려오고 있다. 이때 서복은 정방폭포 암벽에 "서복이 이곳을 지나갔다."는 말인 '서불과지(徐市過之)'라고 새겨놓고 서쪽으로 돌아갔다 한다. 그래서 서쪽으로 돌아간 포구라서 서귀포(西歸浦)라 이름하였다는 유래가 전해지고 있다.

이렇게 진시황은 서복에게 크게 속았음에도 불로장생에 대한 염원은 멈추지 않았다. 진나라 도성인 함양(咸陽)은 여전히 방사들로 북적거렸고, 후생과 노생도 이런 방사 중의 하나이었다. 그들은 진시황에게 불로장생에 효험이 있는 법술들을 건의하였으나 속임수에 불과한 법술이라서 신통한 방안을 내놓을 수는 없었다. 이를 용납하지 않고 가차 없이 처형하는 진시황의 성정을 너무도 잘 알았던 이들은 결국 도주하면서 진시황의 성정과 정치를 비난하는 말을 시중에 퍼뜨렸다.

"진시황의 성정은 괴팍하여 자신의 신하들조차 신임하지 못해 모든 일을 독단적으로 처리한다. 또 관리는 옥리만 채용할 뿐, 칠십여 명의 박사들은 냉대받고 있다. 게다가 처벌과 사형만으로 황제의 위엄을 지키려고 하니 백성과 관료들은 죄를 지을까 두려워 간언도 하지 못하고 그저 제 몸 하나만을 살필 뿐이다. 그러니 이런 황제를 위해서 어떻게 불로장생의 영약을 구해다 줄 수 있겠는가?"

이 말을 들은 진시황은 격노하여 이들을 체포하여 비방에 동조한 학자들이 있는지 조사할 것을 명하였으나, 후생과 노생을 끝내 잡아내지는 못하였다. 그런데 조사하는 도중 진시황을 비방하는 무리가 주로 유생들이었다는 사실이 드러났다. 이로써 후생과 노생에 대한 진시황의 분노는 유생들에게 향하였다.

진시황은 함양을 철저히 수색하여 비방에 관련된 자 460명을 잡아들였다. 여기에는 후생과 노생을 아는 자, 그들과 비슷한 방술을 구사하는 방사들, 비방에 관련된 유학자들이 포함되어 있었다. 진시황은 이들 460명을 구덩이에 산 채로 묻어 버렸다. 이것이 '갱유 사건'으로, 전년에 일어난 분서와 함께 '분서갱유'라고 일컫는다.

이와 같이 "책을 불태우고 선비들을 파묻다."는 말인 **'분서갱유(焚書坑儒)'**라는 고사성어는 기원전 213년에 일어난 **'분서(焚書)'**와 그 이듬해 일어난 **'갱유(坑儒)'**라는 별개의 두 사건을 하나로 합쳐서 일컫는 말에서 유래하였다. 실용서를 제외한 사상서를 불태우고 유학자를 생매장한 탄압 정책으로 **'분갱(焚坑)'**이라고 줄여서 부르기도 한다.

제2장
하견지만(何見之晚)

何 어찌 하 · 見 볼 견 · 之 갈 지 · 晩 저물(늦을) 만

어찌하여 보는 것이 느린가? 라는 말. 판단이나 깨달음이 느리거나 눈치가 없는 것을 비유하는 의미이다.

*** 출전: 사마천, 사기(史記) 이사열전(李斯列傳)**

어느 날 진시황은 낮잠을 자던 도중, 하늘에서 해가 떨어지는 꿈을 꾸었다. 이어서 홍의(紅衣) 동자와 청의(靑衣) 동자가 나타나 서로 그 태양을 가지기 위해 싸웠는데, 홍의 동자는 청의 동자에게 수차례 두들겨 맞아 쓰러져도 일어나 단 한 번의 일격으로 기어이 청의 동자를 물리쳤다. 진시황이 홍의 동자에게 누구냐고 물어보자, 400년 왕조의 기틀을 다질 자라고 하였다.

진시황은 자신이 꾼 꿈속에서 나온 홍의 동자가 진나라를 빼앗을 것이라는 우려를 떨쳐버리고 자신의 위대함과 진나라 제국의 무궁함을 기원하기 위하여 순행(巡幸) 길에 올랐다.

1차 순행은 기원전 220년, 농서(隴西)와 북지(北地)를 다녀왔는데, 도중에 공동산(崆峒山)과 회중궁(回中宮)을 거쳐 주로 대륙의 북서쪽 지역을 돌아보았다.

2차 순행은 기원전 219년, 제나라 땅 임치(臨淄) 근처의 태산(泰山)에서 천하 통일을 완수했음을 하늘에 고하는 봉선(封禪)을 하고, 양부

산(梁父山)·지부산(之罘山)·낭야대(琅琊臺)에 자신의 공덕비를 세웠다. 이때 비가 많이 오면서 유생들이 덕행을 갖추지 못한 황제에게는 봉선 의식을 올릴 자격이 없음을 하늘이 알려 준 것이라며 비웃었다. 그리고 상산(湘山)에서 거센 바람을 만나 강을 건너기가 힘들게 되자 죄수 3천 명을 시켜 나무를 모조리 잘라 민둥산을 만들어 버렸다.

3차 순행은 기원전 218년, 대륙의 동쪽 지역을 순행하였다. 산동 지역을 지나 양무(陽武) 박랑사(博狼沙)에 다다랐을 때, 그곳 모래언덕에 매복해있던 장량(張良)과 그에게 고용된 역사(力士)가 철퇴로 기습을 하였다. 그러나 여러 대의 순행 수레 중 황제가 타고 있지 않은 수레에 철퇴를 내리치면서 실패하여, 장량은 하비(下邳)로 도망가고 역사는 그 자리에서 참살당하였다.

4차 순행은 기원전 215년, 옛 연나라 지역으로 향하였다가 갈석산(碣石山)에 비문을 남기고 상군(上郡)을 통하여 돌아왔다.

이때 방사(方士)인 노생(盧生)이 미래를 예언하는 천록비결(天簏祕訣)을 구해왔는데, 그 속에 "진나라는 '호(胡)' 때문에 망한다."는 '망진자호야(亡秦者胡也)'라는 말이 있었다. 그러자 진시황은 그의 아들 중 '호'자가 들어있는 '호해(胡亥)'가 있는 것은 생각하지 못하고, 오랑캐를 의미하는 '호'자 때문에 북쪽의 흉노족을 떠올렸다. 그래서 기원전 214년, 진시황은 몽염(蒙恬)에게 30만 대군을 주면서 흉노족을 토벌할 것을 명하고, 다음 해인 기원전 213년에 흉노족을 막기 위한 만리장성 축조를 시작하였다. 이 만리장성을 축조하는 데는 150만 명의 백성들이 동원되었는데, 4년 만에 30만 명이 사망했다고 전해지고 있다.

기원전 212년, 70만 명의 백성들을 동원하여 함양의 위수 근처에 거대 궁궐인 아방궁을 짓게 하고, 구원(九原)에서 운양(雲陽)까지 직도(直道)를 건설하였다.

후에 자신이 묻힐 능묘인 여산릉(驪山陵)을 조성하는 데도 무리하게 백성들을 동원하였다. 이러한 대규모 토목 공사가 이어지자 나라의 재정이 바닥났고, 백성들의 삶이 피폐해지면서 민심이 흉흉해졌다.

그러자 진시황의 큰아들 부소(扶蘇)는 진시황에게 폭정을 자제해야 한다고 간언했다가 도리어 노여움을 사, 만리장성 건설 감독을 명령 받고 몽염이 있는 하남의 국경 지역으로 추방되었다.

기원전 211년 연속하여 3개의 괴상한 사건이 일어나 진시황을 아주 불안하게 만들었다.

첫 번째는 '형혹수심(熒惑守沈)'의 출현이다.

화성(火星)을 '형혹'이라고 불렀는데, 화성이 운행하여 전갈자리의 세 개의 별 부근으로 가고 그곳에 한동안 머무르는 것을 '형혹수심'이라고 한다. '형혹수심'의 출현은 가벼우면 천자가 자리를 잃고, 심하면 황제가 사망한다는 것을 의미하였다.

두 번째는 운석 사건이다.

한 유성이 동군(東郡)에 떨어졌다. 동군은 진시황의 즉위 초기 제나라와 접경지역인 것을 여불위가 공격해서 얻은 땅이다. 떨어진 운석에 "시황제사이지분(始皇帝死而地分)"이라고 쓰여 있었다. 이는 진시황이 죽고 천하가 나누어진다는 것이다.

세 번째는 물의 신에게 바친 벽옥(碧玉)이 되돌아온 사건이다.

진시황의 심부름으로 관동으로 갔던 관리가 한밤중에 섬서성 화음(華陰)을 지나는데 돌연 한 사람이 손에 벽옥을 들고 길을 막았다. 그는 이 벽옥을 진시황에게 전해달라고 하며 "금년에 조룡이 죽는다(今年祖龍死)"라고 말하고는 사라졌다. 그 관리는 함양으로 돌아와 진시황에게 이를 보고하였다. 이 벽옥은 진시황이 2차 순행 때 장강의 신에게 제사를 지내고 강물 속에 던져 넣었던 것이었다.

진시황은 1년 동안 연속하여 발생한 이런 사건들로 인하여 불안한 마음으로 점을 쳤는데, 순행 길에 오르면 화를 피하고 복을 받을 수 있다고 하여 기원전 210년 5차 순행에 나섰다.

이 순행에 아들 호해, 좌승상 이사(李斯), 중거부령(中車府令)인 환관 조고(趙高) 등을 대동하고, 남쪽으로 향하였다. 호북성 운몽(雲夢) 지역에 이르러 순(舜)임금에게 제사를 지내고, 절강성 회계산(會稽山)에 올라 자신의 공덕비를 세웠다.

그런데 진시황은 산동성 평원진(平原津)에 이르러 갑자기 병이 나자, 몽염 장군의 동생인 몽의(蒙毅)에게 산천의 신에게 기도를 드리도록 회계산 등 여러 산을 다닐 것을 명령하였다. 그래도 병이 낫지 않고 오히려 심해지자 진시황은 자신의 천수가 다했음을 예감하고, 조고를 불러 몽염 장군에게 가 있는 맏아들 부소에게 보내는 조서를 쓰게 하였다.

그 내용은 부소가 도성인 함양으로 돌아와서 자신의 장례를 주관하고 보위를 이어받으라는 것이었다. 조서를 쓴 직후 진시황은 마침내 기원전 210년 7월 22일 하북성 사구평대(沙丘平臺)에서 50세의 나이로 병사하였다.

진시황의 죽음을 알고 있는 자는 호해와 좌승상 이사, 조고를 포함한 극소수의 환관뿐이었으므로, 이들은 천하에 변란이 발생할 것을 우려해 이 사실을 비밀로 하고 발상하지 않았다.

끼니때가 되면 음식을 올리는 시늉을 하면서 모두를 속였다. 또한 소금에 절여서 말린 물고기 1석(石)을 수레에 싣게 해서 시신의 악취와 어물의 냄새를 구분하지 못하게 하면서 도성인 함양에 도착할 때까지 진시황의 죽음을 숨기고 순행을 계속 진행시켰다.

그러자 조고는 부소에게 보내는 진시황의 조서가 아직 자기 손에 있는 것을 이용하여 호해(胡亥)를 황제 자리에 앉히기 위해 조서를 위조하기로 마음먹었다. 호해는 조고에게 서법과 법령 등을 배운 적이 있어 그를 많이 따랐기 때문이다.

조고는 호해에게 황제의 자리에 오를 것을 어렵사리 설득하고 난 뒤에, 최대의 걸림돌이라 할 수 있는 좌승상 이사(李斯)의 설득에 온 힘을 기울였다.

"이제 천하의 권력은 호해에게 달려 있습니다. 그리고 이 조고는 호해의 뜻을 잘 알고 있습니다. 대체로 밖에서 안을 제압하는 것을 '혹(惑)'이라 하고, 아래에서 위를 제어하는 것을 '적(賊)'이라 합니다. 이제 와서 부소를 보위에 오르게 하는 것은 바로 '혹'이오 '적'입니다. 공자 해호로 보위를 잇게 하는 것은 가을에 서리가 내리면 풀잎과 꽃잎이 떨어지고, 봄이 되면 얼음이 녹아 물이 흐르면 만물이 일어나는 것과 같이 필연적 결과입니다. 승상께서는 어찌하여 그리 보는 것이 느립니까?"

처음에 이사는 몸에 밴 법가 정신으로 쉽게 조고의 변칙과 일탈을 받아들일 수가 없어 맞섰다. 그러나 만약 호해를 따르지 않는다면 그 재앙이 자손에까지 미칠 것이라는 조고의 위협에 이사는 더 버텨내지 못하고 조고와 호해 편을 들었다.

이렇게 하여 큰아들에게 황제 자리를 물려주라는 절대 권력자 진시황의 유언이 일개 환관의 손아귀에서 완전히 농락당한 것은 물론 천하마저도 돌이킬 수 없는 소용돌이 속으로 빠져들었다. 이것이 중국의 역사를 바꾼 '사구정변(沙丘政變)'이었다.

이와 같이 환관 조고가 좌승상 이사에게 호해를 보위에 올릴 것을 설득하면서 말한 중에서 "어찌하여 그리 보는 것이 느립니까?"라는 말인 '하견지만(何見之晩)'이라는 고사성어가 유래하였다.

마침내 조고는 이사와 모의하여 진시황이 부소에게 보내는 조서 내용을 뜯어고쳐 사구에서 진시황의 유언을 받은 것처럼 꾸몄다. 내용은 호해를 태자로 삼도록 했으며, 부소는 한치의 공훈도 없으면서 비방하는 일만 많아 효성스럽지 못하고, 몽염은 부소를 바르게 시정시키지 못했다는 죄목을 들어 부소와 몽염은 자결하라는 것이었다.

이렇게 꾸민 조서를 가진 사자가 부소에게 가서 이를 전달하자, 부소는 그 내용을 보고 울면서 자살하려고 하였다.

그러자 몽염이 부소를 제지하며 말하였다.

"폐하께서 바깥에 계시며 태자를 세우지 않았으며, 신을 시켜서 30만 명의 병사를 이끌고 변경을 지키게 하고 공자가 감독하도록 하였으니 이는 천하의 막중한 임무입니다. 한 사람의 사자가 왔다고 해서 자살한다면 그 진위를 알 수 있겠습니까? 다시 용서를 간청한 후에 죽어도 늦지 않습니다."

그러나 사자가 여러 번 자살을 독촉하자 부소는 아버지께서 자식에게 죽음을 내린 것을 어찌 다시 용서를 간청하겠냐면서 자살하였다.

몽염은 명령을 의심해 다시 한번 조서를 내려 달라고 청했다가 양주현에 감금되었다. 후에 호해가 다시 조서로 몽염에게 죽음을 내리자, 이를 한탄하면서 음독자살하였다.

제3장
애인희시(愛人喜施)와 용안(龍顔)

愛 사랑 애 · 人 사람 인 · 喜 기쁠 희 · 施 베풀 시

사람들을 사랑하고 베풀기를 좋아한다는 말. 사람을 차별하지 않고 깊고 폭넓게 사귀는 친화력을 비유하는 의미이다.

*** 출전: 사마천, 사기(史記) 고조본기(高祖本紀)**

龍 용 룡 · 顔 얼굴 안

용의 얼굴. 임금의 얼굴을 비유하는 의미이다.

*** 출전: 사마천, 사기(史記) 고조본기(高祖本紀)**

유방(劉邦)의 이름은 유계(劉季)이고, 기원전 247년 사수군(泗水郡) 패현(沛縣) 풍읍(豐邑) 중양리(中陽里)에서 태어났다.

아버지는 태공(太公)이라 하며 어머니는 유온(劉媼)이다. 여기서 태공이란 고유명사가 아니라 당시 노인 남자에 대한 일반적인 존칭이다. 유온이라는 이름도 실제로는 유씨 집안의 할머니란 뜻이다. 유방의 출신 가문이 워낙 한미해서 본인은 물론 부모조차 그럴듯한 이름이나 자(字)가 없었다. 이 당시 귀족이 아닌 일반 평민들에게는 특별히 정한 이름이 없었고 보통 태어난 순서대로 맹(孟: 첫째), 중(仲: 둘째), 숙(叔: 셋째), 계(季: 넷째 또는 막내)로 불렸다. 그러므로 유계란 이름은 유씨 집안의 막내아들이란 뜻이다. 지금 우리가 흔히 알고 있는 '유방'이란 이름은 나중에 만들어진 것이다.

설화에 의하면 유온은 큰 연못가에서 쉬고 있다가 얼핏 잠이 들었는데, 그때 하늘에서 천둥이 치고 번개가 번쩍이면서 사방이 어두컴컴해졌다. 태공이 달려가 보니 교룡(蛟龍)이 유온의 몸에 올라가 임신을 시켜 유방을 낳게 되었다.

사마천의 사기(史記) 고조본기(高祖本紀)에는 이렇게 기록하고 있다.

"유방은 코가 높고 얼굴은 용을 닮았으며 수염이 멋지고 왼쪽 넓적다리에는 72개의 검은 점이 있었다. 그러면서 사람됨이 어질어서 다른 사람을 사랑하고 베풀기를 좋아했으며 성격이 활달하였다. 늘 큰 뜻을 품고 일반 사람들의 생산 작업에는 종사하려 하지 않았다."

이와 같이 "사람들을 사랑하고 베풀기를 좋아한다."는 말인 '애인희시(愛人喜施)'는 사마천의 사기 고조본기의 기록에서 유래하였다.

유방은 가난한 농부의 아들로 태어나 큰 뜻을 품었다고 하지만, 가업을 돌보지 않고 유협(遊俠)의 무리와 어울려 다녔다.

어떤 이는 그 친화력의 근원을 용을 닮았다는 유방의 얼굴 모습에서 찾고 있다. 맺힌 데 없이 넉넉한 얼굴을 대하기만 하여도 적대감이 사라지고 싸울 투지를 잃게 하였다. 그 대신 까닭 모를 푸근함에 이끌리어 유방이 불러주기를 기다리며 그 주위를 맴돌기 일쑤였다.

이들 중에 노관(盧綰)은 유방과 같은 중양리 사람으로 기이하게도 그와 태어난 일시가 같았다. 노관과 유방은 죽마고우이지만, 노관이 유방을 형처럼 대우하며 늘 따라다녔다.

또 한사람인 번쾌(樊噲)는 개백정을 업으로 삼고 있는데, 힘이 장사이고 다른 무예에도 뛰어났다. 그는 스스로 유방의 아우가 되기를 청하며 그를 따랐다.

패현의 관리 중에서도 공조리(功曹吏) 소하(蕭何)나 옥리(獄吏) 조참(曺參) 같은 사람들은 유방을 좋아하여 그가 이들을 보러 현청으로 자주 가기도 하였다.

어느 날 유방은 칼을 차고 현청에 이들을 보러 갔다가, 마부인 하후영(夏候嬰)을 만나 검술 이야기를 하던 중에 유방이 장난삼아 휘두른 칼에 하후영이 크게 다쳤다. 이를 알게 된 현령이 조참을 시켜 범인을 색출하라고 하자, 조참은 소하와 의논하여 유방을 함양의 노역장으로 잠시 피신시켰다. 노관과 번쾌도 유방을 지켜주기 위해 같이 가겠다며 따라나서 같이 노역을 하였다.

이때 유방은 노역장에 순행을 나온 진시황의 행차를 구경하게 되었는데, 그 광경을 보고 탄식하면서 "사내대장부라면 저 정도는 되어야 한다"고 말했다. 유방은 1년 후 노역장에서 패현으로 돌아왔다.

유방은 나이가 들자 시험을 쳐서 사수군의 정(亭)을 지키는 정장(亭長)이 되었다. 진나라는 다섯 집을 묶어 1린(隣)으로 삼고, 다섯 린을 1리(里)라 하였다. 10리마다 하나씩 정(亭)을 두고 그 책임자로 정장이 있는데, 정장 아래에는 번졸(番卒) 두 사람이 보조하고 있는 말단 관리였다. 정은 원래 관용 객사로 공무를 수행하는 관리들이 묵는 집이었다. 정장은 이 객사를 관리하고, 때로는 번졸을 데리고 좀도둑을 잡으러 나서는 등 치안유지 역할도 하였다.

유방은 술과 여자를 좋아해서 주점에 자주 갔는데, 유방이 술에 취해 드러누우면 유방의 몸 위에 용이 나타나는 것을 보고 주모가 기이하게 생각했다. 유방이 술을 마시러 오는 날이면 술이 평소보다 몇 배씩이나 잘 팔렸다. 그래서 주점에서는 유방에게 술값을 받지 않았다.

옛 위나라 선부(單父) 땅 출신인 여공(呂公)은 패현의 현령과 친하였다. 여공은 원수진 사람을 피해 현령의 빈객이 되어 패현에 살았다. 패현의 호걸과 향리들은 현령에게 귀빈이 와있다는 소식을 듣고 여공을 방문하여 예물을 바치며 인사하였다.

당시 소하가 예물을 관리하였는데, 진상한 예물이 천 냥 이상인 사람은 당상(堂上)으로, 천 냥이 못 되는 사람들은 당하(堂下)에 앉도록 하였다. 유방은 만 냥을 내겠다고 종이에 써냈으나 사실은 한 푼도 가진 게 없었다. 그 종이가 전해지자 여공은 놀라 유방을 문 앞에서 맞았다.

여공은 관상을 좀 보는 사람이었는데, 유방을 보고 자리에 앉게 하였다. 그러자 소하가 유방은 허풍이 심하니 믿지 말라고 하였으나, 유방은 사람들의 눈을 무시하고 상석에 앉았다.

술자리가 끝날 즈음 여공은 눈짓으로 유방에게 남아 있으라 하였다. 연회가 끝나 모두 가고 유방만 혼자 남자, 여공이 말하였다.

"나는 어려서부터 관상 보기를 좋아하였소. 많은 사람의 관상을 보았으나 당신 같은 기이한 관상은 본 적이 없었소. 그러니 부디 자중하시오."

유방이 어떻게 기이한 관상이냐고 묻자, 여공이 말하였다.

"목이 길고 콧마루가 높은 **용안의 상**이라 고귀함은 이루 말할 수 없소. 나에게 딸이 있는데 그대와 결혼하여 아내로 삼아 주시오."

여공의 이 딸이 여치(呂雉)로 유방과 결혼하여 나중에 혜제(惠帝)가 되는 유영(劉盈)과 노원(魯元)공주를 낳은 여후(呂后)이다. 여치의 여동생인 여수(呂嬃)는 번쾌와 결혼하여 유방과 번쾌는 동서지간이 되었다.

이와 같이 "용의 얼굴"이라는 말인 '**용안(龍顔)**'은 여공이 유방의 관상을 보고 말한 데에서 유래하였다.

몇 년 후, 여후는 두 아이를 데리고 밭에서 김을 매고 있었다. 지나가던 노인이 여후에게 마실 물을 청하였다. 여후가 준 물을 맛있게 마신 노인은 여후의 관상을 보고 말하였다.

“부인은 이 남자아이 때문에 귀하게 되겠습니다.”

그리고 딸아이의 얼굴을 보고 역시 귀한 상이라고 하였다. 노인이 떠난 후 유방이 밭에 나왔다. 여후는 노인이 한 얘기를 유방에게 들려주자, 유방은 급히 노인의 뒤를 쫓아가서 자기 관상이 어떤가를 물었다.

그러자 그 노인은 유방에게 이렇게 말하였다.

“부인과 아이들의 귀한 관상은 모두 당신에게서 나왔습니다. 당신은 말로 형언할 수 없을 정도로 귀한 상을 가졌으니, 천하를 위해 몸과 마음을 신중히 하시기 바랍니다.”

제4장
유자가교(孺子可教)

孺 젖먹이 유 · 子 아들 자 · 可 옳을 가 · 教 가르칠 교

가르칠 만한 어린아이라는 말. 젊은이가 배울 만한 자세를 갖추고 있어 가르칠 만하다는 것을 비유하는 의미이다.

*** 출전: 사마천, 사기(史記) 유후세가(留侯世家)**

장량(張良)의 자는 자방(子房)이고, 한(韓)나라에서 다섯 왕을 모신 적이 있는 재상 집안에서 태어난 명문가 출신이다. 그는 원래 희씨(姬氏)로서 그의 할아버지 희개지(姬開地)는 소후·선혜왕·양애왕 시절에 재상을 지냈고, 아버지 희평(姬平)은 희왕·도혜왕 시절에 재상을 역임하였다.

이렇듯 명문가에서 태어난 장량에게 한나라를 멸망시킨 진나라는 자신의 집안과 인생을 망가뜨린 원수이었다.

기원전 230년, 진나라는 한나라를 멸망시키고 그 땅에 영천군(潁川郡)을 설치하였다. 장량은 한나라의 원수를 갚기 위해 전 재산을 털어 진시황을 죽일 자객을 구하러 다녔다. 그 무렵 동생이 죽었으나, 자객을 구하는데 쓸 재물이 줄어드는 것을 우려하여 장례식조차 제대로 치러주지 못할 만큼 복수심에 불타있었다.

동쪽 바닷가에 창해군(滄海君)이라는 사람이 역사(力士)들을 많이 기르고 있다는 소문을 듣고, 자신의 성을 장씨(張氏)로 바꿔 신분을 속이고 찾아가, 120근짜리 철퇴를 잘 쓰는 역사 한 사람을 구하였다.

기원전 218년 4월, 장량은 진시황이 3차 순행에 나서 하남성 원양현(原陽縣) 동남방의 박랑사(博浪沙)를 지날 때, 창해의 역사와 함께 진시황을 제거하려고 하였다. 그곳 모래언덕에 매복해있던 장량과 창해의 역사가 진시황의 행렬 속의 수레를 기습하였다. 그러나 여러 대의 수레 중에 황제가 타지 않은 다른 수레를 철퇴로 내리치면서 실패하고 말았다. 크게 노한 진시황이 전국을 대대적으로 수색하여 자객을 잡아 들이라는 수배령이 떨어졌으나, 장량은 강소성의 하비(下邳)로 달아나 숨어 버렸다.

어느 날 장량이 한가로이 하비의 다리 위를 걷고 있는데 베옷을 입은 한 노인이 장량이 있는 곳으로 다가와 신발을 다리 아래로 떨어뜨리고 말했다.

"얘야, 내려가서 신발을 주워 오너라."

장량은 어이가 없어서 무시할까 생각도 했지만, 노인이었기 때문에 이를 억누르고 아래로 내려가 신발을 주워 왔다. 노인은 조금도 망설이지 않고 말했다.

"신발을 주워왔으면 이제 내 발에 신겨라."

장량은 불평 없이 무릎을 꿇고 신발을 신겨 주었다. 그런데 그 노인은 고맙다는 말은커녕 웃기만 하면서 그곳을 떠나 버렸다. 장량은 노인의 행동을 이해할 수 없어서 그저 그가 멀어져 가는 것을 바라보고 있는데, 노인이 다시 돌아와서 장량에게 말하였다.

"어린 것이 가르칠 만하구나. 닷새 뒤 동틀 무렵 여기서 나와 만나자."

장량은 이상한 노인이라 생각하면서도 공손하게 그러겠다고 대답하였다. 닷새 뒤 약속대로 동틀 무렵 장량이 그곳으로 나가 보니 노인은 이미 나와 있었다. 노인은 버럭 화를 내면서 말하였다.

"늙은이와 약속을 하고는 늦게 나오다니, 어찌 이럴 수가 있느냐?"

그러고는 장량이 변명할 틈도 없이 떠나면서 다시 말했다.

"그 정성으로 무얼 배우겠느냐? 닷새 뒤에 다시 이리로 나오너라. 그때는 좀 더 일찍 나와야 한다."

닷새 뒤 새벽에 닭이 울자 장량은 곧장 서둘러 그곳으로 나갔지만, 노인은 벌써 나와 있었다. 노인은 또다시 화를 내며 말하였다.

"또 늦었구나. 어찌 이럴 수가 있느냐?"

그리고는 매몰차게 돌아서며 말하였다.

"다시 닷새 뒤에 좀 더 일찍 나오너라."

장량은 어이가 없었지만, 그 노인이 가르치려고 하는 것이 무엇인지 궁금해졌다. 그래서 다시 닷새가 되자 한밤중에 다리로 나가 그 노인을 기다렸다. 잠시 뒤에 나타난 노인은 기뻐하며 말하였다.

"암, 이래야지. 당연히 이렇게 해야지."

그러면서 노인은 품속에서 책을 꺼내 장량에게 주면서 말하였다.

"내가 너에게 가르쳐 주고 싶은 것이 이 책에 다 들어있다. 이 책을 모두 읽고 익히면 제왕의 스승이 될 수 있으며, 10년 후에는 그 뜻을 이룰 수 있을 것이다. 그리고 13년 뒤 너는 제수(濟水)의 북쪽에서 나를 만날 수 있을 것인데, 곡성산(穀城山) 아래의 누런 돌이 바로 나이다."

노인은 말을 마치자 뒤도 돌아보지 않고 그곳을 떠났는데, 장량은 다시는 그를 볼 수 없었다. 그 후 장량은 누런 돌에서 이름을 따 그 노인을 황석공(黃石公)이라 하였다.

장량이 정신을 차려 그 책을 살펴보니 '태공병법(太公兵法)'이었다. '태공병법'은 주(周)나라 무왕(武王)을 도와 은나라를 멸망시키고 제나라의 시조가 된 강태공인 강상(姜尙)이 지었다는 책이다. 후에 '육도삼략(六韜三略)'이란 책이 '태공병법'이라는 말이 있었으나, 위서(僞書)로 밝혀졌다.

장량은 이 책을 열심히 읽어 모두 외울 정도로 익혔다. 그런 연후에 이 책에 따라 계책을 마련하여 실행하면 신통하게 잘 맞아 들어갔다.

이와 같이 "가르칠 만한 어린아이"라는 말인 '유자가교(孺子可敎)'라는 고사성어는 황석공이 공손하게 신발을 신겨 주는 장량을 기특하게 여기면서 한 말에서 유래하였다.

제5장
과하지욕(袴下之辱)

袴 사타구니 과 · 下 아래 하 · 之 갈 지 · 辱 욕되게 할 욕

가랑이 밑의 치욕이라는 말. 큰 뜻을 위해 수모를 참는 것을 비유하는 의미이다.

*** 출전: 사마천, 사기(史記) 회음후열전(淮陰侯列傳)**

한신(韓信)은 임해군(臨淮郡) 회음(淮陰)사람으로, 한나라 왕실의 서자 자손인 얼손(孼孫)이다. 한신의 선조가 회음으로 옮겨와서 농사를 지으며 이름 없이 살아도 왕손의 자부심을 가지고 살았다. 조상 대대로 물려 받아온 보검을 벽에 걸어두고 그걸 다시 차고 다닐 자손이 나기를 기다렸다.

한신은 여러 학문 중에서도 병가(兵家)의 학문을 익히는데 두각을 나타내어 서른도 안 된 나이에 벌써 병법에 독자적 경지를 이루었다. 끝 모를 자부심과 패기에 한신은 오랫동안 자기 집에 걸려있던 보검을 허리에 차고 다녔다.

그러나 한신이 부모를 모두 여의고, 그나마 물려받은 전답은 병가의 학문을 익히는데 소진되어 빈털터리가 되어있었다. 당장 생계가 급해진 한신은 자기를 써줄 이를 찾아보기로 하였으나, 천하 통일 초기의 진시황 시절이라 한신의 병법을 써줄 제후는 존재하지 않았다. 그의 병법에 관한 남다른 재주는 갈수록 빛을 잃고 그는 나날이 빌어먹는 회음의 천덕꾸러기가 되었다.

그때 한신을 불쌍하게 여기고 여러 달을 먹여 준 게 남창(南昌)의 정장(亭長)이었다. 남창은 회음의 동남쪽에 있었는데, 끼니때마다 남창의 정장 집을 찾아가 그들 내외와 함께 먹었다. 염치를 돌아볼 처지가 아니라 정장을 항상 고맙게 여겼다. 그러나 정장의 아내가 그런 한신을 오래 참아주지 않았다. 처음에는 군소리 없이 한신을 식구로 받아들여 주었으나, 얼마 지나지 않아 정장의 아내는 남편에게 잔소리를 해대었다.

하루는 끼니때가 되어 정장의 집을 찾아갔으나, 이들 내외만 미리 밥을 먹고 깨끗이 치우고는 한신이 서성이며 인기척을 내어도 내다보지도 않았다. 그제야 눈치를 챈 한신이 그 집 대문을 박차고 나와버리고 두 번 다시 찾아가지 않았다.

다시 한신은 밥을 빌어먹으며, 먹는 때보다 굶는 때가 더 많았다. 한신이 있는 회음성 밖에는 회수(淮水)가 흐르고 있었다. 한신은 끼니로 때울 물고기를 잡으러 이곳으로 낚시를 나갔다. 종일 굶으며 낚시를 하여 해가 질 무렵이면 돌아가 잡은 물고기로 허기를 달랬다. 이렇게 사흘째 되는 날도 점심을 굶으며 낚시를 하고 있는데, 강가에서 빨래하던 노파가 그를 불러서 점심을 같이 먹자고 하였다. 아마도 사흘 내리 점심을 굶으며 낚시를 하는 그를 눈여겨보고 있었던 것이었다. 그 노파는 한신이 굶주린 꼴을 보다 못해 수십 일 동안 한신에게 밥을 먹여 주었다. 한신은 고마운 마음에 반드시 이 은혜를 갚겠다고 말하자, 노파는 화를 내며 말하였다.

"대장부가 스스로 먹을 것을 구하지 못하니, 그대가 가엾어서 밥을 주는 것이지 어찌 보답을 바라겠소? 그리고 여기서 낚시대를 드리우고 있으면 언제 그때가 오겠소?"

한신은 노파의 말 한마디에 정신이 번쩍 드는 것을 느꼈다. 이러고 있을 것이 아니라, 회음 땅을 떠나 더 큰 세상에서 무언가를 해야 한다는 생각이 든 것이다.

일찍 낚시를 거두고 성안으로 들어간 한신은 보검을 끌 듯이 차고 저잣거리를 걸어가고 있었다. 빨래하던 노파의 목소리가 다시 한번 귓전을 맴돌아 앞으로 어떻게 해야 할지를 고민하며 걷고 있을 때, 한신의 앞을 한 무리의 뒷골목 건달패들이 가로막았다. 백정 차림의 한 사내가 나서더니 한신의 보검을 손으로 건드리고는 비웃으며 말하였다.

"허우대가 멀쩡한 놈이 칼을 차고 다니는 걸 좋아하는 것은 겁쟁이들이나 하는 짓이다. 오늘 너 같은 겁쟁이 마음 속에 겁이 얼마나 들어있는지 봐야겠다."

그러고는 갑자기 가랑이를 벌리더니 목소리를 높여 외쳤다.

"육신이 멀쩡한데도 밥이나 빌어먹고 다니는 한가(韓哥) 놈아, 네가 죽을 용기가 있다면 칼로 나를 찌르고, 그렇지 않으면 내 가랑이 밑을 지나가거라."

사내가 그렇게 소리치는 바람에 주변에 있던 사람들이 모두 그들을 바라보았다. 한신은 머리끝까지 분노가 치밀어 자신도 모르게 칼자루를 움켜잡았다. 한신의 손이 칼자루에 있는 것을 보고 움찔하던 사내는 용기 있게 찔러보라며 짓궂게 조롱하였다. 그는 사람을 죽이면 사형에 처하는 진나라법 때문에 한신이 자기를 못 찌를 것이라고 굳게 믿고 있는 것 같았다. 순간적으로 한신은 그를 찌르고 모든 것을 끝내버릴까 하고 생각도 들었지만, 갑자기 그가 가엾다는 생각이 들어 이를 단념하였다. 사내를 찌르려면 얼마든지 할 수 있지만, 찌르지 않는 것도 더 큰 용기이기에 그쪽을 선택하기로 하였다.

이윽고 마음을 정한 한신은 그의 가랑이 사이로 기어서 지나갔다. 이를 둘러싸고 보고 있던 뒷골목 건달패들이 왁자지껄하게 웃으며 한신을 비웃었다. 주변에서 구경하던 사람들도 한신을 겁쟁이라고 같이 비웃었다. 그러나 한신은 수모를 잘 참았다고 스스로 위안하면서 회음 땅을 떠나 더 큰 세상으로 나가자고 마음을 다잡았다.

이와 같이 "가랑이 밑의 치욕"을 말하는 '과하지욕(袴下之辱)'이라는 고사성어는 한신이 수모를 참고 한 사내의 가랑이 밑으로 지나간 것에서 유래하였다.

제6장
연작안지 홍곡지지(燕雀安知 鴻鵠之志)와 왕후장상 영유종호(王侯將相 寧有種乎)

燕 제비 연 · 雀 참새 작 · 安 편안할 안 · 知 알 지
鴻 큰기러기 홍 · 鵠 고니 곡 · 之 갈 지 · 志 뜻 지

제비나 참새가 큰기러기나 고니의 뜻을 알지 못한다는 말. 뜻이 작거나 소견이 좁은 사람은, 뜻이나 그릇이 큰 사람을 이해할 수 없다는 것을 비유하는 의미이다.

*** 출전: 사마천, 사기(史記) 진섭세가(陳涉世家)**

王 임금 왕 · 侯 과녁(제후) 후 · 將 장차(장수) 장 · 相 서로 상
寧 편안할 영 · 有 있을 유 · 種 씨 종 · 乎 어조사 호

임금과 제후, 장수와 재상의 씨가 따로 있지 않다는 말. 신분이나 지위가 태어날 때부터 정해진 것이 아니라는 것을 비유하는 의미이다.

*** 출전: 사마천, 사기(史記) 진섭세가(陳涉世家)**

환관 조고(趙高)의 '사구정변(沙丘政變)'으로 2세 황제가 된 호해(胡亥)는 무능하였다. 그는 재능과 포부도 없이 오로지 잔인하고 포악한 정치만을 일삼았다.

자신에게 반대하는 자를 가차 없이 참형으로 다스리고, 22명이나 되는 형제자매를 죽이기까지 하였다. 또한 이사와 조고에게 모든 정사를 맡기고 사치와 향락에 빠져 민생을 돌보지 않았다. 조고는 이러한 그를 더욱 무기력하도록 만들어 놓고 모든 권력을 장악하여 나갔다. 진시황 때부터 시작된 아방궁(阿房宮) 축조를 계속하는 등 대역사를 일으키고, 백성들은 가혹한 세금과 부역으로 폭정에 시달렸다.

진시황이 죽은 다음 해인 기원전 209년, 이러한 진나라의 폭정에 항거하여 진승(陳勝)과 오광(吳廣)이 중국 역사상 최초의 농민 봉기를 일으켰다.

진승과 오광은 하남성(河南城)의 가난한 농민의 집안에서 태어났다. 진승은 집안이 가난하여 머슴으로 일하며 남의 땅을 경작하며 살았지만, 가슴에 항상 큰 뜻을 품고 대성하고자 하였다.

어느 날 그는 친구와 농사일을 하다가 자신이 후에 재산을 모아 지위가 높아지면 지금의 가난한 친구들과 이웃들을 잊지 않을 것이라고 말하였다. 이를 듣고 사람들이 모두 그를 비웃자, 진승은 "어찌 제비와 참새 같은 작은 새가 기러기나 고니와 같은 큰 새의 뜻을 알겠는가!" 하며 탄식했다고 한다.

여기에서 유래한 고사성어가 '연작안지 홍곡지지(燕雀安知 鴻鵠之志)'이다.

진승은 변방 수비군 동원령에 의하여 인솔 조장인 둔장(屯長)으로 징발되어 북쪽의 변방인 어양(漁陽)으로 향하게 되었다. 이렇게 변방 수비군으로 징발된 수졸(戍卒)들의 수는 약 900명 정도였는데, 이들 중에는 오광도 둔장으로 징발되어 같이 있었다.

그러나 어양에 도착하기 전에 안휘성 숙현(宿縣) 지역의 대택향(大澤鄕)이라는 곳에서 홍수를 만나 강물이 불어나면서 더 이상 나아갈 수 없어 도착해야 할 기일을 넘기고 말았다. 당시 진나라에는 징발령이 내렸을 경우 기한 내에 도착하지 못하면 참형에 처한다는 법령이 있었다. 이러한 징발법에 의해 진승과 오광의 무리는 참형을 당할 위기에 처하게 되었다.

진승과 오광은 대책을 논의하고 인솔 책임자인 장위(將尉) 계급의 관리를 설득하여 보았지만, 그는 술에 취하여 오광을 흠씬 두들겨 팼다. 이에 분노한 두 사람은 장위의 칼을 빼앗아 그를 죽이고, 진승이 소리높여 말하였다.

"우리는 장마를 만나 모두 도착 기한을 어겼고, 기한을 어겼으면 참수를 당할 것이다. 참수를 당하지 않더라도 변방 수비를 하다가 열 명 중 예닐곱 명은 죽을 것이다. 또한 죽지 않는다면 그만이지만, 죽는다면 명성을 드러내야 한다. **왕후장상의 씨가 어찌 따로 있겠느냐?**"

여기에서 '**왕후장상 영유종호(王侯將相 寧有種乎)**'라는 고사성어가 유래하였다.

그 자리에 있던 모든 수졸들이 오른쪽 어깨를 드러내면서 이구동성으로 이에 호응하자. 진승과 오광은 살해된 진나라 장위의 목을 잘라 하늘에 제사를 지내고 봉기하였다.

또한 봉기의 당위성 확보를 위해 수졸들이 신비감을 느끼도록 하였다. 진승은 비단 위에 지워지지 않는 물감으로 '진승왕(陳勝王)'이라는 글자를 써서 다른 사람이 잡아 온 물고기 뱃속에 넣어 두었다가, 그 물고기를 먹고 글자를 발견한 수졸들이 이를 괴이하게 여기도록 만들었다.

여기에다 오광이 부근의 황폐한 사당에 가서 한밤중에 장작불을 피워 놓고 여우 목소리를 흉내 내어 "진승이 왕이 되어 초나라는 크게 일어날 것이다"라고 외치면서 기이한 분위기를 더욱 고조시켰다.

진승과 오광은 백성들에게 인망이 있었으나 호해와 조고의 농간 때문에 죽은 진나라의 황태자 부소(扶蘇)와 초나라 최후의 명장이었던 항연(項燕)을 사칭하면서, 진승은 스스로 장군이 되었고 오광은 도위가 되었다. 이들은 몽둥이와 농기구를 무기 삼아 대택향 주변의 기현(蘄縣)을 공격하여 점령하였다. 기현의 점령으로 한껏 고무된 진승과 오광은 동서로 나누어 진나라 군대를 공격하였고 질(銍)·찬(酇)·고(苦)·자(柘)·초(譙)의 다섯 개 현을 점령하는 성과를 올렸다.

진승은 여러 현을 함락시키면서 진나라의 폭정에 시달리던 농민들을 규합하여 계속해서 군사들을 모집하였다. 그리하여 진승의 무리가 진현(陳縣)을 공격할 무렵에는 700량의 전차와 천여 명의 기병과 수만 명의 군사를 소유한 막강한 군대의 모습을 갖추게 되었다.

진현을 함락한 진승은 봉기 1개월 만에 스스로 왕이 되어 진현(陳縣)를 도읍으로 하고 나라 이름을 '초나라를 넓힌다'라는 의미의 '장초(張楚)'라고 지었다. 장초국은 중국 역사상 농민 반란으로 건국된 최초의 국가가 되었다.

진승은 진현에 머물면서 지배 지역을 확대하려고 하였다. 곧 반란군은 진나라를 무너뜨리기 위해 진격을 시작하였다. 진승은 같이 봉기를 주도한 오광을 가왕(假王)으로 삼고, 따로 병력을 편성하여 서쪽으로 형양(滎陽)을 공략하도록 하였다.

또한 무신(武臣)을 장수로 삼아 교위 장이(張耳)·진여(陳余)와 함께 북쪽의 조나라로, 여음(汝陰) 출신의 등종(鄧宗)은 남쪽의 구강(九江)으로 향했다.

진승은 진나라 도성 함양을 공략하기 위해 초나라 명장 항연의 밑에서 시일(視日)의 직책에 있었던 주문(周文)을 장군에 임명하였다. 주문은 지나가는 곳마다 진나라를 타도하자며 모병을 계속하여, 함곡관에 이르렀을 때는 병거 천 승에 군사가 수십 만에 달하였다. 춘추전국시대에 제후국을 병거가 천 승에 이른다 하여 '천승지국'으로 불렀는데, 이 시점의 장초군의 규모는 숫자상으론 춘추전국시대의 제후국 수준으로 불어나 있었다.

제7장

서절구투(鼠竊狗偸)와 부족현치아(不足懸齒牙)

鼠 쥐 서 · 竊 훔칠 절 · 狗 개 구 · 偸 훔칠 투

쥐나 개처럼 훔친다는 말. 좀도둑을 비유하는 의미이다.

*** 출전: 사마천, 사기(史記) 유경숙손통열전(劉敬叔孫通列傳)**

不 아닐 부 · 足 발 족 · 懸 매달 현 · 齒 이 치 · 牙 어금니 아

이빨 사이에 두기에도 부족하다는 말. 말할 거리도 되지 못하는 언급할 가치가 없다는 것을 비유하는 의미이다.

*** 출전: 사마천, 사기(史記) 유경숙손통열전(劉敬叔孫通列傳)**

병거 천 승과 수십 만의 대군을 거느린 주문(周文)은 진나라의 수도인 함양(咸陽)에서 불과 50km 정도 떨어진 희(戱) 땅에 진을 치고 바로 함양을 위협하고 있었다. 이렇게 되자, 진나라는 각 지방에 대한 영향력을 완전히 상실하고, 수도에서 멀리 떨어지지 않는 곳에 수십 만 명의 반란군이 버티고 있는 최악의 상황이 되어버렸다.

그러나 진나라 2세 황제 호해는 사태가 이 지경에 이를 때까지 현실을 전혀 파악하지 못하고 있었다. 동쪽에서 거대한 변란이 일어났다는 사실을 누군가가 알려주자, 호해는 오히려 말도 안 되는 소리라며 현실을 부정하고는 대신과 박사 등 30여 명을 불러 물었다.

"옛 초나라 땅의 변방 수비로 징발된 수졸(戍卒)들이 기(蘄) 땅을 공략하고 진(陳)에 들어왔다고 하는데 이를 어떻게 생각하는가?"

누군가가 앞으로 나서며 말하였다.

"신하는 군중을 거느릴 수 없습니다. 거느리는 것은 바로 반역으로 그 죄는 용서할 수 없는 사형입니다. 폐하께서는 급히 군대를 보내 치셔야 합니다."

이 말을 들은 호해가 안색이 변하자, 숙손통(叔孫通)이 나서서 말하였다.

"지금 천하가 합하여 한집안이 되어 군현에서는 성을 허물고 무기를 녹여 두 번 다시 쓰지 않을 것을 천하에 보였습니다. 또 위로는 밝은 황제가 계시고 아래로는 법령이 완비되어 사람들은 저마다 자기 일에 충실하고 사방의 백성들은 조정에 복종하고 있습니다. 어찌 감히 반역을 꾀하는 자가 있겠습니까? 그들은 단지 도둑들로서, 쥐가 곡식을 훔치고 개가 물건을 물어 가는 것에 지나지 않습니다. 이러한 일은 이빨 사이에 두기에도 부족합니다. 군수나 군위가 곧 잡아 그 죄를 물을 것인즉 어찌 걱정하실 필요가 있겠습니까?"

호해는 이 말을 듣고 기뻐서 옳다고 말하면서, 그 자리에 있던 대신과 박사들에게 각자의 의견을 말하게 하였다. 이들은 혹은 반역이라고도 하고 혹은 도적이라고도 말하였다. 호해는 반역이라고 말한 사람을 '하지 말아야 할 말'을 했다는 죄목으로 조사하게 한 다음, 그들을 형리의 손에 넘기게 하고 도적이라고 말한 사람은 모두 용서하였다. 숙손통에게는 비단 20필과 옷을 하사하고 박사에 임명하였다.

숙손통이 궁궐에서 물러 나오자 박사들이 말하였다.

"선생은 어찌 그렇게 아첨을 잘하십니까?"

숙손통이 말하였다.

"그대는 모르오. 나는 하마터면 호랑이 입에서 벗어나지 못할뻔했소."

이렇게 숙손통은 호해에게 아첨하기 위해 이러한 말을 한 것이 아니라, 그 자리의 위기에서 벗어나 함양을 빠져나가기 위하여 한 말이었다. 후에 그는 설(薛) 땅으로 달아나 항량과 항우 밑에서 일하다가 다시 유방에게 귀순하였으며, 유방이 천하를 통일한 뒤에는 한(漢)나라의 문물제도를 정비하는 데 큰 공을 세웠다.

이와 같이 숙손통이 호해에게 반란자들을 단순한 도둑이라고 말한 것에서 "쥐가 곡식을 훔치고 개가 물건을 물어 가는 것"라는 말인 '**서절구투(鼠竊狗偸)**'라는 고사성어가 유래하였다.

또한 "이빨 사이에 두기에도 부족하다."는 말인 '**부족현치아(不足懸齒牙)**'라는 고사성어도 같이 유래하였는데, '**부족치치아간(不足置齒牙間)**' 또는 '**부족괘치(不足掛齒)**'라고도 한다.

2세 황제 호해는 반란군을 도적이라고 억지 규정하였지만, 현실적으로 어떻게 대처할 것인지에 대하여 신하들에게 의견을 구하였다.

당시 함곡관 바깥의 동쪽은 완전히 반란군의 소굴이 되어버렸고, 이런 상황에서는 병력을 징발하기도 힘들었으며, 무엇보다 시간이 너무 오래 걸렸다. 이에 소부(少府) 장한(章邯)이 임시방편으로 여산(驪山)에서 일하는 노역자들을 용서해 병력으로 쓰자고 건의하였다.

당시 여산에는 진시황릉을 만들기 위해 많은 노역자들이 고통스러운 노동으로 혹사당하고 있었다. 이들 대부분은 진나라의 엄한 법률에 걸려들어 죄인이 되어 끌려온 사람들이었다. 호해는 즉시 천하에 대사면령을 내리고 장한으로 하여금 여산의 노역자들을 모조리 사면해서 징발하게 하였다.

장한은 노역자 부대를 이끌고 나섰고, 첫 싸움에서 주문의 부대를 여지없이 격파하였다. 진나라의 수도를 불과 50km 남겨두고 대패한 주문은 우선 조양(曹陽)으로 물러났다.

그러나 몇 달 후 군사들을 재정비한 장한은 이곳까지 추격해서 또 다시 주문의 부대를 격파하였고, 주문은 민지(澠池)까지 달아났지만

10일 정도 지나자 진나라군은 이곳까지 따라붙었다. 결국 민지에서도 무너진 주문은 절망하여 칼로 목을 찔러 자결하였다.

이 무렵 형양(滎陽)을 공격하고 있었던 오광(吳廣)의 부대는 승상 이사(李斯)의 아들인 이유(李由)가 성을 굳건히 지키는 바람에 성을 함락시키지 못하고 있었다. 오광의 부대에 속해 있던 전장(田臧)이라는 장수는 형양에서 소득 없이 공격만 하고 있으면 장한에게 당할 것을 우려하여 오광을 죽이고 자신이 상장군이 되었다. 상장군이 된 전장은 형양의 포위를 이귀(李歸) 등 다른 장수들에게 맡겨두고, 본인은 정예병을 이끌고 서쪽으로 나아가 오창(敖倉)에서 장한의 부대와 격돌하였다.

그러나 교전 중에 전장이 전사하면서 이 부대는 격파당하였다. 장한은 승세를 몰아 형양까지 나아가 이귀의 병력도 대파하고, 이귀 역시 이 싸움에서 전사하였다.

장한은 이에 멈추지 않고 계속 반란군을 격파하면서 진승(陳勝)이 있는 진현까지 당도하였다. 진승이 직접 군사를 이끌고 분투하였으나, 장한의 군사들을 막아 내지 못하였다. 결국 진승은 진현을 버리고 퇴각하였다.

진승은 퇴각 도중 허망하게도 하성부(下城父)에서 수레를 끌던 마부 장고(庄賈)의 손에 죽고, 장고는 진나라에 투항하였다.

봉기를 일으킨 지 고작 6개월 만의 일로서, 중국 최초의 농민 반란은 이렇게 끝이 나고 말았다.

진승은 탕현(碭縣)에 묻혔는데, 유방이 천하를 평정하고 황제가 된 후에 진승의 시호를 은왕(隱王)이라 칭하도록 하였다.

제8장
만인지적(萬人之敵)과 선즉제인(先則制人)

萬 일만 만 · 人 사람 인 · 之 갈지 · 敵 맞설 적

만인을 대적한다는 말. 많은 사람을 대적할 수 있을 정도로 지략과 용맹이 뛰어난 사람을 비유하는 의미이다

*** 출전: 사마천, 사기(史記) 항우본기(項羽本紀)**

先 먼저 선 · 則 곧 즉 · 制 마를 제 · 人 사람 인

먼저 하면 상대를 제압한다는 말. 상대보다 먼저 하면 유리하거나 능가하는 것을 비유하는 의미이다.

*** 출전: 사마천, 사기(史記) 항우본기(項羽本紀)**

항량(項梁)은 초나라 최후의 명장 항연(項燕)의 막내아들이다.

항연은 진나라의 노장 왕전(王翦)이 60만 명의 대군을 이끌고 초나라를 공격할 때 끝까지 대항하다가 패하자 자결하였다. 초나라가 멸망하자 항량은 진나라에 사로잡혀 역양현(櫟陽縣)에서 포로 생활을 하였다.

그러나 기현(蘄縣)의 옥리인 조구(曹咎)를 통하여 역양의 옥리인 사마흔(司馬欣)에게 서신을 보내 구명을 요청하였고, 그의 도움으로 풀려날 수 있었다.

그 뒤 떠돌아다니던 항량은 우연히 사람을 죽여 조카 항우(項羽)를 데리고 회계군 오중(吳中)으로 피신하였다. 항량은 오중 지역에서 백

성들의 부역이나 초상 때 앞장서서 일을 처리해 주면서 민심을 모으는 한편 비밀리에 자신의 세력을 모았다.

초나라 장수 집안 출신으로 병법에 능했던 그는 자신의 아래로 모여드는 빈객과 젊은이들의 능력을 파악하여 그들을 군대식으로 배치하고 훈련을 시켰다. 또한 조카 항우의 기백을 알아보고 병법을 가르쳤다.

항우는 어려서 글을 배웠으나 도중에 곧 그만두었다. 다시 검술을 배웠는데 이것도 얼마 지나지 않아 싫증을 내었다. 이에 숙부인 항량이 크게 노하며 까닭을 묻자, 항우가 말하였다.

"글이란 이름을 기록할 만하면 충분하고, 검술은 한 사람을 대적하는 것이므로 배울 만한 가치가 없습니다. **저는 만인을 대적하는 법을 배우고 싶습니다.**"

이 말을 들은 항량은 항우에게 병법을 가르쳤다. 항우는 병법을 배우면서 크게 기뻐하였으나, 그 개략적인 내용을 알게 된 이후에는 구태여 자세하게 파고들지는 않았다고 한다.

이와 같이 항우가 항량에게 "만인을 대적하는 법을 배우고 싶다."라고 말한 것에서 '**만인지적(萬人之敵)**'이라는 고사성어가 유래하였다.

진시황이 5차 순행에 나서 회계산에 공덕비를 세우고 난 후에 절강을 건널 때 항량과 항우도 많은 사람들과 함께 강가로 나가 순행 행렬을 구경하였다. 그때 항우가 말하였다.

"저런 자리라면 빼앗아 제가 대신하겠습니다."

항량이 얼른 그의 입을 막으며 말하였다.

"함부로 말하지 마라. 멸족당하게 된다."

항량은 이 일로 인해 항우를 예사롭지 않게 보았다.

이때 항우는 키가 8척이 넘고 힘은 큰 솥을 들어 올릴 수 있었고, 재주와 기상이 남보다 뛰어나니 오중의 젊은이들은 모두 이미 항우를 두려워하고 있었다.

기원전 209년 9월, 진승과 오광 등이 대택향에서 봉기 한지 두 달이 지났다. 회계군수 은통(殷通)이 항량을 관아로 불러 이렇게 말하였다.

"강서 지역은 모두가 반란을 일으켰다니, 이 또한 하늘이 진나라를 멸망시키려는 때이오. 내가 듣자 하니, **먼저 움직이면 남을 제압하고 늦으면 남에게 제압당한다고** 하오. 나는 군사를 일으키고, 그대와 환초(桓楚)를 장수로 삼고자 하오."

항량이 말하였다.

"거병하려면 환초를 찾아야 하는데, 그의 행방을 아는 자는 제 조카 항우뿐입니다. 지금 밖에 있는 항우를 불러 환초를 데려오라 명하시지요."

항량이 잠시 바깥으로 나왔다가 항우에게 칼을 지니고 밖에서 기다리라고 당부하였다. 항량이 다시 들어가 은통과 마주 앉아서 말하였다.

"항우를 불러서 환초를 불러들이라는 명령을 받들게 하십시오."

은통이 그렇게 하라고 하여 항우가 들어왔다.

순간 항량이 항우에게 처리하라는 눈짓을 보냈다. 이에 항우가 칼을 뽑아 순식간에 은통의 머리를 베었다. 은통이 조금 전에 말했던 "먼저 움직이면 남을 제압하고 늦으면 남에게 제압을 당한다."는 말의 실례를 자신의 죽음으로 잘 보여준 셈이었다.

이와 같이 "먼저 하면 상대를 제압 한다."는 말인 '**선즉제인(先則制人)**'이라는 고사성어는 은통이 항량에게 거병하고자 말하면서 유래하였다.

항량이 은통의 머리를 들고 군수의 관인(官印)을 허리에 찼다. 은통의 수하들이 깜짝 놀라 혼란한 중에, 항우가 백여 명을 칼로 쳐서 죽였다. 관아에 있던 사람들이 모두 두려워 엎드려서는 감히 일어나지 못하였다. 항량은 전부터 알던 호족과 관리를 불러서, 거사를 일으킨 까닭을 설명하였다.

"은통은 자신의 욕심으로 군사를 일으키려 하였습니다. 나와 환초를 장수로 세우고 우리 회계군을 발판으로 삼아 천하를 다투려 하였습니다. 자칫하면 우리 회계군이 반란군의 싸움터가 되거나, 진나라 대군에 의해 쑥대밭이 될 것입니다. 나는 조카 항우와 함께 은통을 죽이고 그 인수를 거두었으니, 앞으로 어떻게 하면 좋은지 의논해 봅시다."

그러자 호족과 관리들이 항량에게 회계군을 맡아 이 땅과 자신들을 지켜달라고 간청하였다. 항량은 몇 번 사양하다가 마지못해 받아들여 회계군의 군수가 되었다. 항량은 초나라 부흥을 앞세워 군사부터 모집하여, 이들 중에서 정예병 8천 명을 조직하고 마침내 오중에서 거병하였다.

장수로 쓸 인재들도 모여들었다. 여번군(餘樊君)이나 종리매(鍾離昧)같이 오중에 숨어 살던 호걸도 있고, 주무(朱武)와 여마동(呂馬童)처럼 이전부터 회계군에서 무장 노릇을 하던 이도 있었다. 항량의 큰형 항백이 또 다른 조카 항장(項莊)을 데려왔고, 숨어있던 환초(桓楚)와 용저(龍且)도 항량의 부름을 받고 합류하였다. 신의로 이름을 얻은 계포(季布)와 그의 외삼촌 정공(丁公)도 항량을 찾아왔다. 항량은 이들의 능력에 따라 교위(校尉), 후(侯), 사마(司馬)와 같은 직책을 주면서 군사를 맡겼다. 또 보좌하는 관리나 모사(謀士)도 그동안 오중에서 사람을 사귀면서 눈여겨 보아두었던 자들을 골라 썼는데, 사람과 자리가 한결같이 잘 맞았다고 한다.

제9장
일패도지(一敗塗地)

一 한 일 · 敗 깨뜨릴 패 · 塗 진흙(칠할) 도 · 地 땅 지
한 번의 싸움에 패하여 (간과 뇌로) 땅을 더럽힌다는 말. 완패하여 다시 일어설 수 없게 된 상태 또는 완전한 실패로 재기할 방법이나 여력이 없는 것을 비유하는 의미이다.
*** 출전: 사마천, 사기(史記) 고조본기(高祖本紀)**

유방(劉邦)은 정장(亭長)이라는 직책으로 인해 패현(沛縣) 출신의 부역 인부 300명을 데리고 함양(咸陽)의 여산릉(驪山陵) 공사장까지 인솔하는 책임자가 되었다.

당시에 부역 인부들이 토목공사장에 도착할 때까지 숙식은 노숙과 자급자족이었다. 그러다 보니 침구와 식량 등을 가져가야 하는 행군은 고달프기 짝이 없었다. 게다가 이미 진시황의 폭정에 여러 해 시달린 뒤라 이마저도 마련하지 못하고 끌려가는 이들도 있어 가면서 빌어먹거나 굶기도 하여 그 참상은 이루 말할 수 없었다. 가는 도중에 굶주려 쓰러지거나 뒤처져도 진나라 법이 엄격하여 집으로 돌아가지도 못하고, 도중에 달아나 숨어지내거나 이리저리 떠돌아다니는 사람들이 부지기수이었다.

토목공사장의 부역도 처음에는 정해진 기일만 일하면 집으로 돌아갈 수 있었으나, 갈수록 부역 기일이 엿가락처럼 늘어나면서 정해진 기일이란 것이 없어져 버렸다. 거기다가 먹고 자는 일은 더없이 부실해서 그곳에서 죽어 나가는 일도 많았다. 실상이 이렇다 보니 부역으로 차출된 자들 대부분은 달아날 틈만 노리고 있었다.

유방이 데리고 가는 부역 인부들도 이런 처지와 별반 다르지 않았다. 패현의 현성을 벗어나자마자 하나둘 보이지 않기 시작하더니, 풍읍(豐邑) 가까운 곳에서 하룻밤을 묵고 나니 벌써 수십 명이 달아나고 없었다. 유방을 따르는 패현의 젊은이들이 밤잠을 자지 않고 교대로 지켰으나 아무런 소용이 없었다.

사흘째 되는 날 아침에 세어 보니 벌써 절반 가까이 줄어들었다. 이 상태로 함양에 도착한다 하여도 진나라의 엄한 법에 따라 인솔 책임자인 유방은 살아남지 못할 것이 뻔하였다. 어느 정도 예상은 했지만 이렇게 절박한 지경까지 몰릴 줄은 몰랐다. 유방은 이들을 데리고 마지못해 길을 재촉하면서도 암담한 심정으로 굳이 함양까지 가고 싶은 마음이 사라졌다.

이들이 아직 패현의 경계를 다 벗어나지 않은 풍읍 서쪽 늪지에 다다랐을 때, 유방은 남아 있는 부역 인부들에게 모두 달아나 각자 살길을 찾아가라고 풀어주었다. 굳이 떠나지 않고 유방을 따르겠다는 무리 백여 명을 이끌고 남쪽으로 백여 리나 더 달아나 망산(芒山)과 탕산(碭山) 사이의 깊은 골짜기로 숨어들었다.

설화에 의하면, 유방이 남은 사람들을 모두 풀어주고 자신을 따르는 무리만 데리고 가는 도중, 굵기가 아름이나 되는 흰 뱀이 길을 가로막고 있어 나아갈 수가 없었다. 이에 유방이 칼을 빼 휘둘러 단칼에 두 토막을 내고 길을 재촉하였다.

무리의 뒤편에 한참이나 뒤처져서 오던 사람들이 일행과 합류하면서, 오다가 이상한 일을 겪었다고 말하였다.

"저희가 오다가 토막 난 뱀의 곁에서 어떤 할멈이 울고 있었는데,

그 할멈이 말하기를 '죽은 뱀은 자기와 백제(白帝)의 아들인데 이곳을 지나가던 적제(赤帝)의 아들이 한칼에 내 아들을 두 토막 내고 지나가 버렸으니, 이제 금덕(金德)인 백제의 시대는 가고, 화덕(火德)인 적제의 시대가 온다'라고 하고는 연기처럼 사라졌습니다."

전설에 의하면, 백제는 뱀신을 말하며 금덕을 지녔다고 한다. 진(秦)나라 문공(文公)이 꿈에 뱀을 보고 백제에게 제사를 지낸 이후 진나라는 백제를 섬겨왔다. 이에 반해 유방은 교룡의 자식이라고 소문나 있어, 화덕을 지닌 적제의 아들인 셈이다. 그렇다면 할멈의 말은 유방이 진나라를 망하게 하고 새로운 왕조를 세울 사람이라는 뜻이 된다. 이제 유방은 그 첫발을 내디딘 것이다.

그로부터 1년이 지나 기원전 209년, 진승(陳勝)과 오광(吳廣)이 대택향(大澤鄕)에서 봉기를 일으켜 나라 이름을 장초국(張楚國)이라 하였다. 그러자 모든 군과 현에서 현령을 죽이고 진승에 호응하는 분위기를 이어나갔다.

패현의 현령도 이러한 분위기가 두려워 진승에게 미리 호응할 생각을 하였다. 그러자 현의 공조리(功曹吏) 소하(蕭何)가 말하였다.

"현령께서는 진나라의 관리이므로 지금 배반한다고 해도 패현의 자제들이 말을 듣지 않을 것입니다. 외부로 도망한 사람들을 모두 부르면 수백 명은 될 것이니, 이들이 앞장서면 모두 말을 듣게 될 것입니다."

현령은 유방과 그 무리들이 패현으로 돌아오도록 유방의 동서인 번쾌(樊噲)를 보냈다.

그동안 유방이 깊은 골짜기에 숨어들었다는 소식을 듣고 패현과 그 인근의 호걸과 건달들이 유방과 함께하겠다며 찾아와 따르는 무리의 수가 많이 늘었다. 유방은 이들을 모아놓고 말하였다.

"우리는 이제 패현으로 간다. 나와 함께 가기를 원하지 않은 자는 여기에 남아도 좋다. 나와 함께 하려는 자는 모두 무기를 갖추어라.

쇠붙이가 없는 자는 나무를 깎아 몽둥이를 만들고, 푸른 대를 꺾어서라도 활과 화살을 갖추도록 하라. 우리는 도탄에 빠진 백성들을 구하고자 일어선 의군(義軍)이다. 용모를 바르게 하고 형편이 되는 대로 기치와 의장도 갖추도록 하라."

이들이 패현으로 가는 도중에도 많은 이들이 유방의 대열에 합류하면서 수백 명이 되었다. 이들 무리에는 노관(盧綰), 기신(紀信), 번쾌 같은 유방의 심복이 있었고, 초상집 소리꾼인 주발(周勃)과 조무상(曹無傷)이 패현의 건달들을 모아 달려왔다.

그러나 현령은 정작 유방이 이끄는 무리들이 오자 두려운 마음이 들어 성문을 닫고 지키며, 소하와 조참(曹參)이 유방과 내통을 하지 못하도록 죽이려고 하였다. 이를 미리 눈치챈 소하와 조참은 성벽을 넘어 도망하여 유방에게로 달려왔다.

일이 이렇게 되자, 유방은 패현성 안의 부로(父老)들이 봉기하여 현령과 맞서 달라는 격문을 써서 화살에 묶어 성안으로 날려 보냈다.

"천하가 진나라에게 고통을 당한 지 오래되었습니다. 지금 부로들께서 비록 패현의 현령을 위해서 성을 지키고 있지만, 전국의 제후들이 모두 일어나 패현으로 달려들 것입니다. 이제 패현 사람들이 힘을 합쳐 현령을 죽이고, 자제 중에서 덕이 있는 사람을 패현의 현령으로 세워 제후들과 호응한다면 집안을 온전히 지킬 수 있을 것입니다. 만약 그러하지 못하면 부자가 함께 헛되게 죽음을 당하고 말 것입니다."

이를 보고 패현의 부로들이 자제들을 거느리고 함께 봉기하여 현령을 죽이고 성문을 열고 유방과 그 무리를 맞아들였다.

유방과 그 무리들이 현청을 접수하여 내부를 수습하고 나자, 부로들이 유방을 현령으로 추대하려 하였다.

그러자 유방이 말하였다.

"지금 천하에 소요가 일어 각지에서 제후들이 봉기하였습니다. 이때 무능한 사람을 장수로 세우면, **한 번의 싸움에 패하여 (간과 뇌로) 땅을 더럽힐 것입니다.** 내가 내 목숨이 아까워서가 아니라 재주가 미약하여 여러분을 보호할 수가 없습니다. 이것은 중대한 일이므로 다시 한번 의논들 하셔서 훌륭한 인물을 뽑으십시오."

이와 같이 "한 번의 싸움에 패하여 (간과 뇌로) 땅을 더럽힌다."는 말인 "**일패도지(一敗塗地)**"라는 고사성어는 유방을 현령으로 추대하려는 패현의 부로들에게 한 말에서 유래하였다.

유방이 이렇게 말하며 사양했음에도 불구하고 부로들이 유방에게 패현의 현령인 패공이 되어 달라고 요청하자, 유방은 다시 한번 사양하면서 소하를 천거하였다. 그러자 소하가 두 손을 내저으며 사양하자, 조참을 다시 천거하였다. 조참 역시 물러서며 사양하자, 유방이 어쩔 수 없다는 듯 패현의 현령을 맡아 패공(沛公)이 되었다. 이후 '패공'은 유방의 이름처럼 불렸다.

그 당시 현령이 먼저 해야 할 일은 군사적 지도자로서 패현의 땅과 백성들을 지키는 것이었다. 그래서 패공은 소와 말을 잡아 제사를 지내고 그의 정체성을 특화하였다. 즉 유방은 자신이 백제의 아들을 베어 죽인 적제의 아들임을 내세우며, 붉은색을 자신의 색깔로 삼고 그때부터 모든 군사적 깃발을 붉은색으로 하였다.

그리고 군사를 모집하여 3천 명의 정예병을 가지게 되었다. 이들 중에는 비단 장수를 하던 관영(灌嬰)이 수십 명을 데려오고, 유방에 맞서오던 풍읍(豐邑)의 건달패인 옹치(雍齒)도 자신의 패거리와 함께 유방을 찾아왔다. 또한 사수군(泗水郡)의 하급 관리로 있던 주창(周昌)과 주가(周苛)도 유방에게 달려왔다.

유방은 그를 따르던 무리에게 각기 알맞은 직책을 주었다. 소하를 현승(縣丞)으로 하여 현청의 공무를 총괄하게 하고, 조참·주발·관영을 중연(中涓)으로 삼아 군사들을 이끌게 하였다. 조무상을 좌사마(左司馬)로 하여 군무를 돌보게 하고, 노관을 빈객(賓客)으로 삼아 모든 논의를 함께 하였다. 번쾌는 사인(舍人)으로 큰 칼을 차고 뒤따르게 하고, 하후영(夏侯嬰)은 태복(太僕)으로 유방의 수레를 몰게 하였다.

이렇게 유방이 패현에서 거병을 한 시기에 천하의 정세는 급박하게 돌아가고 있었다. 병거 천 승과 봉기군 수십 만의 대군을 거느린 장초국의 장수 주문(周文)은 진나라 수도 함양 가까이 진군했으나, 진나라 장수 장한(章邯)의 노역자 부대에 의해 무너졌다.

이에 장초국의 장수들이 각각 연(燕)·조(趙)·위(魏)나라 등을 세워 독립하였고, 전담(田儋) 형제들이 거병하여 제(齊)나라를 세웠다. 오나라 땅에서는 항량(項梁)이 거병하여 움직일 기회만 노리고 있었다.

그 무렵, 진나라의 사천군감(泗川郡監) 평(平)이 유방의 거병 소식을 듣고 이를 토벌하기 위해 군대를 거느리고 풍읍을 포위하였다.

하지만 유방은 그들을 쳐부수고, 옹치(雍齒)에게 풍읍의 수비를 맡기고는 자신은 군대를 이끌고 사수군을 지키는 장(壯)을 격파하여 죽였다. 이후 유방은 군대를 돌려 항부(亢父)를 거쳐 방여(方輿)에까지 진군하였다.

그런데 이때 장초국 진승의 수하 장수인 주불(周市)이 옛 위(魏)나라 땅을 거의 수복하고 위나라 왕의 적통인 영릉군(寧陵君) 위구(魏咎)를 왕으로 옹립하였다. 그리고 동쪽으로 진군하다가 느닷없이 풍읍으로 쳐들어와 '풍읍은 본래 위나라가 천도한 곳이니 항복하라'고 협박을 하였다.

그러자 유방과 사이가 그다지 좋지 않았던 옹치는 유방을 배신하고 주불에게 항복하여, 풍읍을 위나라에 바쳐버렸다. 이 소식을 듣고 놀란 유방이 방여에서 풍읍으로 달려가 공격을 하였지만, 함락시키지 못하고 일단 패현의 중양리로 물러났다.

옹치의 배반에 원통하고 분노한 유방은 영군(寧君)과 진가(秦嘉)가 초나라 왕족 출신인 경구(景駒)를 임시 초나라 왕으로 삼아 유(留) 땅에 있다는 소식을 듣고, 경구에게 군사를 빌려 다시 풍읍을 공격하려고 찾아갔다.

그런데 이 무렵 장한이 진승의 세력을 완전히 격파하고, 장한의 부장인 사마이(司馬夷)가 북쪽으로 상현(相縣)을 도륙하며, 탕현(碭縣)에 이르렀다. 이에 유방은 영군과 함께 군사를 이끌고 전투를 벌였지만, 상황이 좋지 않아 일단 유 땅으로 물러나 전열을 정비하였다.

그 후 재차 공격을 감행하여, 3일간의 싸움 끝에 탕현을 함락시키고 그곳에서 5천 명가량의 병력을 얻을 수 있었다. 유방은 이 부대를 가지고 하읍(下邑)을 함락시키고 풍읍 부근에 주둔하였다.

이때 경구에게 의탁하려고 찾아왔던 장량(張良)을 만나 이야기를 나누던 중, 장량은 자신의 계책을 잘 들어주는 유방과 신뢰가 쌓여 경구에게 가지 않았고, 유방도 장량이 마음에 들어 수시로 자문을 구하였다.

이 당시 장량의 목적은 어디까지나 조국인 한(韓)나라 부흥이었기에 정식으로 유방을 따를 수가 없어, 임시로 유방이 이끄는 군사들의 말을 관리하는 책임자인 구장(廐將)에 임명되어 유방과 함께하였다.

제10장
이군돌기(異軍突起)

異 다를 이 · 軍 군사 군 · 突 갑자기 돌 · 起 일어날 기

다른 부대가 갑자기 나타났다는 말. 새로운 세력이나 파벌이 갑자기 나타나 형성되는 것을 비유하는 의미이다.

*** 출전: 사마천, 사기(史記) 항우본기(項羽本紀)**

초나라 부흥을 앞세워 정예병 8천 명을 조직하고 오중(吳中)에서 거병하여 회계군의 군수가 된 항량(項梁)은 출전의 기회가 오기만을 기다리고 있었다. 정예병 8천 명은 대부분 양자강 동쪽에 사는 젊은이들로 구성된 강동병으로, 이른바 '강동자제(江東子弟)'로 불리었다.

기원전 208년 1월 어느 날, 소평(召平)이란 장수가 진승(陳勝)의 어명을 전하러 회계로 들어왔다. 그 당시 진승은 진나라의 장한(張邯)에게 쫓겨 장초국(長楚國)의 도성인 진현(陳顯)을 버리고 생사나 행방이 불명한 상태이었다.

소평은 어명을 이렇게 전하였다.

"대왕께서는 장한으로 인해 어려움을 겪고 있으나, 지금은 산동에서 세력을 넓히고 계십니다. 회계 군수 항량을 장초국 장수의 최고 벼슬인 상주국(上柱國)에 봉하니, 군사를 이끌고 서쪽으로 가서 진나라의 남은 세력을 토벌하라는 엄명이시오."

그 당시 진승의 생사나 행방이 불명인 상태여서 소평의 어명에 대한 진위 여부를 확인할 길이 없으나, 중원으로 진출할 명분을 찾지 못하고 있는 항량의 입장에서는 당당하게 서쪽으로 뻗어 나갈 구실을 만든 셈이었다.

그해 2월, 항량은 '장초 상주국' 깃발을 앞세우고, 3만 명의 대군을 이끌고 오중을 출발하여 서쪽으로 진군하였다. 이들 중 8천 명의 강동병은 항우가 직접 거느렸다.

이들은 장강(長江) 가에 이르러 진군을 멈추고 잠시 휴식하면서 강 건너 동양현(東陽縣)의 형세를 살피기로 하였다.

동양현에 진영(陳嬰)이라는 옥리(獄吏)가 있었는데, 위엄과 신망이 매우 높아 그곳에서 깊이 존중을 받고 있었다. 진승의 봉기에 영향을 받아 각처에서 들불처럼 진나라의 폭정에 반발하는 봉기가 일어나자, 동양현에도 수천 명이 들고 일어나 현령을 죽이고 진나라 군사들을 쫓아버렸다. 그들은 진영에게 몰려가 자기들을 이끌어 달라고 간청하였다. 진영은 처음에는 자기의 능력이 부족하다는 이유로 추대를 사양했지만, 나중에는 많은 사람이 계속해서 거듭 권고하자 할 수 없이 응하고 말았다.

그러자 동양현의 백성들은 진영에게 몰려와 의탁하면서 큰 세력을 이루게 되었다. 얼마 지나지 않아 동양현에는 봉기군이 2만 명이 넘게 모였다. 그들은 스스로를 '창두군(蒼頭軍)'이라 부르며, 모두 머리에 청색 두건을 쓰고, 다른 군대와 자신들을 구별하였다.

이와 같이 "다른 부대가 갑자기 나타났다."는 말인 '**이군돌기(異軍突起)**'는 동양현의 창두군이 다른 군대와 구별하기 위해 청색 두건을 쓰면서 출현한 데에서 유래한 고사성어이다.

이들의 세력이 커지자 동양현 사람들은 진영을 왕으로 옹립하여, 독자적인 나라를 형성하려고 하였다. 이에 놀란 진영이 분수에 넘치는 일이라며 사양하였다.

그러나 사람들이 몰려와 물러서지 않자, 자신의 어머니에게 여쭤보겠다는 구차한 핑계를 대고 그 자리를 겨우 빠져나왔다. 그리고는 정말 그의 어머니에게 여쭈자 이렇게 말하였다.

"공경이나 대부 자리도 아니고, 바로 왕으로 칭하는 것은 상서롭지 못하다. 차라리 다른 사람을 왕으로 세우고 그 수하에 있는 것이 낫다. 그렇게 하여 잘되면 제후로 봉해질 수 있고, 일이 어긋나도 화를 면할 수 있다. 별 탈 없이 새로운 나라를 세우게 되면 네가 옹립한 왕과 같이 부귀를 누릴 것이고, 설사 일이 잘못되어도 그 왕 때문에 네가 지목받지 않아 목숨을 지킬 수는 있을 것이다."

진영은 어머니 말씀대로 하겠다며 꾸물거리고 시간을 끌며 감히 왕을 칭하지 않았다.

이러한 동양현의 사정을 다 파악한 항량은 진영에게 편지를 보냈다.

편지 내용은 자신은 초나라 명장 항연의 아들로서 회계에서 거병하였는데, 동양현 백성들과 힘을 합해 서쪽으로 진격하자는 것이었다.

진영은 동양현의 백성을 맡길 새로운 인물을 찾고 있던 차에 항량의 편지를 받자 반가워하며, 군관들 및 현리들과 상의하여 항량의 휘하로 들어가 의기를 펼치기로 하였다.

이렇게 아무 어려움 없이 항량이 장강을 건너 동양현으로 들어오자, 진영은 2만 군사를 거느리고 나가 항량의 휘하에 병력을 합류하였다. 동양현에서 세력을 거의 곱절로 늘린 항량은 그 기세를 몰아 서쪽으로 계속 진군하였다.

항량은 회수(淮水)를 건너서 해하(垓下)로 가는 길목에서 경포(黥布)를 만났는데, 그가 휘하에 들기를 청하므로 그가 거느린 군사 1만 명을 합병하였다. 또한 포장군(蒲將軍)이란 장수가 스스로 찾아와 그의 군사 1만 명도 합병하여 항량이 거느린 군사의 세력은 7만 명이 되었다.

항량의 부대가 수수(睢水)를 건너 하비(下邳)에 이르렀을 때, 진가(秦嘉)의 부대와 마주쳤다. 진가는 초나라 왕족 경구(景駒)를 왕으로 세우고 있어, 항량에게 자기들의 밑으로 들어와 명을 받들라고 하였다. 이에 화가 난 항량이 진가의 부대를 쳐부수고 진가는 항우의 손에 죽었다. 이렇게 하여 진가의 군사까지 흡수하여 항량의 부대는 10만 대군이 되었다.

이 사이에 항우는 1만 명의 군사로 진나라 군사들이 지키고 있는 양성(襄城)을 치러 가고, 항량은 항우를 기다리느라 설현(薛縣)에 주둔하였다.

이때 유방은 풍읍 부근에 주둔하고 있다가, 직접 100여 명의 기병만 거느리고 항량을 방문하여 풍읍을 치기 위한 군사를 빌려 달라고 하였다. 유방과 이야기를 나누다가 호감이 생긴 항량은 5천여 명의 군사와 장수 10여 명을 빌려주었고, 유방은 이를 바탕으로 다시 풍읍을 공격하여 마침내 탈환하고, 옹치(雍齒)는 위나라로 도주하였다.

제11장
금성탕지(金城湯池)

金 쇠 금 · 城 성 성 · 湯 끓을 탕 · 池 연못 지

쇠로 만든 성곽과 끓는 물로 채운 연못이라는 말. 방어 시설이 철통같이 튼튼한 성을 비유하는 의미이다.

*** 출전: 반고, 한서(漢書) 괴오강식부전(蒯伍江息夫傳)**

장이(張耳)와 진여(陳餘)는 전국시대 위(魏)나라 출신이다. 장이는 젊은 시절 하남성(河南省) 지역인 외황(外黃)으로 들어와서, 여러 사람과 친분을 쌓고 외황의 수령이 되었다.

장이는 진여와 아주 사이가 좋았는데, 두 사람은 그 지역에서 현자(賢者)로 소문이 났고 나이가 많은 장이를 진여는 아버지처럼 모시다가 나중에는 문경지교(刎頸之交)의 친구 사이처럼 발전하였다.

그러나 위나라가 진(秦)나라에 의해 멸망할 때에, 장이와 진여가 이름난 인물이라는 사실을 알고 진나라에서 수배령이 내렸다. 장이와 진여는 진성(陳城)으로 들어가 마을의 문지기 노릇을 하며 숨어 살았다.

기원전 209년, 진승(陳勝)과 오광(吳廣)의 난이 발생하여 진승이 장이와 진여가 숨어 살던 진성까지 장악하였다. 이때 두 사람은 진승을 찾아가 본래의 신분을 밝히고 휘하에 거둬줄 것을 청하자, 진승은 두 사람을 매우 반기며 측근에 두었다.

세력이 점차 커진 진승은 스스로 왕이 되려고 하자, 장이와 진여는 득보다는 실이 많아 시기상조라는 반대하는 의견을 내었다. 그러나 진승은 이를 무시하고 스스로 왕이 되자, 두 사람은 진승에 대하여 실망하였다.

이에 진여가 진승에게 하북(河北)을 평정할 것을 제안하자, 진승은 이 계책이 좋다고 여겨 부하 장수인 무신(武臣)에게 하북을 평정하도록 명령하였다. 진승은 무신에게 3천 명의 군사를 주고, 장이와 진여는 좌우 교위(校尉)가 되어 무신을 보좌하도록 하였다. 이들은 북쪽으로 진격하여 옛 조나라의 여러 성을 함락시키고 동북쪽으로 이동하여 범양(范陽)을 공격하려고 준비하고 있었다.

이때 범양 현령인 서공(徐公)의 휘하에 괴통(蒯通)이라는 사람이 있었는데, 서공을 찾아가 말하였다.

"현령께서는 지금 매우 위급한 처지에 놓여 있습니다. 그러나 제 말대로 하시면 전화위복이 될 수도 있습니다."

서공이 놀라서 무엇이 위급한 것이냐고 묻자, 괴통이 말하였다.

"현령께서 재임한 지난 10년 동안에 진나라의 가혹한 형벌로 인해 부모를 처형당한 사람, 손발이 잘린 사람, 억울하게 죄인이 된 사람들이 많습니다. 지금 그들이 현령을 원망하며 죽일 기회만 노리고 있습니다. 제가 현령을 대신해서 지금 세력이 한창인 무신을 만나 싸우지 않고 땅이나 성을 손에 넣을 수 있는 계책을 말해 주면 그는 틀림없이 현령을 후대할 것입니다."

그러자 서공은 괴통이 무신을 만나고 오라고 허락하였다.

괴통은 무신을 찾아가 이렇게 말하였다.

"공이 범양을 쳐서 항복한 현령을 푸대접한다면 변방에 있는 수령들이 모두 '먼저 항복하면 범양 현령처럼 취급당할 것이다.'라고 서로 말하며 반드시 성을 굳게 지킬 것이니, 성마다 모두 **쇠로 만든 성곽과 끓는 물로 채운 연못이** 되어 공격하기 힘들 것입니다. 그러니 범양 현령을 극진하게 맞이하면, 연나라와 조나라의 교외를 군사들이 거리낌 없이 질주할 수 있을 것입니다. 또 변방에 있는 수령들은 모두 범양 현령이 항복하여도 권세를 그대로 누리고 있다고 서로 말하며 항복을 하게 될 것이니, 이는 비탈에서 구슬을 굴리는 것과 같을 것입니다."

무신은 괴통의 계책을 받아들여 싸우지 않고 30여 성의 항복을 받아 냈고, 범양 현령은 전쟁의 화를 면할 수 있었다.

이와 같이 "쇠로 만든 성곽과 끓는 물로 채운 연못"이라는 말의 '**금성탕지(金城湯池)**'라는 고사성어는 괴통이 무신을 찾아가서 한 말에서 유래하였다. '금성탕지'는 '**금탕(金湯)**'으로 줄여 쓰기도 하며, 이와 비슷한 말로는 '**금성철벽(金城鐵壁)**', '**탕지철성(湯池鐵城)**', '**철옹성(鐵甕城)**' 등이 있다.

이윽고 무신은 조나라의 옛 도읍지 한단(邯鄲)에 입성하였다. 그런데 함곡관에서 진승의 주력부대를 지휘하던 주문(周文)이 패했다는 소식을 들은 장이와 진여는 승리에 도취한 무신에게 조(趙)나라 왕으로 즉위하라고 조언하였다. 두 사람은 진승에게 실망하고 있었기에 무신을 부추긴 것이다. 이를 받아들인 무신은 장이를 우승상, 진여를 대장군으로 임명하고 스스로 조왕(趙王)이 되어 장초국의 진승으로부터 독립하였다.

이 소식을 전해들은 진승은 크게 노하여 무신의 가족들을 잡아 죽이려고 하였다. 그러자 진승의 측근이었던 채사(蔡賜)가 진나라와 싸우고 있는 마당에, 무신과 등을 져서 좋을 게 없다고 말렸다. 이에 진승은 무신의 독립을 인정하는 대신 서쪽으로 진격하여 진(秦)나라를 공격하라고 독촉했지만 나름대로 계산이 있었던 무신은 말을 듣지 않았다.

무신은 승산이 많지 않은 진나라와의 싸움을 피하고, 진나라에 망한 동쪽의 연(燕)나라를 먼저 합병한 다음에 진승의 장초국, 2세 황제의 진나라와 더불어 천하를 삼분할 계획을 가지고 있었다.

무신은 휘하 장수인 한광(韓廣)을 파견하여 연나라 땅을 평정하게 했는데, 연나라 땅을 확보한 한광은 무신이 그랬던 것처럼 스스로 독립해서 연왕(燕王)의 자리에 올랐다. 무신은 이에 격분하여 연나라 땅으로 직접 쳐들어갔는데, 오히려 연나라 군사들에게 붙잡혔다가 연나라 장수를 설득한 끝에 겨우 풀려나 돌아왔다.

당시 조나라 장수 이량(李良)은 정형(井陘)에서 진나라 군사와 대치 중이었는데, 군사를 더 청하기 위해 조나라 도성인 한단으로 향하였다.

이때 장한(章邯)은 이량에게 항복하면 용서한다는 위조한 호해의 칙서를 보냈다. 이량은 당초에는 이를 듣지 않으려고 했지만, 우연히 만난 무신의 누이가 술에 취하여 이량을 박대하였다. 본래 신분이 높았던 이량은 부하들 앞이라 더욱 부끄러웠고, 마찬가지로 분개한 이량의 부하들 또한 시건방진 무신을 죽이자고 나서자 이량은 무신의 누이를 죽이고 한단성을 기습하였다. 별안간의 기습에 대비를 못하고 있던 무신은 비명횡사하고 한단은 쑥대밭이 되었으며, 장이와 진여는 간신히 목숨만 건져서 탈출하였다.

이후 장이와 진여는 옛 조나라 왕족인 조헐(趙歇)을 왕으로 세워 조나라 세력을 수습하고, 대장군 진여가 나가 싸워 이량을 격퇴하였다. 하지만 이량은 도주하여 진나라 장수 장한에게 귀순하고, 조나라 침공을 부추겼다. 장한이 조나라로 북상하여 한단성을 모조리 파괴하고 그곳의 주민들을 하내군(河內郡)으로 이주시키자, 장이와 진여는 거록(巨鹿)으로 도주하였다.

제12장
좌불안석(坐不安席)

坐 앉을 좌 · 不 아닐 불 · 安 편안할 안 · 席 자리 석

앉아도 자리가 편안하지 않다는 말. 불안이나 걱정으로 자리에 편안히 앉아 있지 못하는 것을 비유하는 의미이다.

*** 출전: 사마천, 사기(史記) 항우본기(項羽本紀)**

항량(項梁)이 함양(咸陽) 방면으로 서진하면서 군사들을 합병과 흡수의 방식으로 10만 대군을 형성하여 설현(薛縣)에 주둔하고 있을 때 범증(范增)이 항량을 찾아왔다. 당시 70세였던 범증은 거소(居鄛) 출신으로 은거 생활을 하다가 항량을 찾아와 유세하였다. 범증은 지금 진나라에 대항하여 봉기하고 있는 세력들이 초나라를 따르게 하려면 옛 초나라의 왕족을 옹립해야 한다는 의견을 제시하자, 항량은 범증의 조언을 받아들이고 범증은 항량의 책사가 되었다.

진나라 군사들이 지키고 있는 양성(襄城)을 치러 갔던 항우가 한 달여 만에 어렵게 양성을 함락시키고 설현으로 돌아왔다. 항우는 치열했던 이 전투에서 끝까지 항쟁하는 진나라 군사 5천 명을 산채로 매장시키는 잔혹함을 보였다.

항우가 돌아오자, 항량은 초나라 회왕(懷王)의 적손인 웅심(雄心)이 여음(汝陰)에 양치기로 숨어 사는 것을 찾아내어 회왕(懷王)으로 옹립하였다. 원래 회왕은 웅심의 고조부의 시호인데, 지난날 진(秦)나라

소양왕(昭襄王)의 흉계에 속아 진나라로 납치되어 그곳에서 숨을 거두었다. 이는 초나라 사람들의 가슴에 맺힌 한이 되었는데, 그 마음을 끌어모으기 위하여 왕호(王號)를 빌린 것이다.

이들은 설현의 현청을 임시 왕궁으로 삼고, 옛 왕실의 적통이 왕위를 이었음을 알리자, 옛 초나라 영윤인 송의(宋義)를 비롯하여 숨어 살던 유신들이 찾아왔다.

회왕의 체제에서 송의는 다시 영윤이 되었고, 항량은 무신군(武信君)의 칭호를 받았다. 항량의 휘하로 들어온 유방도 정식으로 패공(沛公)이라는 지위를 부여받았다.

이때 한신도 초나라의 재건 소식을 듣고 항량의 휘하로 찾아들었다. 그는 고향인 회음(淮陰)을 떠나 그를 써줄 곳을 찾아 나섰으나, 어느 곳도 그를 반기는 곳은 없었다. 그러다가 진승과 오광이 봉기를 일으켰다는 소식을 듣고 그곳으로 향했으나, 그곳에 도착하기도 전에 진나라 군사에 패퇴 당하고 진승도 죽었다는 소문이 들렸다.

허망해진 한신은 호기심이 발동하여 진승과 오광의 세력이 이동한 경로와 장한의 진격로, 이들이 전투를 벌인 지역을 몸소 답사하고 원인 분석하는 흥미로 여러 달을 보냈다. 그러다가 새로이 재건된 초나라 세력이 가능성을 보여 이리로 찾아왔다.

그러나 여기서도 한신은 제대로 된 평가를 받지 못하고, 집극랑(執戟郎)이라는 창을 들고 장수를 호위하는 하급 무관이 되었다.

이 무렵 유방에게 의탁해 있던 장량이 항량을 찾아와 말하였다.

"무신군께서 초나라 후예를 찾아 초나라를 다시 세우셨습니다. 그러나 저희 한(韓)나라는 망한 지 가장 오래되었으나, 옛 6국 가운데 유일하게 재건하지 못하고 있습니다. 살아남은 왕족 횡양군(橫陽君) 한성(韓成)을 왕으로 세워 한나라를 되살려 우리의 편을 늘리는 것이 어떻겠습니까?"

그러자 항량은 한성을 한(韓)나라의 왕으로 세우고 장량을 사도(司徒)로 삼은 뒤, 군사 천여 명을 내주며 한나라의 옛 땅을 찾도록 하였다. 장량은 유방에게 한나라의 왕실이 안정되면 다시 유방을 찾아오겠다고 말하고는 유방의 곁을 떠났다.

한성과 장량은 처음에는 옛 한나라의 성을 대여섯 개 되찾았으나, 진나라군의 반격으로 찾았던 성을 빼앗겨 영천(潁川) 일대를 떠돌게 되었다.

한편 진승을 물리쳐 기세를 올린 장한(章邯)은 곧바로 임제(臨濟)로 진격해 위(魏)나라를 쳤다. 당시 위나라의 왕이었던 위구(魏咎)는 주불(周市)을 보내 제(齊)나라와 초(楚)나라에 구원병을 요청하였다. 이에 제나라에서는 군주였던 전담(田儋)이 직접 구원을 하러 왔고, 초나라에서는 항타(項陀)를 지휘관으로 삼아 지원군을 보냈다.

그러나 장한은 한밤중에 기습하여 제나라와 초나라 연합군을 무너뜨리고, 전담과 주불을 모두 참살하였다. 지원군이 삽시간에 무너지자 위나라 왕인 위구는 항복하고 스스로 불을 질러 자결하였다.

위나라는 이렇게 재건되기가 무섭게 멸망되었고, 제나라 군주 전담의 동생이었던 전영(田榮)은 남은 군사를 거두어서 동아(東阿)로 달아났는데, 장한은 이를 추격해서 포위하였다. 제나라의 군사들은 이렇게 동아성에 포위당하여 있고, 제나라 본국에서는 죽은 전담을 대신하여 새로 왕을 세우는 등 혼란한 상황이 되어있었다.

당시 항량은 군사를 이끌고 항부(亢父)를 공략 중이었는데, 전영의 급한 사정이 전해지자, 그는 곧바로 부대를 이끌고 동아로 진군하여 장한과 교전을 하여 승리하였다. 서쪽으로 물러나는 장한을 항량이 기세를 타고 추격하였지만, 장한은 군사들을 수습하여 다시 강력한 진영을 갖추었다.

항량은 장한을 물리치는 데 전영이 지원을 해주기를 바랐다. 하지만 전영은 자신이 위기에 처해있는 동안 제나라에 새로 왕을 세운 일에 격분하여 군사를 이끌고 제나라를 뒤집어 버렸다. 새로 왕으로 추대되었던 전가(田假)는 초나라로 달아났으며, 상국이었던 전각(田角), 대장군 전간(田間)은 조나라에 있었다. 전영은 만일 초나라와 조나라가 이들을 죽여준다면 바로 군사를 보내주겠다고 약속했으나, 두 나라 모두 난색을 표하는 것을 보고 지원군을 전혀 보내지 않았다.

제나라의 지원을 받지 못하고 독자적으로 진나라군과 대결하기로 한 항량은 항우와 유방에게 별동대를 이끌게 하여 성양(城陽)을 함락시키고, 복양(濮陽)으로 진군하여 진나라 군사를 격파하고 점령하였다.

그리고 정도(定陶) 공략에 나섰지만 쉽지 않자, 옹구(雍丘)로 진군하여 진나라의 재상 이사(李斯)의 아들 이유(李由)를 죽였다. 이후 별동대는 외황(外黃)을 향해 진군하였다.

항량은 본인 스스로 장한을 격파하기도 했고, 별동대도 성공적으로 활약하여 진나라군을 몇 차례 더 물리치면서 대승이 이어지자, 완전히 교만해져서 점점 진나라군을 얕보게 되었다.

항량이 정도(定陶)로 진격하자, 이를 지키던 장한은 항량의 자만심을 이용해 진나라의 구원병이 도착할 때까지 기다렸다가, 야간을 틈타 항량의 부대를 기습하였다. 항량은 급히 방어했으나 여의치 않아, 마침내 기원전 208년 9월 이 싸움에서 전사하였다.

이때 항우와 유방의 별동대는 외황을 버리고 진류(陳留)를 공략 중이었지만, 정도 전투에서 항량이 전사했다는 소식을 듣자 군사들의 사기가 염려되어 퇴각하였다.

장한은 항량이 죽은 초나라는 걱정할 필요가 없다고 여기며, 말머리를 북쪽으로 돌려 조나라를 공격하였다. 한단(邯鄲)에 도착한 장한은 성을 모조리 파괴하고 그곳의 주민들을 하내(河內)군으로 이주시켰다. 그러자 조나라 우승상 장이(張耳)와 대장군 진여(陳餘) 등은 거록(巨鹿)으로 도주하였다. 【☞ 제11장 '금성탕지' 참조】

장한은 휘하의 장수인 왕리(王離)를 보내 거록(鉅鹿)을 포위하였다. 진여는 성이 포위되기 전에 북쪽으로 달아나서 수만 명의 군사를 얻은 후 다시 남하하였지만, 거록을 포위하고 있는 진나라 병사들이 워낙 가공스러워서 함부로 싸움을 걸기도 힘들었다.

왕리가 이끄는 진나라군은 그 군세도 강력할 뿐만 아니라, 거록의 남쪽인 극원(棘原)에 주둔한 장한이 용도(甬道)라는 운반로를 건설하여 꾸준히 군량을 안정적으로 보급하고 있었기에 사기도 왕성하여 거록을 매우 세차게 공격하였다. 이에 반해 거록성 내부에서는 양식이 바닥나고, 병사들의 숫자도 많지 못했기에 대단히 위급한 상황이었다. 장이 등은 성 밖의 진여에게 수차례 구원 요청을 하였다. 이에 진여는 장염(張黶)과 진택(陳澤)에게 군사 5천 명을 주어 돌격을 시도하였으나, 진나라군에게 전멸당하였다. 이때 성 밖에는 장이의 아들인 장오(張敖)가 1만 명의 병사를 북쪽에서 조직하여 내려왔으나, 강력한 진나라군에 손을 쓸 방도가 없었다.

이렇게 조나라가 위태로운 지경에 이르자, 초나라와 연나라는 지원군을 보냈다. 이때 초나라 회왕은 장한의 기세를 피해 수도를 팽성(彭城)으로 옮겼다. 그리고 '경자관군(卿子冠軍)'이라고 불리는 5만 군사로 새로 부대를 조직하여 송의(宋義)를 상장군으로 삼고 항우는 차장(次將)으로, 범증(范增)을 말장(末將)으로 하여 조나라를 지원하였다.

이보다 앞서 초나라 회왕은 "먼저 함양에 입성하는 사람이 그곳 관중왕(關中王)이 될 것이다."라고 선언하였었다. 하지만 사태가 이 지경에 이르자 다른 장수들은 관중으로 향하는 것을 꺼리고 있었는데, 항우만은 항량이 전사한 일에 격분하여 서쪽으로 향하기를 원하고 있었다. 하지만 서쪽으로 향하고 싶었던 항우가 조나라로 향한 것은 항우를 꺼린 장수들 때문이었다. 회왕의 주변에 있던 사람들은 항우는 심심하면 사람을 죽이니, 이 경우에는 유방을 서쪽으로 보내는 것이 낫다며 추천하였다. 이 때문에 유방의 군대가 서쪽으로 향하게 되고, 송의와 항우의 부대는 북쪽으로 진군을 하게 되었다.

그런데 상장군인 송의는 거록까지의 절반에도 못 미치는 안양(安陽)에 이르러 46일 동안 머문 채 진군하려고 하질 않았다. 답답해진 항우는 직접 송의에게 진군을 건의하였으나, 송의는 항우의 의견을 무시하였다.

더구나 송의는 아들인 송양(宋襄)을 제나라의 재상이 되게 하는 데 힘을 쓰고, 아들을 배웅한답시고 연회를 열었다. 당시는 이미 11월이라 추웠는데, 비까지 내려 병사들은 굶주림과 추위 때문에 힘들어하고 있었다. 이에 불만이 팽배한 항우는 군사들을 선동하는 말을 하였다.

"모든 힘을 합하여 진나라군을 공격하여야 하는데도 불구하고 오랫동안 한 곳에 머물면서 진격하지 않아 그 기회를 놓치고, 기근이 들어 백성들은 굶주리고 사졸들은 콩잎을 먹으며 연명하고 있을 정도로 군중에는 군량미마저 동이 났다. 이러함에도 그 자식은 호화로운 연회를 열어 음주 가무를 즐기고 있으면서, '진나라 군사의 피로함을 엿보고 있다.'라고 말만 하고 있다. 얼마 전에 우리의 군사들이 진나라군에 패함으로써 **앉아도 자리가 편하지 않은** 왕은 모든 군사를 상장군에게 주어 나라의 존망이 여기에 달려 있음에도, 사졸들을 돌보지 않고 그 사사로움만 구하고 있으니 송의라는 자는 사직을 지킬 수 있는 신하가 아니다."

이튿날 새벽에 항우는 송의의 막사를 기습하여 그 자리에서 목을 베어 버리고, 임시로 상장군이 되어 송의의 아들을 추격하여 살해하였다. 그리고는 초나라 회왕에게 이러한 사실를 보고하여 항우는 송의를 대신하여 상장군으로 임명을 받았다.

이와 같이 "앉아도 자리가 편안하지 않다."는 말인 '**좌불안석(坐不安席)**'이라는 고사성어는 거록으로 진군을 하지 않고 있는 송의에게 불만을 가진 항우가 한 말에서 유래하였다.

제13장
파부침주(破釜沈舟)

破 깨뜨릴 파 · 釜 가마 부 · 沈 가라앉을 침 · 舟 배 주

솥을 깨뜨리고 배를 가라앉힌다는 말. 돌아갈 기약을 하지 않고 필사적으로 싸워 반드시 이기겠다는 굳은 결의, 즉 목표를 이루기 위하여 최선의 노력을 다하겠다는 결단력을 비유하는 의미이다.

*** 출전: 사마천, 사기(史記) 항우본기(項羽本紀)**

진나라 군사들에 포위된 조나라의 거록성(鉅鹿城)을 구원하기 위해 북쪽으로 진군하던 초나라 상장군 송의(宋義)는 안양(安陽)에서 46일 동안 머물며 진군을 하지 않자, 항우(項羽)가 송의를 기습하여 죽이고 대신 상장군이 되었다.

상장군 항우는 경포(黥布)와 포장군(蒲將軍)에게 우선 군사 2만을 주어 먼저 거록성으로 달려가도록 하였다.

거록성을 포위하고 있는 왕리(王離)의 진나라군은 그 군세가 강력하여, 진여(陳餘)의 조나라 3만 군사도 거록성 바깥 한 곳에 묶여 꼼짝 달싹도 못하고 있는 형편이었다.

경포와 포장군이 이끄는 초나라군도 그곳에 도착하였으나, 멀리서 오느라 지쳐 있어 제대로 된 공격을 하지 못하고 있었다. 가끔 진나라 군사들을 기습하여 치고 빠지는 방법으로 초나라군도 구원을 왔다는 것을 알리는 정도이었다. 이러한 상황이 답답해진 진여가 항우에게 사자를 보내 더 많은 지원군을 청하였다.

그러자 항우는 기원전 208년 12월, 몸소 남은 군사들을 이끌고 위하(衛河)의 지류인 장하(漳河)를 건넜다. 강을 건너자마자 항우가 군사들을 불러 모아놓고 소리쳤다.

"**밥을 짓는 솥을 깨어버려라!** 싸움에 지면 먹을 몸이 남아 있지 않을 것이오, 이기면 진나라 솥으로 밥을 지을 것이다. 군량은 사흘 치만 남기고 모두 버려라! 싸움에 지면 먹을 목숨이 붙어있지 않을 것이오, 이기면 조나라 곡식을 먹게 될 것이다. **배도 모두 부수거나 바닥에 구멍을 뚫어 가라앉히도록 하라!** 우리는 타고 온 배로 되돌아가는 일이 없을 것이다. 싸움에 지면 죽음뿐이니 그 배가 무슨 소용이 있겠는가?"

상장군 항우는 이렇게 필사의 각오를 내세워 군사들의 기세를 북돋우자, 모두 감동하여 그를 따랐다. 군사들은 이기지 않고는 살아서 돌아오지 않겠다는 비장한 결의를 다지면서 솥을 깨뜨리고 배를 가라앉혔다. 오직 사흘 치 양식만을 지닌 채 거록성을 향해 진군하였다.

이와 같이 "솥을 깨뜨리고 배를 가라앉히다."는 말인 '**파부침주(破釜沈舟)**'라는 고사성어는 항우가 장하를 건너온 뒤에 군사들에게 돌아갈 기약을 하지 않고 필사적으로 싸워 반드시 이기겠다는 굳은 결의를 보여준 것에서 유래하였다.

거록에 도착한 항우는 가장 먼저 진나라군의 용도(甬道)를 끊어 버리는 작전에 들어갔다. 용도는 양편에 높고 두텁게 담을 쌓은 길로, 이곳을 이용하여 군사나 군량을 옮기고 있어 바깥에서는 그 움직임을 잘 알 수가 없었다. 거록성을 포위하고 있는 왕리(王離)의 진나라군은 거록의 남쪽인 극원(棘原)에 주둔한 장한(章邯)의 본대로부터 이 용도를 이용하여 꾸준히 군량을 안정적으로 보급받고 있었기 때문에 이를 저지하는 것이 급선무였다.

선발대로 나섰던 경포와 포장군의 군사들이 먼저 용도를 공격하자, 용도를 지키던 진나라 장수인 소각(蘇角)과 섭간(涉間)이 가로막고 나서면서 힘 대 힘의 맹렬한 전투가 시작되었다.

용도를 가운데 두고 시작된 초나라군과 진나라군의 격돌은 무려 아홉 차례나 어마어마한 대전을 벌였다. 양군이 뒷일을 생각하지 않고 처절하게 맞붙었던 만큼, 전장의 분위기는 그야말로 압도적일 정도로 무시무시하였다. 초나라 군사들은 항우의 지휘 아래 일당백의 엄청난 전투력을 발휘하여 한 사람이 진나라 군사 열 명 이상을 감당하였다. 이렇게 하여 싸움의 형세가 초나라군 쪽으로 기울어지면서 마침내 진나라군이 크게 무너져 내리기 시작하였다.

항우가 진나라의 20만 대군을 격파하고, 그 장수인 소각(蘇角)의 목을 베었다. 진나라 장수 섭간(涉間)은 싸움에서 패하게 된 것이 확실해지자 항복을 하지 않으려 불타는 군막에 몸을 던져 불에 타 죽었다. 진나라 명장 왕전(王翦)의 손자이며, 함곡관을 나온 이래로 싸움에 져 본 적이 없어 장한이 가장 아끼는 장수였던 왕리도 이 싸움에 뛰어들었으나, 더 이상 버티지 못하고 항우의 포로가 되었다.

이때 항우를 제외한 다른 제후군의 장수들은 거록성 주변에 10개의 군영을 세우고 전투를 지켜보고 있었지만, 그 엄청난 살육전의 분위기에 압도당해 아무도 함부로 움직이지 못하였다. 그저 벌벌 떨거나 손에 땀을 쥐고 지켜보고 있었을 뿐이었다.

항우가 진나라군을 격파한 후에 모든 제후군의 장수들을 그의 군영으로 불러모았다. 그들은 항우의 군영 입구부터 무릎으로 기어서 들어갔고, 항우를 제대로 쳐다보지도 못하였다. 그곳에 모인 여러 제후군은 하나가 되어 움직이기로 하고, 항우가 그들의 상장군이 되었다. 이때부터 항우는 모든 제후들의 우두머리가 되었다.

한편 거록성의 포위에서 풀려난 조나라 왕 조헐(趙歇)과 우승상 장이(張耳)는 성 밖으로 나와 여러 제후군의 장수들에게 감사를 표하였다. 그러나 조나라 대장군 진여(陳餘)를 본 장이는 성 밖에서 구원을 제대로 하지 않았다며 크게 화를 내었다.

진여는 장염(張黶)과 진택(陳澤)에게 군사 5천 명을 주어 돌격을 시도하였으나, 진나라군에게 전멸당하면서 어려움을 겪었다고 토로하였다. 하지만 장이가 이를 계속 의심하자, 진여는 대장군의 인수를 내던지고 자기를 따르는 사람들을 거느리고 하상(河上)으로 가버렸다. 이것으로 두 사람의 사이는 완전히 멀어져 버렸다.

제14장
능행독책(能行督責)과 동문황견(東門黃犬)

能 능할 능 · 行 갈 행 · 督 살펴볼 독 · 責 꾸짖을 책

살펴서 (잘못을) 꾸짖는 것을 능히 할 수 있다는 말. 감독과 단속으로 질책과 벌을 주는 것을 할 권리가 당연히 있다는 의미이다.

*** 출전: 사마천, 사기(史記) 이사열전(李斯列傳)/ 강지, 통감절요(通鑑節要)**

東 동녘 동 · 門 문 문 · 黃 누를 황 · 犬 개 견

동쪽 문의 누렁이(누런 개)라는 말. 권력과 출세를 추구하다가 허무한 결과가 오는 것을 비유하는 의미이다.

*** 출전: 사마천, 사기(史記) 이사열전(李斯列傳)**

좌승상 이사(李斯)는 환관 조고(趙高)와 함께 호해(胡亥)를 2세 황제로 세웠음에도, 국정을 농단하려는 조고의 이간질로 그에 대한 호해의 태도는 냉담하였다. 호해의 폭정에 대하여 간언을 할 때마다 호해는 귀찮다는 투로 이사를 오히려 꾸짖는 일이 많아졌다. 그러자 이사는 그의 뛰어난 능력은 간데없고, 조고와 같이 아첨의 대열에 끼어들고 있었다.

어느 날 호해가 이사에게 이렇게 물었다.

"요(堯)임금이 군주의 자리에 있으면서도 사는 집이 나그네가 머무는 집보다도 못한 허름한 집에서 검소하게 지냈다고 한다. 또 겨울에는 사슴 가죽으로 여름에는 칡으로 만든 옷을 입었고, 현미밥에 몇 가지 반찬으로 식사를 하였다고 하는데 이것은 문지기의 생활보다 못한 것이다. 그리고 우(禹)임금은 거대한 토목공사를 해서 나라를 부강하게 만들었지만, 이러한 일을 하느라 다리에 난 털까지 없어졌다고 한다. 또 손발에는 굳은살이 생기고 얼굴은 새까맣게 그을린 모습으로 객사를 하였는데 이는 노예의 삶보다 못하다. 짐은 황제로서 그러한 삶을 살지 않을 것이며, 그렇게 살아간 요임금과 우임금은 어리석은 군주이다. 천하를 짐에게 맞추기 위하여 어떠한 일을 해야 하는가?"

당시 이사의 장남인 이유(李由)가 삼천(三川) 태수로 있으면서 반란군을 제대로 막지 못하고 있어 곤란한 처지에 있던 터라 이사는 호해의 이러한 질문에 아첨에 가까운 듣기 좋은 말을 하였다.

"천하를 소유하고도 제 마음대로 하지 못한다면 천하를 차꼬와 포승으로 여기는 것과 같은 것입니다. 신하를 제대로 꾸짖지 못하면서 요임금과 우임금처럼 자신의 몸을 천하의 백성들을 위해 힘쓰고자 한다면 천하는 군주에게 차꼬와 포승 같은 것입니다. 한비자가 말하기를 자비로운 어머니에게는 집안을 망치는 아들이 있어도, 엄격한 집안에는 방자한 하인이 없다고 하였습니다. 이는 잘못을 하면 반드시 벌을 주기 때문입니다. 무릇 현명한 군주란 신하를 살펴서 잘못을 꾸짖는 것을 능히 할 수 있습니다. 뛰어난 군주는 독려하고 책임 지우는 것을 홀로 결단하므로 권력이 신하에게 있지 않게 합니다. 잘못에 대하여는 가혹한 처벌만이 제왕의 길이며, 감히 신하와 백성들이 모반할 수가 없습니다."

군주는 무엇이든 해도 된다고 부추기며, 처벌은 강화해야 한다는 이사의 아첨 섞인 이 말에 호해는 기뻐하였다. 이로 인해 신하들을 벌주는데 더욱 엄격하여졌고, 관리들은 백성들을 심하게 쥐어짤수록 능력 있는 관리로 대접받았다.

이와 같이 "살펴서 (잘못을) 꾸짖는 것을 능히 할 수 있다."는 말인

'능행독책(能行督責)'이란 고사성어는 이사가 호해에게 아첨 섞인 말을 한 것에서 유래하였다.

이렇게 되다 보니 길을 가는 사람 절반은 형벌을 받은 자이고, 사형당한 사람의 시신은 저잣거리에 나뒹구는 지경이 되었다. 폭정으로 민심을 잃어 각처에서 군웅이 할거하는 위기감 속에서도 아무도 호해에게 실상을 진언하는 사람이 없었다. 이는 조고가 모든 일을 제멋대로 처리하기 위해 호해에게 접근할 수 있는 사람이 없도록 만들었기 때문이다.

조고는 호해에게 이렇게 말하며 꾀었다.

"천자가 존귀한 것은 신하들이 폐하의 소리만 들을 뿐이고, 그 얼굴을 볼 수 없기 때문입니다. 폐하는 나이가 어리고 모든 일에 능통할 수 없으므로 신하들과 직접 업무를 보게 되면 단점만 드러납니다. 성스러운 것은 함부로 천하에 드러내는 법이 없으므로, 폐하와 같이 성스러운 분은 궁궐 깊이 계시면서 법을 잘 아는 신하와 시종 몇 사람만 거느리고 있다가 일이 있을 때 그들과 의논하여 처리하면 됩니다. 그리하면 대신들은 폐하께 함부로 주청하지 못할 것이며, 천하의 백성들은 폐하를 훌륭한 황제라고 칭송할 것입니다."

조고는 호해를 깊숙한 궁궐인 감천궁(甘泉宮)에 머물게 하고, 아무도 황제 근처에 얼씬하지 못하게 하였다. 오로지 조고 자신을 통해서만 정사를 처리하였고, 황제의 유일한 소통 창구가 된 조고는 이를 이용하여 모든 일은 자신의 뜻대로 처리하였다.

이렇게 조고를 통해서만 일이 처리되면서 문제가 많이 생기게 되자, 이사가 이러한 문제를 호해에게 직접 고하려고 하였다. 이를 눈치챈 조고는 이사를 찾아가 자신이 황제에게 간언하고자 하나, 지위가 낮아 어려우니 승상인 이사가 직접 문제를 아뢰도록 기회를 만들겠다면서 이렇게 말하였다.

"승상께서 진실로 폐하에게 간하는 말씀을 올리시려면 제가 방안을 강구 하겠습니다. 폐하께서 여유가 있는 때를 택하여 연락을 드리겠으니, 그때 아뢰도록 하십시오."

그러나 조고는 일부러 세 번씩이나 호해가 한가한 시간이 아닌 술과 궁녀들로 향락의 시간을 보내고 있는 때만을 골라서 기회를 만들었다. 이럴 때마다 이사가 뵙기를 청한다고 하자, 호해는 이사가 자신을 무시하는 불충을 저지르고 있다고 짜증을 내었다. 조고는 이 기회를 놓치지 않고 호해에게 이사를 모략하였다.

"이사가 폐하를 보위에 오르도록 도운 적이 있지만, 자신은 승상으로서 얻은 것이 없어 항상 불만을 갖고 있으며, 주위의 반란군과 뜻을 같이하고 있는 것으로 보입니다."

그러자 호해는 조고에게 이사가 반란군과 내통한 증거부터 은밀히 찾아오라고 명령을 내렸다.

기원전 208년, 어느 날 이사는 우승상 곽거질(霍去疾), 대장군 풍겁(馮劫)과 함께 겨우 호해를 알현하고 아방궁의 축조를 멈추도록 간곡히 간언하였다.

"함곡관 동쪽에 도적의 무리가 크게 일어나 조정에서 군사를 내어 쳐부수었으나, 아직도 그 어지러움이 가라앉지 않고 있습니다. 이와 같이 도적이 많은 까닭은 노역 동원으로 백성들이 고달프고, 거둬들이는 공물과 세금이 많기 때문입니다. 바라옵건대 아방궁 짓는 일을 잠시 멈추시고 노역 동원과 공물과 세금을 낮추시면, 도적의 무리가 줄고 천하의 어지러움도 가라앉을 것입니다."

그러나 호해는 이들을 오히려 꾸짖으며 말하였다.

"그대들은 도적의 무리가 일어나도 제대로 막지도 못하면서 짐이 선제이신 시황제의 일을 이어서 하는 것조차 못하게 하는 것이 승상과 대장군의 할 일이오?"

호해의 노여움은 여기서 그치는 것이 아니라, 세 사람은 호해의 명을 받은 옥리들에게 잡혀 갇히는 신세가 되었다. 이렇게 되자. 곽거질과 풍겁은 "장상(將相)은 죽을지언정 모욕당하지 않는다."라는 말을 남기고 자결하였다.

그러나 이사는 호해가 황제의 자리에 앉도록 한 공이 있는 자신을 죽이지는 않을 것이라고 믿고 있었기 때문에 이들과 같이 자결하지 않았다. 하지만 조고는 이 기회를 이용하여 이사를 없애려고 계획하고, 호해로부터 이사를 신문하는 권한을 받았다.

조고는 반란군 수괴인 진승이 이사의 이웃 마을 고향 사람이어서, 진승의 무리가 이사의 장남인 이유가 태수로 있는 삼천 땅을 휩쓸고 지나가도 이들과 내통하여 치지 않았다는 죄목으로 이사를 신문하였다. 조고는 이사에게 천 번이 넘는 채찍질로 고문하였고, 이에 고통을 견디지 못한 이사는 조고가 날조한 죄를 인정하였다.

그러나 이사는 현실을 바로 보지 못하고, 자신의 억울함을 호해에게 상소하면 호해가 자신이 모반 마음이 없다는 것을 알고 용서할 것으로 생각하고 있었다. 하지만 그 상소문은 호해에게 전달되지 않고 조고의 손에 들어갔다. 이사와 대질심문하려던 삼천 태수 이유가 항우와의 전투에서 전사했다는 소식이 전해지자, 호해는 이사에게 허리를 잘라 죽이는 요참형(腰斬刑)을 명령하였다.

도성인 함양의 저잣거리에 있는 형장으로 끌려가면서 이사는 둘째 아들에게 이렇게 말하였다.

"너와 함께 누렁이(누런 개)를 데리고 고향 상채마을 동문으로 나가 토끼사냥을 하려 했는데, 이제 아무것도 할 수 없게 되었구나."

이와 같이 “동쪽 문의 누렁이”라는 말인 ‘동문황견(東門黃犬)’이란 고사성어는 이사가 형장에 끌려가면서 둘째 아들에게 허무한 자신의 심경을 말한 것에서 유래하였는데, ‘동문축토(東門逐兎)’라고도 한다.

초(楚)나라 출신인 이사는 뛰어난 능력으로 진나라에 등용되었다가 타국 인사들에 대한 추방령이 내리자, ‘간축객서(諫逐客書)’를 올려 진시황의 총애를 받았다. 진나라가 중국 대륙을 통일한 후에는 군현제와 도량형 완비에 큰 공을 세웠다.

그러나 그에게는 동문수학한 한비자(韓非子)를 모함하여 옥사시키고, 사상을 탄압한 분서갱유(焚書坑儒)의 주도자란 오명이 따라 다녔다. 그보다 씻을 수 없는 것이 간신 조고가 진시황이 죽을 때 태자 부소(扶蘇) 대신 호해(胡亥)를 옹립하는 간계를 막지 못하고 나중에 협력했던 일이다. 자신의 지위가 흔들릴 것을 우려하여 황제는 무엇이든 권한을 쓸 수 있다며 능행독책(能行督責)을 부추긴 것도 말로를 재촉하였다.

제15장
지록위마(指鹿爲馬)

指 손가락 지 · 鹿 사슴 록 · 爲 할 위 · 馬 말 마

사슴을 가리켜 말이라 한다는 말. 거짓을 사실로 왜곡하거나, 억지를 부리는 행위를 비유하는 의미이다.

*** 출전: 사마천, 사기(史記) 진이세본기(秦二世本紀)**

거록성(鉅鹿城)을 포위하고 있던 진나라 왕리(王離)의 20만 대군이 항우에게 격파당한 후에도, 장한(章邯)은 나머지 20만 대군을 거느리고 극원(棘原)에 주둔하면서 장하(漳河) 남쪽의 항우(項羽) 군사들과 대치하고 있었다.

서로가 이렇다 할 싸움도 없이 견제하는 식으로 몇 달째 시간만 보내고 있을 때, 난데없이 2세 황제 호해(胡亥)의 사자가 와서 제대로 싸우지 않는다며 장한을 강하게 질책하는 황제의 뜻을 전하였다. 장한은 이대로 가만히 있다가는 어떠한 누명을 쓸지도 모른다는 불안감에 장사(長史) 사마흔(司馬欣)을 함양(咸陽)으로 보내 호해에게 자신들의 전투과정과 처지를 설명하는 상소문을 올리게 하였다.

사마흔은 함양에 도착하여 장한의 상소문을 승상인 조고(趙高)에게 올리고 객사에 머물며 답을 기다렸으나 사흘이 지나도 회신이 없었다. 이때 조고는 바깥 사정이 호해에게 알려지는 것을 차단하면서 국정을 농단하고 있었는데, 장한의 상소문도 조고가 움켜쥐고 사마흔의 입을 막기 위해 그를 죽이려 하고 있었다.

이러한 궁궐 사정에 밝은 사마흔의 친구가 찾아와 실상을 말하며 빨리 달아나라고 하여, 사마흔은 그 길로 밤낮없이 말을 달려 장한에게로 돌아왔다.

사마흔으로부터 함양의 사정을 듣고 어찌할 바를 몰라 하는 장한에게 조나라 대장군이었던 진여(陳餘)가 투항을 권하는 편지를 보내왔는데, 내용은 대충 이러하였다.

"장군께서 진나라의 장수가 된 지 3년, 진나라에 맞서는 제후는 늘어나고 있습니다. 조고는 평소 아첨만 일삼다가 2세 황제가 그동안 속인 죄를 물어 자신을 죽일까 두려워 자신의 죄를 전가할 곳을 찾고 있습니다. 장군은 공이 있다 하여도 죽을 것이오, 공이 없으면 더욱 죽음을 면하기 어려울 것입니다. 장군께서는 어찌하여 제후들과 손을 잡고 진나라를 치기로 맹약하여 그 땅을 나눠 가진 뒤에 스스로 왕이 되려 하지 않으십니까?"

장한은 현재 처한 사정을 두고 고심한 끝에, 조고가 장악한 진나라 조정에서는 자신이 온전하게 살아남을 수 없다는 생각이 들었다. 그래서 그는 20만 대군과 함께 원수(洹水) 남쪽의 은허(殷墟) 벌판에서 항우에게 항복하고 말았다.

한편 사마흔을 죽이려다 놓쳐버린 조고는 은근히 호해가 대란 속에 휩싸인 궁궐 밖의 사정을 알게 될까 봐 걱정되었다. 호해가 정신을 차려 정사를 친히 돌보게 되면 그동안 황제를 속여온 자신이 위태롭게 될 것을 생각하니 차라리 호해를 끌어내리는 편이 낫겠다는 생각이 들었다. 하지만 막상 일을 벌이려고 하니 조정 대신들이 자기를 따라주지 않을까 걱정이 되었다. 이에 조고는 자신의 권세가 어느 정도인지 알아보고 싶어졌다.

어느 날 호해가 여러 신하들과 함께 궁중 뜰을 거닐고 있을 때, 조고가 뜰 안에 놀고 있던 사슴을 가리키며 큰 소리로 말하였다.

"폐하, 저기 말이 놀고 있습니다."

"승상이 사슴을 말이라고 잘못 말하였소."

그러나 조고는 시치미를 떼고 우겼다.

"폐하, 저것은 틀림없는 말입니다."

호해는 웃으며 옆에 있던 신하에게 사슴을 가리키며 말이 맞느냐고 물었다. 그러자 그 신하는 조고의 눈치를 살피며 말이라고 하였다. 그러자 의아해진 호해가 다른 신하들에게 차례로 물어보았다. 어떤 신하는 황제가 물으니 사슴이라고 바로 대답하기도 하고, 어떤 신하는 조고에게 아첨하느라 말이라고 하였다. 호해는 이런 상황을 괴이하게 여기면서도 그냥 웃어 넘겨버렸다.

조고는 사슴이라고 말하는 신하들이 많은 것을 보고 호해를 끌어내리는 거사를 뒤로 미루기로 하였다. 그러나 사슴이라고 말한 신하들을 기억해 두었다가 한 사람씩 몰래 죄를 씌워 제거해 나갔다. 그 이후로 신하들이 더욱 조고를 두려워하였다.

이와 같이 "사슴을 가리켜 말이라 한다."는 말인 "**지록위마(指鹿爲馬)**"라는 고사성어는 조고가 자신의 권세가 어느 정도인지 신하들을 상대로 알아보고자 한 것에서 유래하였다.

그 무렵 호해는 사슴과 말을 제대로 분간하지 못하는 자신이 문제가 있는 것이 아닌가 하는 혼란에 빠져 태복(太卜)에게 점을 치게 하였다. 태복은 재계(齋戒)를 제대로 하지 않아서 그런 것이라고 하자, 호해는 몸과 마음을 깨끗이 하고 부정을 멀리하는 재계를 하기 위하여 궁궐 깊숙한 숲속인 상림원(上林苑)으로 들어갔다. 하지만 그는 재계에 열중하지 않고 사냥을 하며 노는 일로 날을 보냈다.

그러던 어느 날 어떤 사람이 길을 잘못 들어 상림원에 들어왔다가 호해가 쏜 화살에 맞아 죽었다. 이러한 일을 구실로 조고는 호해를 궁궐을 떠나 손쓰기 쉬운 곳으로 옮기기 위하여 이렇게 말하였다.

"비록 천자라 할지라도 죄 없는 사람을 죽였으니, 귀신도 제사를 받지 않을 것이고 하늘이 재앙을 내릴 것입니다. 황궁에서 멀리 떨어진 한적한 곳으로 옮겨 가시어 재앙을 물리칠 기도를 올려야 합니다."

이렇게 해서 호해가 망이궁(望夷宮)으로 옮겨 지내던 중에, 백호가 자신의 수레를 끄는 말을 물어뜯어 죽이는 꿈을 꾸었다.

태복에게 해몽하게 했더니, 경수(涇水)의 수신이 재앙을 일으킨다는 점괘가 나와 백마 네 필을 경수에 빠뜨려 제사를 지냈다. 그래도 불안이 가시지 않은 호해는 조고에게 반란군의 상황을 물으며 제대로 대처하지 못한다고 심하게 질책하였다. 그러자 조고는 그동안 미루어 왔던 호해를 끌어내리는 거사를 착수하기로 결심하였다.

기원전 207년 8월, 조고는 함양 현령인 사위 염락(閻樂)과 낭중령(郎中令)인 동생 조성(趙成)을 불러 호해를 폐위시키기로 모의한 후에, 염락과 조성은 군사를 이끌고 망이궁에 난입하였다. 염락은 호해를 찾아내 천하가 모두 배반했으니 스스로 어떻게 해야 할지 생각하라고 겁박하며 강제로 자결시켰다.

호해가 자결했다는 소식을 들은 조고는 자신이 제위를 차지하려고 옥새를 가지고 대전에 오르자 대전이 여러 번 무너질 듯 흔들렸다. 겁이 난 조고는 하늘이 자신에게 황제의 자리를 허락하지 않는 것이라 생각하고 진시황의 조카인 자영(子嬰)을 왕위에 올리기로 하였다.

조고는 회춘궁(回春宮)으로 자영을 찾아가 왕위에 오를 것을 권하자, 자영은 목욕재계하고 닷새 후에 즉위하기로 하겠다고 하고는 두 아들을 급히 불러 다음과 같은 밀명을 내렸다.

"나는 이제부터 재궁(齋宮)에 참배하며 닷새 동안 목욕재계를 하고 있을 터이니, 너희들은 그동안에 환관 한담(韓覃)과 이필(李畢)에게 급히 연락하여 재궁 뒤에 군사를 매복시켜 놓아라. 닷새 후에 내가 궁궐에 들어가지 않으면 조고가 재궁으로 나를 모시러 올 것이니, 그때 조고를 죽여라."

과연 자영이 재궁에서 목욕재계를 계속하며 닷새가 지나도록 궁궐에 나가지 않자, 조고는 자영을 모셔가려고 재궁으로 수레를 타고 나타났다. 이때 한담과 이필은 미리 매복시켜 두었던 군사를 일으켜 조고를 급습하여 그의 목을 베어버렸다. 그리하여 갖은 작폐를 부려 가면서 진나라의 권세를 마음껏 휘둘러 오던 천하의 간신 조고는 비참한 최후를 마쳤다. 이렇게 간신 조고를 죽인 자영은 왕위에 오르기는 했으나, 험난한 앞길이 그를 기다리고 있었다.

제16장
양약고구(良藥苦口)와 약법삼장(約法三章)

良 좋을 양 · 藥 약 양 · 苦 쓸 고 · 口 입 구

좋은 약은 입에 쓰다는 말. 옳고 바른말은 귀에 거슬리나, 자신에게 이롭다는 것을 비유하는 의미이다.

*** 출전: 사마천, 사기(史記) 유후세가(留侯世家)**

約 묶을 약 · 法 법 법 · 三 석 삼 · 章 글 장

약속한 세 가지 법규라는 말. 법규는 간단명료하고 단순할수록 힘을 발휘하거나, 또는 단순한 것이 복잡한 것을 능가한다는 것을 비유하는 의미이다.

*** 출전: 사마천, 사기(史記) 고조본기(高祖本紀)**

초나라 회왕(懷王)이 진나라 장한(章邯)의 기세를 피해 수도를 우이(盱眙)에서 팽성(彭城)으로 옮긴 후, 병력을 분산하여 출진시키면서 진나라의 도성인 함양(咸陽)에 먼저 입성하는 사람을 관중왕(關中王)에 임명하겠다고 선언하였다.

항우(項羽)는 전사한 숙부인 항량의 복수를 위해 함양이 있는 서쪽으로 가길 원했지만, 회왕의 주변에 있는 신하들이 잔혹한 항우를 서쪽으로 보내는 일을 꺼려 이 일은 관대한 유방(劉邦)이 맡게 되었고, 항우는 송의(宋義)와 함께 북쪽으로 진군해 거록성(鉅鹿城)을 포위하고 있는 진나라군을 격파하는 임무를 맡게 되었다.

이렇게 되어 유방은 진나라 도성인 함양(咸陽) 쪽을 향해 독자적으로 부대를 이끌고 가다가 강리(杠里)에서 진나라군을 물리치고 서쪽으로 나아갔다. 창읍(昌邑)에 이르러 팽월(彭越)을 만나 양 군사들은 힘을 합쳐 창읍을 공략했으나, 수비가 완강하여 쉽게 함락되지 않았다.

그 무렵 항우가 '거록대전'에서 놀랄 만한 대승리를 거둔 참이라, 유방은 시간을 낭비할 수 없어 창읍을 내버려 두고 서쪽으로 진군하며 고양(高陽)을 지나다가, 역이기(酈食其)를 만나 조언을 구하였다.

유방은 역이기의 조언에 따라 진류(陳留) 현령의 항복을 받고 이곳을 차지하여 비축된 군량과 군사까지 얻었다. 유방은 역이기를 '땅을 넓혀준 어른'이란 뜻으로 '광야군(廣野君)'이라 높여 불렀다. 역이기의 동생 역상(酈商)을 장수로 삼고 개봉(開封)을 쳤지만 쉽게 함락이 되지 않자 그대로 서쪽으로 나아갔다. 백마진(白馬津)에서 진나라 장수 양웅(楊熊)을 쳐부수고 이를 추격하여 곡우(曲遇)에서 대파하였다.

이후 유방은 남쪽으로 나아가 영양(穎陽)을 함락시켰다. 이때 영양의 환원산(轘轅山)에서 한왕(韓王) 성(成)과 함께 은거해 있던 장량이 유방의 소문을 듣고 찾아와 다시 재회하였다.

장량은 유방에게 관중으로 들어가기 전에 예전 한나라 땅을 회복해 주기를 요청하였다. 유방은 장량의 뜻에 따라 양성(陽城)과 양적(陽翟)을 비롯해 크고 작은 성 여남은 개를 공략하여 한나라 땅 태반을 점령하였다.

유방이 형양(滎陽)을 지나 성고(成皐)에 이르렀을 때, 조나라의 별장 사마앙(司馬卬)이 관중으로 진입해 왕이 되고 싶은 마음에 하수(河水)를 남하하여 함곡관(函谷關)으로 진입하려고 하였다. 이를 저지하기 위해 유방은 평음(平陰)을 공략하여 나루터를 끊어버렸다.

다시 남쪽으로 이동하여 낙양 동쪽에서 진나라군을 만나 두 번이나 전투를 치렀으나 이기지 못하고 양성으로 후퇴하였다가, 남양현(南陽縣) 동쪽에서 남양 태수 여의(呂齮)를 무찔러 남양을 점령하였다.

유방은 한왕 성에게 군사 5천 명을 주고 양적에 자리 잡도록 한 후에 도주한 여의를 쫓아 완성(宛城)을 공격하였다. 완성이 쉽게 공략되지 않자 유방은 시간을 낭비하고 싶지 않아 그대로 서쪽으로 진군하려 할 때, 여의의 문객인 진회(陳恢)가 찾아와 항복을 청하였다.

유방이 이에 응하면서 여의를 은후(殷侯)에 봉하여 남양을 그대로 다스리게 하고, 진회를 천호후(千戶侯)로 삼아 유방을 보필하게 하였다.

유방은 장량의 건의를 받아들여 함곡관을 거쳐 함양에 들어가기보다 단수(丹水) 북쪽의 무관(武關)을 통해 함양으로 들어가기로 하고 서쪽으로 향하였다. 그러자 남양태수 여의가 항복을 하고도 오히려 은후에 봉해졌다는 소문을 들은 가는 길목의 성주들이 앞다투어 항복해 왔다.

유방의 세력은 이 무렵에는 무시 못 할 정도로 강력해져서 그는 파양호 근처에서 할거하는 파군(番君) 오예(吳芮)의 별장 매현(梅鋗)과 함께 석현(析縣)과 역현(酈縣)을 함락시켰다. 이때는 장한이 은허에서 항우에게 항복하여, 유방은 함양 입성을 더욱 서둘러야 했다.

함양을 향해 진군한 유방은 관중의 남쪽 관문인 무관(武關)을 5만 군사로 사흘간의 공격 끝에 돌파하였다.

이즈음 조고가 2세 황제 호해를 자결시키고 자영(子嬰)을 진(秦)나라 왕으로 세웠는데, 자영이 조고를 죽였다는 소식이 들려왔다.

무관에서 며칠 휴식을 취한 유방과 그 군사들은 무관의 서쪽과 남전(藍田)의 남쪽에 있는 요관(嶢關)에서 가로막는 진나라의 대군을 남전 골짜기에서 격파하여 승리를 거두었다.

기원전 207년 10월 초, 마침내 유방은 함양이 바로 보이는 패상(覇上)에 이르렀다.

한편 장한(章邯)의 항복을 받고도 한 달이나 더 걸려 하북(河北)을 평정한 항우는 기원전 207년 8월이 되어서야 서쪽 관중으로 가는 길로 접어들었다.

함곡관을 3백 리 앞둔 신안(新安)을 점령한 항우는 그곳에서 휴식을 취하고 있었다. 그 사이에 항우가 이끄는 초나라 군사는 30만으로 늘어났으며, 장한이 항복하면서 데리고 온 진나라 군사 20만을 합하면 50만이 머무는 진중에서 심상치 않은 움직임이 일고 있었다.

장한의 휘하에 있던 20만의 진나라 군사들은 대부분 장한의 항복에 불만을 품고 있었다. 게다가 초나라 군사들은 진나라 군사들을 포로나 노예처럼 대하면서 갖은 학대와 모욕을 주었고, 진나라 군사들은 속수무책으로 당하기만 하였다. 이러한 불만들이 쌓여 진나라 군사들은 모이기만 하면 항복한 장한을 원망하며, 심상치 않은 논의로 수군거렸다. 진나라 군사들의 이런 움직임이 초나라의 장수들에게 포착되어 항우에게 보고되었다. 항우는 경포(黥布)와 포장군(蒲將軍)을 불러 대응 방법을 논의하고, 다음과 같이 결정하였다.

"진나라 항졸(降卒)들이 아직도 마음속으로 우리들에게 복종하지 않고 있다. 함양에 들어가서도 그들이 우리의 명을 듣지 않는다면 일이 매우 위험하게 될 것이다. 차라리 여기서 그들을 습격하여 모조리 죽이고 장한과 장사(長史) 사마흔(司馬欣), 도위(都尉) 동예(董翳) 등 세 사람만 살려 길잡이로 데리고 함양에 들어가야겠다."

이렇게 하여 그날 한밤중에 경포와 포장군의 군사들이 항복한 진나라 군사들이 잠자고 있는 신안성 남쪽 골짜기의 군막을 불 지르며 습격하여 20만 명에 달하는 군사들을 무자비하게 학살하였다. 그리고 골짜기 양쪽 산의 흙으로 묻어 생매장하였다. 이리하여 항우는 자신의 대군만을 이끌고 함양을 목표로 진격을 계속하였다.

이 무렵 진나라 왕이 된 자영(子嬰)은 반란군의 현황을 보고 받고 함양으로 들어오는 관문에 군사들을 보내 대비를 하였다. 하지만 이미 진나라는 조고의 국정 농단으로 유능한 신하나 장수들이 사라져 진나라는 재기불능 상태에 놓여 있었다.

유방의 군사들이 함양의 코앞인 패상에 주둔하자, 진나라군은 몇 차례 공격하며 맞서 싸웠으나 장량의 계책에 농락당하면서 속수무책으로 패배하고 말았다.

그러자 대세가 기울었다고 판단한 진나라의 남은 신하들은 진나라 왕실을 위하여 목숨 바쳐 싸울 충성심이 없었다. 그들은 그나마 온화한 유방에게 항복하는 것이 나을 것이라며 자영에게 주청하였다.

기원전 207년 10월, 자영은 왕위에 오른 지 46일째 되는 날에 장례식을 상징하는 백마가 끄는 흰 마차에 흰옷을 입었으며 머리를 풀고 목에는 밧줄을 메었다. 그리고 황제의 옥새(玉璽)와 부절(符節)을 가지고 나와 위수(渭水)를 건너 유방이 있는 패상으로 향하였다. 유방은 패상의 동북쪽으로 조금 떨어진 지도정(軹道亭)으로 나가 그곳에서 자영으로부터 항복을 받았다.

유방의 휘하 장수 가운데 한 사람이 자영을 처형하여 진시황의 폭정에 대한 울분을 풀어야 한다고 주장하였지만, 유방은 고개를 가로저으며 말하였다.

"처음 회왕께서 나를 관중으로 보낸 것은 폭정에 시달린 진나라 백성들에게 관용을 베풀 것이라는 믿음 때문이었소. 자영은 우리에게 항복하였으니, 진나라 왕도 우리의 원수가 아니요. 또 스스로 항복한 사람을 죽인다면 앞일이 상서롭지 않을 것이오."

유방은 자영의 항복을 받아들여 그의 안전을 보장해 주고는, 대군을 이끌고 함양으로 입성하였다. 진나라 궁궐로 들어간 유방은 셀 수 없이 많은 값진 물건들과 궁녀들에게 마음을 빼앗겨 그대로 머물려고 하였다. 번쾌(樊噲)가 유방에게 궁궐 밖으로 나가기를 충간하였으나, 듣지 않자 장량이 나섰다.

"패공(沛公)께서 여기까지 이를 수 있었던 이유는 진나라가 무도하였기 때문입니다. 진나라의 잔당들을 물리쳐야 하는 이때 편안함과 즐거움을 누리신다면 천하의 백성들이 무어라 하겠습니까? 충성스러운 말은 귀에 거슬리지만 이롭듯이, **좋은 약은 입에 쓰지만** 몸에 이롭다고 하였습니다. 번쾌의 충언을 들으십시오."

번쾌와 장량의 설득으로 유방은 궁궐의 물건에 일절 손을 대지 않으며 군대는 패상으로 철수하여 함양 백성들이 폭행이나 약탈을 당하지 않게끔 배려하였다.

이와 같이 "좋은 약은 입에 쓰다."는 말인 '**양약고구(良藥苦口)**'라는 고사성어는 장량이 유방에게 번쾌의 충언을 듣기를 설득하는 말에서 유래하였다.

함양에 입성하였다가 다시 패상으로 물러난 유방은 관중(關中)의 부로(父老)들과 유지(有志)들을 불러 이렇게 말하였다.

"여기 계시는 어르신들께서는 진나라의 가혹한 법으로 인하여 오랫동안 고통을 당해 왔습니다. 이를 비방하는 사람들은 멸족을 당하였고, 서로 모여 걱정하던 사람들은 저잣거리에서 참형을 당하였습니다. 제가 이곳에 오기 전에 제후들끼리 관중에 먼저 들어간 사람이 그곳의 왕이 되기로 약조되어 있습니다. 저는 마땅히 이곳의 왕이 될 사람으로서, **세 조목의 법령만 시행할 것을 여러분에게 약속드립니다.** 첫째 살인을 한 자는 사형, 둘째 사람을 다치게 한 자는 그에 따른 벌을, 셋째 남의 물건을 훔친 자도 마찬가지의 벌을 내릴 것입니다. 이외 나머지 진나라의 법은 모두 폐지하여 모든 관리와 백성들이 예전처럼 편안하고 즐겁게 살 수 있도록 하겠습니다. 제가 이곳에 온 것은 여러 어르신에게 해롭고 나쁜 것들을 없애고자 함이니 두려워하지 마십시오. 또 제가 군사들과 더불어 패상으로 물러나 머무는 것도 모든 제후들이 오기를 기다려 그들과 함께 약속을 정하기 위함입니다."

진나라는 법률 지상주의 나라이었다. 세세한 부분까지 법률로 정해져 있었고 그 시행이 엄격하여 백성들은 압박감에서 헤어나지 못했었다. 이러한 진나라 법의 폐단을 타파하기 위하여 유방이 살인·상해·절도의 세 조목의 법령만 시행할 것을 선언한 것을 이른바 '약법삼장(約法三章)'이라 한다.

유방이 이러한 약법삼장의 정책을 사람들을 시켜 각 현과 향읍을 돌면서 알리자, 진나라 사람들은 크게 기뻐하며 소와 양을 잡고 술을 가져와 대접하려고 하였다. 유방은 이를 사양하여 하나도 받지 않고 창고에 남은 곡식이 있어 민폐를 끼치지 않을 것이라고 하니, 백성들이 더욱 기뻐하여 유방이 관중의 왕이 되지 못할까 걱정할 정도이었다.

제17장
항장무검(項莊舞劍)과 두주불사(斗酒不辭)

項 목 항 · 莊 풀 성할 장 · 舞 춤출 무 · 劍 칼 검

항장이 칼춤을 추다는 말. 실제 행동과 다르게 그 의도가 숨겨져 있는 것을 비유하는 의미이다.

※ 항장(項莊): 항우의 사촌동생

*** 출전: 사마천, 사기(史記) 항우본기(項羽本紀)**

斗 말 두 · 酒 술 주 · 不 아니 불 · 辭 말 사

말술도 사양하지 않는다는 말. 술을 잘 마시거나 주량이 센 것을 비유하는 의미이다.

*** 출전: 사마천, 사기(史記) 항우본기(項羽本紀)**

약법삼장(約法三章)의 선언으로 유방을 흠모하던 관중의 백성들이 다른 제후들이 관중으로 들어오는 것을 막으려고 유방에게 이런 제안을 하였다.

"만약 항우가 당장이라도 항복한 장한(章邯)을 데리고 관중으로 들어온다면 패공(沛公)께서는 관중의 왕이 되지 못하실 것입니다. 그러니 얼른 군사들을 함곡관으로 보내 원래 그곳을 지키고 있던 진나라 군사들과 함께 관문을 단단하게 지켜 그 어떤 제후라도 함곡관을 넘지 못하게 하여야 합니다. 그러신 후에 군사들의 힘을 길러 그들을 막아 낸다면 패공께서는 완전한 관중의 왕이 되실 수 있습니다."

이에 솔깃해진 유방은 한 부대의 군사들을 함곡관으로 보내 그곳에 있던 진나라 군사들과 함께 함곡관을 닫아걸고 단단히 지키게 하였다.

기원전 207년 11월, 함양으로 향하던 항우는 함곡관(函谷關)에서 저지당하자 크게 분노하였다. 항우는 종리매(鍾離昧)와 용저(龍且)를 함곡관 정면으로, 경포(黥布)와 포장군(蒲將軍)을 함곡관 좌우로 공격하게 하여 함곡관을 깨뜨리고 희수(戲水)를 건너 홍문(鴻門)에 머무르게 되었다.

이때 유방의 좌사마(左司馬) 조무상(曹無傷)은 군사력이 유방보다 강한 항우 쪽으로 붙기 위해 사람을 보내어, 유방이 함양 궁전의 금은보화와 미녀들을 자기 소유로 만들고 스스로 관중의 왕이 되려 한다고 모함하였다.

이 말을 들은 항우는 크게 노하여 패상의 유방 진영을 공격하여 유방과 그의 군사들을 도륙하려고 결심하자, 항우의 책사인 범증(范增)도 유방이 천자의 기운을 가지고 있으므로 이 기회에 처치해야 한다며 항우를 부추겼다.

이러한 상황을 알게 된 항우의 숙부 항백(項伯)은 일찍이 사람을 죽이고 망명 생활을 할 때 신세를 진 장량(張良)을 살리고 싶었다. 그래서 그는 말을 달려 유방의 진영으로 가서 장량을 만나 현재 처해있는 위급한 상황을 알려 주며 멀리 도망가라고 권하였다. 그러자 장량은 혼자 도망하는 것은 의리가 아니라고 하며 유방에게 이 모든 일을 말해주었다. 다급해진 유방은 항백을 극진히 대접하면서 유방의 아들과 항백의 딸을 혼인시키기로 언약하고 사돈 관계가 되었음을 감조하였다.

그런 후 유방은 자기가 먼저 함양을 접수하고 궁궐의 모든 창고를 봉한 것은 항우에게 바치기 위함이었고, 함곡관을 봉쇄한 것은 다른 도적들의 침입을 막기 위한 것이었다고 변명을 늘어놓으면서, 항백이 항우에게 말을 잘해달라고 간곡히 부탁하였다.

항백은 흔쾌히 수락하고 이튿날 아침이 되면 유방도 친히 항우를 찾아가 사죄를 할 것을 권하였다. 항백은 돌아가 항우에게 유방을 위해 변명해 주었고, 항우는 화가 많이 누그러졌다.

당시 항우의 군대는 정병 40만으로, 10만을 거느린 유방은 상대가 될 수가 없었다. 유방은 원래 항우의 함양 입성을 저지하고 관중 땅의 왕이 될 생각이었다. 그러나 군사력이 열세임을 감안하여 우선 살아남는 것이 중요하다고 생각하였다.

이튿날 아침, 유방은 100여 기의 군사만 거느리고 홍문에 이르렀다. 직접 항우의 군막을 찾아가 자신을 신(臣)이라 칭하며 항우에게 함양을 바치면서 사과를 하였다.

"신과 상장군이 죽을 힘을 다해 진나라를 공략하여, 장군은 황하의 북쪽에서 싸우고 신은 황하의 남쪽에서 싸웠습니다. 그런데 내 뜻과는 달리 먼저 관중에 들어와 진나라를 무너뜨리고 진왕의 항복을 받았습니다. 신은 함양의 창고를 봉하고 장부(帳簿)를 간수 하면서 상장군께서 빨리 들어오시기를 기다렸는데, 여기에서 다시 상장군을 뵙게 되었습니다. 그런데 소인배의 참소로 인해 상장군과 신 사이에 틈이 생기고 말았습니다."

항우가 말하였다.

"그것은 패공의 좌사마 조무상이 한 말이오. 그러지 않았다면 내가 어떻게 여기까지 이르게 하였겠소."

항우는 그날로 유방을 머무르게 하고 더불어 마시자고 하였다.

어젯밤 항백으로부터 자세한 설명을 들었던 항우는 유방이 이처럼 몸을 굽히자 마음이 녹아내렸다. 기분이 좋아진 항우는 잔치를 벌였는데, 이것이 바로 유명한 홍문연(鴻門宴), 즉 홍문의 잔치이다.

항우와 항백이 동쪽을 향해 앉고, 범증(范增)이 남쪽을 향해 앉았다.

유방이 북쪽을 향해 앉고 장량은 서쪽을 향해 앉아 유방을 모셨다.

서로 술잔을 주고받는 사이에 범증이 여러 차례 항우에게 눈짓하며 차고 있던 옥을 들어 세 차례나 죽이라는 신호를 보냈지만, 항우는 묵묵히 있으면서 응하지 않았다.

범증이 일어나 밖으로 나가 항우의 사촌 동생인 항장(項莊)을 불러 말하였다.

"주군의 사람됨이 차마 모질게 하지 못하는 성격이다. 네가 들어가 유방 앞에서 장수(長壽)를 기원해 주며 검무를 추겠다고 청하고 자리에 앉아 있는 유방을 칼로 쳐서 죽여라. 오늘 그렇게 하지 않으면 나중에 우리가 도로 사로잡히는 신세가 될 것이다."

항장이 들어가 장수를 기원한 후 말하였다.

"군왕과 패공께서 술을 드시는데 군중에는 즐길 거리가 없으므로 검무를 출까 합니다."

항우가 허락하자, 항장이 칼을 빼 들고 춤을 추기 시작했다. 그러자 이를 눈치챈 항백도 칼을 뽑아 들고 같이 춤을 추면서 자기 몸으로 엄호하여 항장은 끝내 유방을 칠 수가 없었다.

이를 본 장량이 군문으로 나가 번쾌(樊噲)를 다급하게 찾았다. 그리고 장량은 번쾌에게 다급한 목소리로 말하였다.

"일이 급하게 되었소. 지금 항장이 칼을 뽑아 들고 검무를 추고 있는데, 그 뜻이 패공에게 있소."

번쾌가 비장한 각오로 말하였다.

"정말 다급한 상황이군요. 제가 들어가서 운명을 함께 해야겠소."

번쾌는 즉시 칼을 차고 방패를 들고 군문으로 들어갔다. 지키고 있던 호위 군사들이 창을 엇갈리게 들고 막으며 들여보내려 하지 않았다. 번쾌가 그들의 방패를 비껴치면서 호위 군사들을 땅에 넘어뜨리고 안으로 들어갔다.

이와 같이 홍문연에서 항장이 검무를 추며 유방을 노리자, 장량이 다급하게 번쾌를 찾아 말한 데에서 "항장이 칼춤을 추다."는 말인 '항장무검(項莊舞劍)'이란 고사성어가 유래하였다.

번쾌는 안으로 들어가 장막을 들추고 서쪽을 향해 서서는 눈을 부릅뜨고 항우를 바라보았다. 머리카락이 위로 솟고 두 눈은 부릅떠 찢어질 것만 같았다.

항우가 칼을 잡으며 웬 사람이냐고 물었다.

장량이 대답하였다.

"패공의 참승(參乘) 번쾌라는 자입니다."

항우가 호기롭게 말하였다.

"장사로군! 술을 내려 주어라!"

그러고는 한 말이나 되는 술을 주었다. 번쾌는 고맙다고 인사하고는 일어나 선 채로 마셔 버렸다.

항우가 다시 돼지 앞다리를 주라고 하자, 사람들이 즉시 돼지 앞다리를 생으로 주었다. 번쾌는 방패를 땅에 엎어 놓고 그 위에 고기를 올려놓고는 칼을 뽑아 썰어서 먹었다.

이를 보고 항우가 말하였다.

"장사여! 더 마실 수 있겠는가?"

번쾌가 서슴없이 말하였다.

"죽음도 피하지 않았는데, 어찌 말술을 사양하겠습니까? 진(秦)나라 왕은 호랑이와 승냥이의 마음이 있어 사람을 죽여도 다 죽이지 못할까 걱정하고, 형벌을 내려도 구겁지 않을까 두려워했으므로 천하가 모두 그를 배반했습니다. 회왕께서 여러 장수와 '먼저 진나라를 쳐부수고 함양에 들어가는 자가 왕이 되리라.'고 맹약하셨습니다. 지금 패공이 먼저 진나라를 쳐부수고 함양에 들어갔지만, 감히 터럭만큼도 가까이하지 않았습니다. 또 궁궐을 봉쇄하고 돌아와 패상에서 주둔하며 대왕께서 오시기를 기다렸습니다. 그리고 일부러 장수를 보내 관문을 지키도록 한 것은 도적들의 출몰과 예기치 않은 일을 대비한 것입니다. 애써 고생한 공로가 이처럼 높은데, 제후로 봉하는 상은 내리지 않으면서 소인들의 말을 듣고 공 있는 사람을 죽이려 하십니까? 이는 멸망한 진나라를 따라가는 것일 뿐이니, 대왕께서는 행해서는 안 된다고 생각합니다."

항우는 번쾌의 말에 아무런 답변을 하지 않은 채 그냥 앉으라고만 하였다. 이렇게 하여 번쾌가 유방의 곁에서 호위하자, 범증은 유방을 끝내 죽이지 못하였다

이와 같이 항우가 번쾌에게 술을 더 마실 수 있느냐고 물은 데에서 "말술도 사양하지 않는다."는 말인 '두주불사(斗酒不辭)'라는 고사성어가 유래하였다.

제18장
진평분육(陳平分肉)과 수자부족여모(竪子不足與謀)

陳 늘어놓을 진 · 平 평평할 평 · 分 나눌 분 · 肉 고기 육
진평이 고기를 (공평하게) 나누어준다는 말. 일을 공평하게 처리하는 것을 비유하는 의미이다.
※ 진평(陳平): 항우의 책사였다가 후에 유방을 도와 한나라 좌승상이 됨.
*** 출전: 사마천, 사기(史記) 진승상세가(陳丞相世家)**

竪 더벅머리 수 · 子 아들 자 · 不 아니 부 · 足 발 족 · 與 줄 여 · 謀 꾀할 모
어린아이와 함께 일을 꾀할 수 없다는 말. 어리고 경험이 부족한 사람과 함께 큰 일을 도모할 수 없다는 것을 비유하는 의미이다.
*** 출전: 사마천, 사기(史記) 항우본기(項羽本紀)**

유방은 홍문연(鴻門宴) 중간에 변소에 가는 척하고 항우의 군막에서 나오면서 장량(張良)과 번쾌(樊噲)를 눈짓으로 불러내었다. 장량과 번쾌가 눈치를 보아가며 어렵게 술자리를 빠져나오자, 유방이 이들에게 말하였다.

"아무래도 오늘 이 자리에는 오래 있으면 안 될 것 같소. 항우에게 간다는 인사도 하지 않고 나왔는데, 뒤탈이 없을지 걱정이오."

그러자 번쾌가 예의 차릴 것 없이 어서 달아나기를 재촉하였다. 장량은 남아서 뒤처리를 하겠다고 말하면서, 유방에게 가지고 있는 예물이 있으면 자기에게 달라고 하였다. 이에 유방이 백벽옥(白璧玉) 한 쌍과 옥으로 만든 술잔인 옥두(玉斗) 한 쌍을 장량에게 건네주었다.

이때 이들의 등 뒤에서 항우의 책사인 진평(陳平)이 나타나 말하였다.
"어서 안으로 들어가시지요. 상장군께서 패공을 찾으십니다."
유방을 죽이려는 시도가 실패한 범증은 유방이 취해서 실수하도록 계속 술을 권할 때, 진평이 옆에서 조금씩만 따르면서 유방을 도와주었다. 번쾌가 진평에게 다가가 말하였다.
"오늘 이 홍문의 술자리가 무탈하게 끝나기는 힘들 것 같아 먼저 패공을 모시고 자리를 뜨려고 합니다. 공도 모른 척하고 우리를 그냥 보내주시면 좋겠습니다."

그러자 진평이 말하였다.
"패공의 관상이 여기서 목숨을 버릴 만큼 옹색하지 않습니다. 제가 못 본 척 보내드린다 해서 우리 상장군을 저버리는 것은 아닐 것이니, 패공께서는 얼른 떠나십시오. 훗날 큰 뜻을 이루시거든 저를 잊지 말아 주시기 바랍니다."
진평의 뜻을 알아차린 유방은 번쾌를 재촉하여 항우의 군문을 빠져나와 자신의 군영으로 무사히 돌아왔다. 유방은 돌아오자마자 자신을 모함하여 곤경에 빠뜨린 조무상(曹無傷)을 참형하였다.

진평은 양무(陽武)의 호유현(戶牖縣) 사람이다. 어릴 적 부모를 일찍 여의고 집은 가난했으나 책 읽기를 좋아하였다. 진평은 기골이 장대하고 풍채가 좋았기 때문에, 그의 형 진백(陳伯)은 동생을 자랑스럽게 여겼다. 진백은 똑똑한 동생의 뒷바라지를 꾸준히 하면서 살림은 본인이 알아서 할 테니 동생에게는 학문에만 열중하고 여러 사람을 만나 견문을 넓히라고 하였다.
어느 날 장부(張負)라는 부자가 진평의 당당한 풍모와 근면하게 일하는 것을 보고 그를 뒤따라 진평의 집에 가보니 문밖에 덕망 있는 사람들이 다녀간 수레바퀴 자국이 많았다. 집으로 돌아온 장부는 아들 장중(張仲)에게 손녀를 그에게 시집 보내라고 하였다. 진평은 부자인 장씨의 손녀에게 장가든 후, 재물이 넉넉해지자 교류하는 폭도 많이 넓어졌다.

진평이 사는 마을에서 토지신에게 제사를 지낸 후에 그 고기를 나눠주는 일을 진평이 주관하게 되었다. 그가 사람들에게 고기를 나누어 주는 것이 매우 공평하여 마을 노인들이 모두 칭찬하였다.

그러자 진평이 이렇게 말하였다.

"저에게 천하를 주재하게 하더라도 이와 같이 공평하게 나눌 수 있습니다."

여기에서 "진평이 고기를 (공평하게) 나누어 준다."는 말인 '**진평분육(陳平分肉)**'이란 고사성어가 유래하였다.

이후 진승과 오광의 난이 발생하자 진평은 이에 참여하여 위(魏)나라의 위구(魏咎)를 섬겼다가, 장한(章邯)의 공격을 받은 위구가 자결하자 항우의 휘하로 들어왔다.

한편 유방과 번쾌를 놓아 보낸 진평과 남아 있던 장량이 홍문의 술자리로 돌아오자. 항우가 장량에게 유방은 왜 들어오지 않느냐고 물었다.

그러자 장량이 차분하게 대답하였다.

"패공께서는 술기운을 이기지 못하여 자리로 돌아오지 못하였습니다. 그러나 소신에게 상장군과 아부(亞父:범증)께 예물을 올려 술자리를 끝까지 함께 못한 불충과 예의에 벗어난 죄를 대신하여 빌어달라 하셨습니다."

그리고는 유방에게서 건네받은 예물을 꺼내 바치면서 말하였다.

"백벽옥 한 쌍은 대왕께 두 번 절하여 바치고, 옥두 한 쌍은 아부께 또한 두 번 절하고 바치라 하셨습니다."

항우는 장량이 바치는 백벽옥 한 쌍을 아무 말 없이 앉은 자리 위에 올려놓았다. 그러나 범증은 옥두를 받아 땅바닥에 팽개치면서 칼을 뽑아 옥두를 내리쳐 깨뜨리며 장탄식을 하였다.

"아, **더벅머리 아이놈과는 일을 꾀할 수가 없구나**. 앞으로 우리 상장군의 천하를 빼앗을 자는 바로 유방이겠구나. 장차 우리는 유방에게 사로잡히는 신세가 될 것이다."

옥두가 깨지는 소리와 함께 술자리의 흥취가 깨지면서 항우가 굳은 얼굴로 일어서자, 홍문의 잔치도 그길로 파하고 말았다.

이와 같이 "어린아이와 함께 일을 꾀할 수 없다."는 말인 '**수자부족여모(竪子不足與謀)**'라는 고사성어는 범증이 유방을 죽일 기회를 놓친 항우를 원망하는 탄식에서 유래하였다.

제19장
금의야행(錦衣夜行)과 목후이관(沐猴而冠)

錦 비단 금 · 衣 옷 의 · 夜 밤 야 · 行 갈 행

비단옷을 입고 밤길을 걷다는 말. 보람이나 의미 없는 일 또는 알아주는 사람이 없는 일을 비유하는 의미이다.

*** 출전: 사마천, 사기(史記) 항우본기(項羽本紀)**

沐 머리감을 목 · 猴 원숭이 후 · 而 말 이을 이 · 冠 갓 관

갓을 쓴 원숭이라는 말. 의관은 갖추었으나 생각이나 행동이 사람답지 못한 것을 비유하는 의미이다.

*** 출전: 사마천, 사기(史記) 항우본기(項羽本紀)**

홍문(鴻門)의 잔치가 있은 지 며칠 후 항우는 함양(咸陽)으로 입성하였다. 항우가 직접 진나라의 항복을 받아 낸 것은 아니지만 이제 진나라는 항우의 손에 들어오게 되었다. 그러나 항우에게는 천하를 차지한 승자로서의 아량이나 관용 같은 것은 찾아볼 수 없었다.

항우가 함양에 들어와 가장 먼저 한 일은 자영(子嬰)을 죽인 일이었다. 그동안 유방의 배려로 목숨을 부지하고 있던 자영은 군사들의 감시를 받으며 망이궁(望夷宮)에 유폐되어 있었다. 자영은 항우에게 끌려가서 저자세로 사죄를 했지만, 항우는 진시황이 각국을 멸망시킨 죄 등을 자영에게 책임을 뒤집어씌웠다. 진나라가 이미 망했는데 그 임금이 어찌 살기를 바라느냐고 꾸짖으며 참형에 처해 버렸다. 이어서 항우는 진나라의 왕족과 벼슬아치들을 모두 죽이는 학살을 감행하였다.

게다가 항우의 군사들은 함양 성내를 약탈하고 대드는 백성들을 거침없이 죽이는 잔혹함을 보이면서 함양성은 거덜이 났다. 항우의 군사들은 성 밖까지 밀려들어 아방궁을 불태우고 진시황의 능묘도 파헤쳤다. 항우는 함양의 궁궐들을 모두 불태우게 하고 군사들의 약탈과 파괴를 묵인하자, 함양거리는 불바다가 되어 아비규환 그 자체였다.

그렇게 며칠이 지난 뒤 항우는 약탈한 재물과 보화를 여러 수레에 나눠 싣고, 함양의 궁녀로 있던 우희(虞姬)를 데리고 원래 진을 치고 있던 홍문(鴻門)에 다시 자리 잡았다. 그리고는 팽성에 있는 회왕(懷王)에게 사람을 보내 진나라를 완전히 멸망시켰다고 보고하였다.

이때 신풍(新豐)에 살고 있던 유세가 한생(韓生)이 항우를 찾아와 함양을 버리고 홍문으로 다시 돌아온 이유를 묻자, 항우가 이렇게 대답하였다.

"나는 이제 동쪽으로 돌아가 대대로 살아온 서초(西楚) 땅을 근거지로 하려고 한다."

그러자 한생이 항우를 만류하였다.

"대왕께서 큰 뜻을 품고 천하를 살피려 하신다면 동쪽으로 돌아가셔서는 아니 됩니다. 이곳 관중은 사방이 험준한 산과 물로 막혀 있고 땅이 기름지니 제왕이 자리 잡을 만한 곳입니다. 대왕께서 천하를 지배하려는 큰 뜻을 이루시려면 이 땅을 버리지 마십시오, 관중을 근거지로 하고 함양을 도성으로 삼아 힘을 기르시면 반드시 천하를 지배하는 대업을 이룰 수 있습니다."

항우는 한생의 말이 그럴듯하다고 생각되었으나, 함양의 궁궐을 모두 불태우며 그곳을 약탈하고 사람까지 학살하였던 함양으로 돌아가기가 꺼림칙하였다. 게다가 그가 거느리고 있는 군사들의 대부분이 초나라 출신들이 많아 동쪽으로 돌아가기를 원하고 있었고, 항우 자신도 초나라 땅을 그리워하고 있었다.

"사람들이 제각기 성공하려고 애쓰는 것은 고향 땅과 사람들에게 자랑하기 위해서이다. 부귀하여 성공한 뒤에 고향으로 돌아가지 않는 것은, **비단옷을 입고 밤길을 걷는 것**과 같아서 그 성공을 알아주는 사람이 없다."

항우는 이렇게 말하면서 한생의 유세를 뿌리치고 그를 쫓아냈다.

이와 같이 "비단옷을 입고 밤길을 걷다."는 말인 '**금의야행(錦衣夜行)**'이라는 고사성어는 항우가 고향으로 돌아가 자신의 성공을 자랑하고 싶은 마음을 말한 것에서 유래하였다.

항우에게 냉대를 받고 쫓겨난 한생은 빈정거리며 말하였다.

"초나라 사람들은 **원숭이가 갓을 쓰고 있는 것과 같다더니** 참으로 맞는 말이구나. 저 원숭이 같은 항우의 앞날은 안 보아도 훤하게 알겠다."

그런데 한생의 이러한 말을 들은 어떤 사람이 항우에게 일러바쳤다. 그러자 항우가 '갓을 쓴 원숭이'가 무슨 뜻인지 옆에 있던 진평(陳平)에게 물어보았다.

진평이 말하기를 "원숭이는 갓을 써도 사람이 되지 못하고, 참을성이 없어 갓을 쓰면 조바심을 내며, 갓을 만지작거리다가 결국은 찢고 마는 세 가지 뜻이 있습니다."라고 설명하였다.

이 말을 들은 항우는 몹시 화가 나서 한생을 잡아 들인 뒤에 가마솥에 삶아 죽이는 팽형(烹刑)에 처하였다.

이와 같이 "갓을 쓴 원숭이"라는 말인 '**목후이관(沐猴而冠)**'이란 고사성어는 한생이 초나라 사람인 항우를 비웃으며 말한 것에서 유래하였다. 여기서 '목후(沐猴)'란 긴팔원숭잇과에 속한 원숭이를 말한다.

제20장
국사무쌍(國士無雙)

國 나라 국 · 士 선비 사 · 無 없을 무 · 雙 쌍 쌍
나라에 둘도 없는 인재라는 말. 뛰어난 인재를 비유하는 의미이다.
*** 출전: 사마천, 사기(史記) 회음후열전(淮陰侯列傳)**

항우가 함양(咸陽)을 짓밟고 홍문(鴻門)으로 돌아와 머물고 있을 때, 회왕(懷王)에게 보냈던 사람이 돌아와 "관중(關中)의 일은 약조대로 하고, 그 나머지는 상장군인 항우의 뜻대로 하라."는 회왕의 뜻을 전하였다.

항우는 관중의 일을 약조대로 하라는 말에 화가 났으나, 드러내놓고 불평하지는 않았다. 항우는 먼저 여러 장수의 동의를 받아 회왕을 의제(義帝)로 올려세우고, 제후와 장상들에게 천하를 나누어 주기 시작했다.

항우는 스스로 서초패왕(西楚霸王)이 되어 위나라와 초나라 땅 아홉 군(郡)을 봉지로 삼고 팽성(彭城)에 도읍하기로 하였다.

그리고 범증의 계책에 따라 유방을 중원에서 영원히 쫓아내기 위해 관중 땅의 일부인 파촉(巴蜀)과 한중(漢中) 땅을 봉지로 주고, 한왕(漢王)으로 봉하여 남정(南鄭)에 도읍하도록 하였다.

유방이 한중에서 중원으로 들어오는 것을 차단하기 위해 관중 땅을 나누어, 진나라에서 투항한 장한(章邯)에게 함양의 서쪽 땅을 봉지로 주고 옹왕(雍王)으로 봉하여 폐구(廢丘)에 도읍하게 하였다. 장사(長史) 사마흔(司馬欣)에게 함양 동쪽의 땅을 봉지로 주고 색왕(塞王)으로 봉하여 역양(櫟陽)에 도읍하게 하였다. 도위(都尉) 동예(董翳)에게 상군(上郡) 땅을 봉지로 주고 적왕(翟王)으로 봉하여 고노(高奴)에 도읍하게 하였다. 그리고 이들 세 사람에게 유방을 항상 감시하고 그의 중원 진출을 막으라는 임무를 주었다. 그래서 이곳을 '삼진(三秦)의 땅'이라고 부르게 되었다.

이외에도 위표(魏豹)에게 하동(河東)을 봉지로 주고 서위왕(西魏王)으로 봉하여 평양(平陽)에 도읍하게 하였다.

하구(瑕丘) 현령 신양(申陽)에게 삼천군(三川郡) 일대를 봉지로 주고 하남왕(河南王)으로 봉하여 낙양(洛陽)에 도읍하게 하였다.

조나라 장수 사마앙(司馬卬)에게 하내(河內) 땅을 봉지로 주고 은왕(殷王)으로 봉하여 조가(朝歌)에 도읍하게 하였다.

조나라를 나누어 조왕 헐(歇)을 대(代)나라 왕으로 옮겨 앉게 하고, 장이(張耳)에게 조나라 땅 대부분을 봉지로 주고 상산왕(常山王)에 봉하여 양국(襄國)에 도읍하게 하였다.

당양군(當陽君) 경포(黥布)에게 회수(淮水) 이남에서 강수(江水)까지 봉지로 주고 구강왕(九江王)에 봉하여 육현(六縣)에 도읍하게 하였다.

파군(鄱君) 오예(吳芮)는 구강왕 옆에 봉지를 주고 형산왕(衡山王)에 봉하여 주(邾)에 도읍하게 하였다.

공오(共敖)를 임강왕(臨江王)에 봉하여 강릉(江陵)에 도읍하게 하였다.

연나라 장수 장도(臧荼)에게 연나라 땅의 대부분을 주고 연왕(燕王)으로 봉하여 계(薊)에 도읍하게 하고, 원래 연왕이었던 한광(韓廣)은 요동왕(遼東王)으로 밀려났다.

제나라 장수 전도(田都)에게 제나라 땅의 대부분을 주고 제왕(齊王)에 봉하여 임치(臨淄)에 도읍하게 하고, 원래 제왕이었던 전불(田市)

은 교동왕(膠東王)으로 밀려나 즉묵(卽墨)에 도읍하게 하였다. 또 전안(田安)을 제북왕(齊北王)에 봉하고 박양(博陽)에 도읍하게 하였다.

진여(陳餘)에게는 남피(南皮) 부근의 세 개의 현을 주고 후(侯)로 봉하고, 오예의 장수 매현(梅鋗)에게 10만 호를 주고 후(侯)에 봉하였다.

한왕(韓王) 성(成)은 왕호는 그대로 유지했으나, 봉지로 가지 못하고 항우를 따라 팽성으로 가게 되었다.

기원전 206년 4월, 희수(戲水)가에 진을 치고 있던 제후들은 각자의 군사들을 거두어 자신들이 받은 봉지로 돌아갔다.

유방도 항우의 기세에 눌려 봉지를 주는 대로 받기는 하였으나, 막상 떠나려고 하니 새삼 서글퍼지면서 화가 났다. 유방의 장졸들 대부분은 패현(沛縣) 풍읍(豐邑) 사람이거나 동쪽에서부터 따라온 사람들이어서 고향과 반대 방향인 서쪽으로 험산 준령을 넘어 파촉 땅으로 가려니 낙담이 이만저만이 아니었다.

유방은 항우와 싸워 결판을 내려고 작정했으나, 소하(蕭何)가 한중에서 왕 노릇 하는 것이 죽기보다는 낫지 않느냐며 설득하여 한중으로 떠나게 되었다.

이때 장량은 한왕 성을 다시 만나 한(韓)나라의 사도(司徒)직을 수행하느라 유방과 떨어져 있었는데, 유방이 한중으로 떠나자 배웅하러 포중(褒中)까지 따라나섰다.

포중에서 장량이 헤어지면서 유방에게 말하였다.

"이제 여기서부터 군사들이 지나는 대로 잔도(棧道)를 불살라 버리십시오. 그렇게 길을 끊어 버리면 다른 제후의 군사들이 뒤쫓아 오는 것을 막을 수 있을 뿐만 아니라, 중원으로 되돌아갈 뜻이 없음을 보여주어 항우의 의심을 받지 않을 것입니다."

그러자 유방이 나더러 한평생 파촉에 갇혀 지내란 거냐며 어두운 얼굴로 묻자, 장량은 항우와 범증의 손에서 벗어나는 것이 가장 급선

무라고 깨우쳐 주고는 서로 아쉬움을 안고 헤어졌다.

이즈음 항우의 휘하에서 하급장교인 낭중(郎中)으로 있던 한신(韓信)이 한중으로 들어가는 유방의 군사들을 홀로 뒤따라와서 유방에게 귀순하였다.

그동안 한신은 항우에게 좋은 계책을 내놓아도 전혀 써주지 않았고, 항우가 관중을 버리고 팽성으로 돌아가려 하자 실망하여 유방에게 찾아온 것이었다. 그러나 유방도 한신을 별로 대단치 않게 여기고 낭중 벼슬을 그대로 주고 손님을 접대하는 연오(連敖)의 일을 맡게 하였다.

그러다가 승상 소하(蕭何) 밑에서 군량을 관리하는 치속도위(治粟都尉)가 되었다. 소하는 한신과 많은 대화를 나누면서 비범한 인물이라는 것을 알아보고 여러 차례 유방에게 한신을 추천하였으나, 유방은 여전히 한신을 인정하지 않았다. 그러자 한신은 유방의 허술한 대우에 상심하면서 실망하여 유방의 군영을 떠나 달아나 버렸다.

당시에는 한중에 들어온 지 여러 달이 지나면서 유방의 장졸들은 고향에 돌아가고 싶은 마음에 하루에도 여러 명씩 무리를 지어 동쪽으로 달아났다.

이러한 무리에 섞여 한신이 달아난 것을 알아챈 소하가 얼른 말을 달려 뒤쫓아 갔다. 소하가 아무런 말도 없이 말을 달려 동쪽으로 내달렸다는 보고를 받은 유방은 소하도 한중을 떠나 달아난 것이라고 오해하였다. 유방은 승상인 소하가 자신을 떠났다는데 크게 상심하고 있었다.

그런데 며칠 후에 소하가 한신을 데리고 돌아오자, 한편으로는 반갑고 한편으로는 괘씸하여 어째서 달아났느냐고 물었다. 그러자 소하는 달아난 것이 아니라 한신을 붙잡으러 갔다면서 이렇게 말하였다.

"여러 장수야 얻기 쉽지만, 한신 같은 사람은 나라에 둘도 없는 인재입니다. 대왕께서 이곳 한중에 오래 머물며 제후로 만족하며 살려고 한다면 한신과 같은 인물이 필요 없으시겠지만, 천하를 차지하려고 하신다면 같이 일을 할 사람은 한신 외에는 없습니다. 대왕께서는 한중의 왕으로 만족하실지, 아니면 천하의 제왕이 되실지를 선택하십시오."

유방이 아무런 망설임 없이 대답하였다.

"나 또한 동쪽으로 가고자 한다. 어찌 답답하게 오랫동안 이곳에 있겠는가? 승상의 뜻에 따라 한신을 장수로 삼겠소,"

소하가 걱정스런 표정으로 말하였다.

"한신을 장수로 삼는다 해도 그는 또다시 달아날 것입니다."

"그럼, 대장군으로 삼으면 되겠소?"

그제야 소하의 얼굴이 밝아지면서 말하였다.

"대왕께서 한신을 대장군으로 삼는 일을 평소 거만하고 무례하신 그대로 마치 어린아이 부르듯 하시면 안 됩니다. 한신을 대장군으로 세우시려거든 대왕께서 좋은 날을 택하여 목욕재계하시고 크고 넓은 제단을 만들어 엄숙한 의례를 갖추어 주십시오."

유방이 소하의 말에 따라 군영에 제단을 쌓고 엄숙한 의례를 갖추어 한신을 대장군으로 세웠다.

이와 같이 "나라에 둘도 없는 인재"라는 말인 '국사무쌍(國士無雙)'이라는 고사성어는 소하가 유방에게 한신을 평한 말에서 유래하였다.

제21장
암도진창(暗渡陳倉)

暗 어두울 암 · 渡 건널 도 · 陳 늘어놓을 진 · 倉 곳집 창
몰래 진창을 건너다는 말. 남몰래 어떤 일을 하거나, 거짓 정보를 흘려 역으로 이용하는 것을 비유하는 의미이다.
*** 출전: 사마천, 사기(史記) 고조본기(高祖本紀)**

한(漢)나라군의 대장군이 된 한신(韓信)은 항우가 비록 천하의 패자가 되어 팽성에 도읍하고 있으나, 유방이 동쪽으로 쳐들어가 항우와 천하를 다투는 데 일조하겠다는 결의를 밝혔다.

이러한 한신의 결의는 관동에서부터 유방을 따라온 많은 장졸들이 고향으로 돌아갈 수 있다는 믿음을 주어 호감을 사게 되었고, 이들은 한중을 떠날 날만을 기다리며 마음이 들떠 있었다.

한신은 유방과 단둘만 있는 기회를 이용하여 흰 비단에 그린 지도를 펼쳐놓고 한중에서 나갈 계책을 말하였다.

"불태워 버린 잔도가 있는 식(蝕) 골짜기를 지나 두현(杜縣) 남쪽으로 가지 않더라도, 고도현(古道縣)을 지나 대산관(大散關)을 나서 진창(陳倉) 서쪽으로 빠지면 곧바로 옹(雍) 땅의 심장을 칠 수 있습니다."

그러자 유방이 걱정스럽게 한신에게 물었다.

"대산관은 진나라가 서쪽에서 오는 적에 대비하여 세운 관(關)이라 옹왕(雍王)인 장한(章邯)이 대군으로 막으면 우리는 삼진(三秦)의 땅을 밟을 수가 없소."

한신은 자신 있는 목소리로 유방에게 말하였다.

"장한의 관심을 불태워 버린 잔도 쪽으로 붙들어두면 될 것입니다. 신에게 이미 계책이 마련되어 있습니다."

그리고 한신은 번쾌(樊噲)에게 명령하였다.

"번쾌 장군은 군사 5백을 식 골짜기로 데리고 가서 불태운 잔도를 스무날 안으로 고쳐 놓으시오. 우리는 폐구(廢丘)로 바로 치고 들어가 한 번의 싸움으로 장한을 사로잡고 그 땅을 평정할 것이오."

번쾌는 군령이라 거역할 수 없어 명령을 받기는 하였으나, 5백 명의 군사로 스무날 안에 잔도를 새로 고쳐 놓기에는 무리가 있었다.

번쾌는 공사 기일을 맞추기 위해 데리고 간 군사들을 모질게 몰아치자, 군사들 대부분은 장한이 있는 옹 땅으로 달아났다. 그래서 잔도를 놓는 공사가 벌어지고 있다는 소식이 장한에게 전해졌다. 이 모든 것이 장한의 이목을 잔도 쪽으로 돌리기 위한 한신의 계책이었다. 즉 공공연히 잔도를 보수하여 감시의 눈길을 잔도로 집중시킨 뒤, 실제로는 몰래 진창을 건너 관중으로 나가는 것이었다. 이와 더불어 한신은 군사들을 조련하여 힘을 축적하였다.

한편 옹왕 장한은 유방이 아끼는 장수인 번쾌가 잔도를 놓는 일을 직접 감독하고 있고, 그곳에서 도망쳐 나오는 군사들이 늘어나자 유방이 식 골짜기의 잔도를 이용해서 쳐들어올 계획이라는 것을 믿지 않을 수 없었다.

잔도 보수 공사가 계속되자 관중에 주둔하고 있던 장한 등은 몹시 긴장하여 군사를 잔도 쪽에 집중시켰다. 장한은 그의 아우인 장평(章平)에게 3만의 군사를 주고 잔도의 길목인 식 골짜기 어귀를 막고 있도록 하였다. 그리고 자신은 5만의 군사를 폐구에 모아 두고 언제든 움직일 수 있게 하였다.

기원전 206년 8월, 유방의 군사는 은밀히 움직여 고도현 옛길을 지나 대산관을 점령하였다. 뒤늦게 이 소식을 들은 장한이 군사를 이끌고 달려오다가 진창에서 유방의 군사와 맞붙었으나, 유방의 군사에게 밀려 호치성(好畤城)으로 물러났다.

그러다가 잔도의 길목을 지키던 장평의 군사들이 달려와 합세하자 이에 힘입어 다시 한번 유방의 군사와 싸웠으나, 여의치 않아 장한은 폐구성으로, 장평은 호치성으로 달아났다.

이에 한신은 역상(酈商)과 주가(周苛)에게 군사 만 명씩을 주어 폐구성과 호치성을 각각 포위하게 하고, 그 사이에 번쾌·조참(曹參)·주발(周勃)·관영(灌嬰) 등의 장수들이 나머지 옹 땅을 평정하고 돌아와 다시 호치성을 공격하도록 하였다.

이러한 유방의 한나라군 기세에 눌린 장평은 호치성을 몰래 빠져나와 북지(北地)로 달아나 숨어 버렸다. 이렇게 호치성을 함락시킨 유방은 함양으로 진격하였다.

그러자 함양을 지키고 있던 장한의 부하 장수인 조분(趙賁)을 그 휘하 기장(騎將)인 곽불상(郭不常)이 죽인 뒤에 유방에게 투항하므로 함양성을 쉽게 점령하였다.

장한이 포위되어있는 폐구성을 제외한 옹 땅을 거의 점령한 유방은 군사를 몰아 새왕(塞王) 사마흔(司馬欣)이 있는 역양(櫟陽)으로 쳐들어갔다.

태복(太僕) 하후영(夏侯嬰)과 기장(騎將) 관영(灌嬰)이 역양성을 에워싸고 옹왕 장한이 죽었다는 거짓말로 겁을 주자 사마흔이 바로 항복하였다.

적왕(翟王) 동예(董翳)는 고노성(高奴城) 삼십 리 밖에 진을 치고 한신과의 싸움을 준비하고 있다가, 사마흔이 항복하였다는 소식을 듣고 번쾌의 회유로 귀순하였다.

기원전 205년 정월, 북지로 달아난 장한의 동생 장평은 농서도위

(隴西都尉) 역상과 기도위(騎都尉) 근흡(靳歙)에게 사로잡혔다. 이로써 유방은 장한이 고립되어있는 폐구성을 제외하고는 관중 지역을 모조리 평정하였다.

이와 같이 "몰래 진창을 건너다."는 말인 '**암도진창(暗渡陳倉)**'이라는 고사성어는 유방이 공공연히 잔도를 보수하는 공사를 벌여 장한의 이목을 잔도 쪽으로 돌려놓고, 은밀히 진창 쪽으로 기습하여 마침내 관중 지역을 평정한 것에서 유래하였다.

이 '암도진창'이 항우와 유방이 천하를 두고 다투는 '초(楚)·한(漢) 전쟁'의 시작이 되었다.

제22장
오가소립(吾家所立)

吾 나 오 · 家 집 가 · 所 바 소 · 立 설 립

우리 집안에서 내세웠다는 말. 자기가 도운 사람이 어떤 지위나 경지에 이른 것을 비유하는 의미이다.

*** 출전: 사마천, 사기(史記) 항우본기(項羽本紀)/ 강지, 통감절요(通鑑節要) 권지4(卷之四)**

진(秦)나라를 멸하고 천하를 제패한 항우는 회왕(懷王)을 의제(義帝)로 올려세우고, 열여덟 제후에게 천하를 나누어 주는 분봉을 하면서 스스로 서초패왕(西楚霸王)이 되어 팽성(彭城)에 도읍하였다.

그러나 팽성에는 허울뿐인 황제이지만 의제가 존재하고 있었고, 한 하늘에 두 해가 있을 수 없듯이 두 임금이 있을 수 없다는 생각이 든 항우는 의제를 침현(郴縣)으로 옮겨 가도록 하였다.

그리고 마음 놓고 천하를 호령하려면 누군가의 손을 빌려 의제를 없애야 한다고 생각하고 있었다.

이때 한왕(韓王) 성(成)을 대신하여 한(韓)나라 땅을 다스리고 있던 정창(鄭昌)이 사자를 보내 유방이 색왕(塞王) 사마흔(司馬欣)과 적왕(翟王) 동예(董翳)의 항복을 받고 관중 땅을 모두 차지하였다는 보고를 하였다.

항우는 유방이 관중에서 중원 쪽으로 넘어오는 것을 막기 위하여 정창을 한왕(韓王)으로 봉하여 무관(武關)을 굳게 지키라고 당부하였다. 그리고 한왕 성과 장량이 유방과 내통할 우려가 있다고 생각하고 팽성에 같이 있던 한왕 성의 왕위를 폐하고 그를 죽여버렸다. 항우는 한(韓)나라의 사도(司徒)로 양적(陽翟)에 있는 장량도 죽이려고 팽성으로 불렀으나, 장량은 이를 눈치채고 유방이 있는 관중으로 달아났다.

기원전 206년 10월, 항우는 내친김에 장차 화근을 미리 제거하려고 형산왕(衡山王) 오예(吳芮)와 임강왕(臨江王) 공오(共傲)에게 침현에 있는 의제를 죽이라는 편지를 이렇게 보냈다.

"의제 웅심(熊心)은 예전에 진(秦)나라의 속임수로 돌아가신 회왕(懷王)의 얼손(孽孫)으로 보잘것없는 양치기이었다. 우리 항씨(項氏) 집안에서 그를 찾아내 예전 회왕의 원한을 풀어주기 위해 새로운 회왕으로 세웠으나, 진나라를 멸하는데 아무런 공로가 없었다. 오히려 이를 이끌어 온 것은 창칼을 들고 일어난 과인과 여러 장수이었다. 우리는 3년 동안 찬 서리를 맞으며 싸워서 마침내 진나라를 없애고 천하를 바로 세웠다. 그래도 과인은 회왕을 의제로 올려놓았으나, 하늘에 두 해가 있을 수 없고 의제는 겸손하게 사양할 줄을 몰라 분란의 원인이 되고 있다. 그대들은 몰래 의제를 죽여 천하의 분란 원인을 없애도록 하라. 천하의 근심을 없앤 공로는 큰 상으로 갚을 것이다."

편지를 받은 오예와 공오가 군사를 거느리고 의제가 있는 침현을 기습하자, 의제는 배를 타고 물길로 달아나다가 강에 뛰어들어 자살하였다. 강 건너에서 백성들이 이를 보고는 밤중에 몰래 의제의 시신을 건져내서 장례를 치러주었다.

이렇게 항우가 오예와 공오에게 보낸 편지 중에 "**우리 항씨 집안에서 그를 새로운 회왕으로 세웠다.**"라는 내용에서 "우리 집안에서 내세웠다."는 말인 '**오가소립(吾家所立)**'이라는 고사성어가 유래하였다.

이 무렵 항우가 열여덟 제후에게 천하를 나누어 준 분봉이 불공정하다며 불만을 가진 세력이 나타나기 시작하였다.

먼저 분봉에서 제외되었던 제나라의 실력자인 전영(田榮)이 들고일어났다. 항우는 분봉하면서 제나라를 삼등분하여 자기를 따라 함양에 입성한 전도(田都)에게 제나라 땅의 대부분을 다스리는 제왕(齊王)으로 봉하였다. 그리고 원래 제왕이었던 전불(田市)은 교동왕(膠東王)으로, 거록대전에 참여한 전안(田安)을 제북왕(齊北王)으로 봉하였으나, 전영은 분봉에서 제외되었다.

이에 불만을 가진 전영이 제왕(齊王)인 전도를 공격하여 쫓아내고, 교동왕 전불과 제북왕 전안을 죽이고 삼등분되었던 제나라를 통합하여 스스로 제나라 왕이 되었다.

또한 항우가 분봉하면서 장이(張耳)에게는 조나라 땅을 나누어 따로 상산왕(常山王)이 되게 하였지만, 진여(陳餘)에게는 남피(南皮) 부근의 세 개의 현을 주고 후(侯)로 봉하였다.

이에 불만을 가진 진여는 제나라 왕이 된 전영에게서 군사를 빌려 장이를 공격하여 그의 봉지를 모두 빼앗았다. 그리고 대(代)나라 왕으로 밀려나 있던 조헐(趙歇)을 다시 조나라 왕으로 복귀시키고, 자신이 조헐을 보좌하면서 대나라 땅을 통치하였다. 봉지를 모두 빼앗긴 장이는 달아나 관중을 평정한 유방에게 몸을 의탁하였다.

그런가 하면 원래 연왕(燕王)에서 요동왕(遼東王)으로 밀려난 한광(韓廣)이 새로 연왕으로 봉해진 장도(臧荼)에게 봉지를 비켜주지 않자, 화가 난 장도가 한광을 공격하여 그를 죽이고 그의 땅마저 취하여 버렸다.

이렇게 항우의 분봉에 불만을 품고 그가 책봉한 제후들을 함부로 죽이고 봉토를 힘으로 가로채는 일들이 항우의 심기를 건드렸다. 항우는 직접 군사를 거느리고 제나라 토벌에 나섰다.

유방은 항우가 제나라 토벌에 나선 기회를 이용하여 대군을 이끌고 함곡관을 나와 관동으로 밀고 나아갔다.

맨 처음 맞닥뜨린 하남왕 신양(申陽)은 낙양성을 에워싸고 장이가 나서 설득하자, 성문을 열고 나와 유방에게 항복하였다.

이때 유방의 휘하에는 관중으로 따라 들어온 한(韓)나라 태위(太尉) 한신이 장수로 있었다. 옛 한나라 공족(公族) 출신인 태위 한신은 대장군 한신과는 동명이인(同名異人)이다.

유방은 한신에게 한(韓)나라의 땅을 공략하라고 명령하였다. 한신은 맹렬하게 양적에 있는 한왕(韓王) 정창을 공격하자, 이에 견디지 못한 정창이 양적의 성문을 열고 나와 항복하였다. 유방은 태위 한신을 정창을 대신하여 한왕(韓王)으로 봉하였다. 한왕 신은 봉지에 머물지 않고 이후에도 유방의 휘하에서 계속 싸움터를 따라 다녔다.

그리고 유방은 소하(蕭何)와 의논하여 한(漢)나라의 도읍을 남정(南鄭)에서 역양(櫟陽)으로 옮기고, 당분간 관중에 머물면서 관동의 변화를 살피기로 하였다.

한편 제나라 토벌에 나선 항우의 10만 대군은 제나라의 전영이 이끄는 5만 군사와 성양(城陽)에서 맞부딪혔다. 전영은 군사력의 열세로 대패하고 평원(平原)으로 달아났으나, 항우의 무자비한 보복을 두려워한 그곳 백성들의 손에 목숨을 잃었다.

그러자 전영의 동생 전횡(田橫)이 패잔병을 수습하여 전영의 아들 전광(田廣)을 제나라 왕으로 추대하고, 자신은 재상이 되어 항우의 서초 군대에 저항하였다. 이렇게 항우는 제나라에서 발목이 잡혀 유방 쪽을 돌아볼 여유가 없었다.

기원전 205년 3월, 유방은 군사 5만을 거느리고 함곡관을 나와, 하수(河水)를 건너 서위왕(西魏王) 위표(魏豹)의 하동(河東) 땅과 은왕(殷王) 사마앙(司馬卬)의 하내(河內) 땅을 공략하기로 하였다.

그런데 서위왕 위표도 항우의 분봉에 불만이 많았다. 원래 위표의 근거지인 양(梁) 땅을 항우가 서초에 편입시키고, 위표에게는 하동 땅을 주었기 때문이다. 유방의 군대가 하동으로 들어가자, 위표는 곧바로 군사들을 이끌고 나와 유방에게 항복하였다.

은왕 사마앙은 조가성(朝歌城)에서 저항하다가 여의치 않자 항우가 있는 제나라 쪽으로 도주하였다. 그러나 관영(灌嬰)의 매복에 걸려 사로잡혀 항복하였다. 이어서 유방은 수무성(修武城)을 함락시키고 이곳에 주둔하면서 군사들을 쉬게 하였다.

이때 항우의 책사인 진평이 유방을 찾아와 귀순을 요청하였다. 그는 은왕 사마앙의 변심을 감시하고 있었는데, 사마앙이 유방에게 항복하자 항우에게 죽임을 당할까 봐 도주한 것이다.

유방은 진평이 홍문연(鴻門宴) 당시에 자신의 도주를 모른 척해준 사실을 기억하고, 【☞ 제18장 '진평분육과 수자부족여모' 참조】 그를 도위(都尉)에 임명하여 수레를 함께 타도록 하면서 장수들을 감시하는 호군(護軍)을 맡게 하였다.

하동(河東)과 하내(河內)·하남(河南)을 평정한 유방은 그해 3월 말, 다시 남으로 길을 떠나 평음진(平陰津)을 건너 낙양의 남쪽 경계에 있는 신성(新城)에 이르러 항우의 동태를 살피느라 잠시 머물고 있었다.

이때 신성 고을의 교화를 담당하는 장로인 동공(董公)이 유방을 찾아와 말하였다.

"신이 듣기로 덕에 순응하는 사람은 창성하고, 덕에 거역하는 사람은 망한다고 하며, 군사가 출등하면서 명분이 없다면 일은 성공할 수 없다고 하였습니다. 그러므로 항우가 적(賊)이라는 것을 밝히시면 마침내 굴복시킬 수 있습니다. 항우는 무도하여 그 주군인 의제(義帝)를 쫓아내어 죽였으니 천하의 적입니다. 무릇 인(仁)이란 용감한 것으로 하는 것이 아니고, 의(義)도 힘으로써 하는 것이 아닙니다. 대왕께서 마땅히 장졸들을 인솔하여 의제를 위하여 상복을 입고 제후들에게 알린 후에, 항우를 친다면 세상 사람들이 그 덕을 우러러보지 않는 사람이 없을 것입니다."

유방은 동공의 조언을 듣고 그가 말한 대로 충실히 행하였다. 유방과 그의 군사들이 모두 상복을 입고, 사흘 동안 의제를 위하여 발상(發喪)하고 곡을 하며 애도하였다.

제23장
독당일면(獨當一面)

獨 홀로 독 · 當 당할 당 · 一 한 일 · 面 낯 면

혼자 한 부분을 감당할 수 있다는 말. 혼자서 중요한 일을 맡을 능력이 있다는 것을 비유하는 의미이다.

*** 출전: 사마천, 사기(史記) 유후세가(留侯世家)/ 반고, 한서(漢書) 장량전(張良傳)**

유방은 장로인 동공(董公)의 조언에 따라 의제(義帝)를 위하여 발상하고 애도를 한 후에 천하의 제후들에게 사자를 보내 이러한 사실을 알렸다.

그리고 자기와 함께 의제를 시해한 항우를 쳐 없애고 천하의 대의를 바로 세워야 한다고 주장하자 제후들이 호응하였다.

그러나 조나라의 실권자인 진여(陳餘)는 유방에게 의탁하고 있는 장이(張耳)를 죽여 그 목을 보내면 유방을 따르겠다고 제의하였다. 유방은 자기에게 의탁한 사람을 죽일 수 없다며 진평(陳平)의 계책에 따라 장이와 비슷하게 생긴 죄수의 목을 보내자, 이에 속은 진여가 유방에게 5만 군사를 보내왔다.

다른 제후들과 토호들도 호응하면서 군사를 보내왔는데, 유방이 신성(新城)을 떠나 외황(外黃)에 이르렀을 때는 50만의 대군이 되었다. 유방이 이끄는 제후군은 외황에서 초나라의 왕무(王武)와 정거(程處)

를 격파하여 항복을 받고 그들의 군사 3만을 편입시켰다. 또한 팽월(彭越)이 스스로 찾아와 유방을 따르겠다며 이끌고 온 군사 3만을 보태어 56만이 되었다.

유방의 군사가 팽성(彭城)으로 진군하는 도중에 있는 탕현(碭縣)과 소현(蕭縣)에서는 백성들이 스스로 들고일어나 성문을 열고 항복하였다. 소현은 팽성의 서쪽 오십 리 밖에 있어 유방은 팽성까지는 한달음에 다다랐다.

이때 팽성의 군사들은 모두 항우를 따라 제나라 토벌에 참여하고 항우의 숙부뻘인 항양(項襄)이 3만 군사로 지키고 있다가, 겁이 나서 식솔만 챙겨 달아났다. 그러자 성안에 남아 있던 숙손통(叔孫通)이 유생들 백여 명과 함께 성을 나와 귀순하였다.

숙손통은 진나라의 신하로 있을 당시, 2세 황제 호해가 진승(陳勝)과 오광(吳廣)의 난에 대하여 묻는 자리에서 그들은 좀도둑에 불과하다는 거짓 아첨을 하고 빠져나와 설(薛) 땅으로 도주하여 항량과 항우 밑에서 일하였다. 【☞ 제7장 '서절구투와 부족현치아' 참조 】 유방은 귀순한 숙손통을 박사로 삼고 직사군(稷嗣君)이라 부르며 우대하였다.

팽성에 입성한 유방은 항우를 쳐부수었다는 승리감과 천하에는 자기만 있다는 환상과 착각에 빠져들었다. 유방은 천자라도 된듯한 기분으로 팽성 궁궐의 재물과 궁녀들을 제후와 장수들에게 나누어주고, 연일 잔치를 베풀며 승리와 영광을 자축하였다.

그리고 유방은 팽성에서 춤을 잘 추고 용모가 아리따운 척부인(戚夫人)을 만나 후궁으로 삼았다.

이 무렵 제나라 성양(城陽)에서 전횡(田橫)의 끈질긴 저항에 발목이 잡혀 싸움을 끝내지 못하고 있던 항우는 팽성이 유방에게 함락되었다는 소식을 듣고 성양에 다수의 군사를 남기고 최정예 3만여 명의 군사만 이끌고 급히 팽성으로 달려갔다.

기원전 205년 4월, 항우는 노현(魯縣)을 지나 호릉(胡陵)에서 번쾌의 3만 군사를 기습하여 깨뜨리자, 번쾌는 선부(單父)로 달아났다.

항우는 계속 진군하여 팽성 서쪽 소현에 주둔하고 있던 관영(灌嬰)과 조참(曹參)의 진영을 기습하자 이들도 진영을 버리고 달아나고, 같이 있던 하남왕(河南王) 신양(申陽)은 달아나다가 전사하였다. 소현성을 지키고 있던 위표의 군사들이 나와 대항했으나, 항우의 적수가 되지 못하고 하읍(下邑)으로 달아났다.

마침내 항우의 군사들이 팽성에 이르러 서문과 북문 쪽에서 공격하였다. 팽성을 지키고 있던 유방의 한나라군은 항우의 기세에 질려 혼란 상태에 빠지면서 동쪽과 남쪽의 두 갈래로 달아났다.

동쪽으로 달아난 한나라군은 곡수(穀水)와 사수(泗水)가 만나는 곳에 이르러 추격해 온 항우의 군사들과 일전을 벌였으나, 이미 기세가 꺾인 한나라군이 무너져 내리면서 무참하게 패배하였다. 은왕(殷王) 사마앙(司馬卬)이 전사하고, 10만 명의 한나라군이 항우의 군사에 의해 도륙되거나 곡수와 사수에 빠져 떼죽음을 당하였다.

유방은 수하 장졸들과 남쪽으로 달아나다가 부리현(符離縣)에 이르러 군사 15만 명을 수습하였다. 유방의 군사가 부리현에서 서북쪽으로 90리 떨어진 영벽(靈壁)의 동쪽 벌판에 이르렀을 때, 추격해온 항우의 군사와 대회전(大會戰)을 벌였다.

그러나 이 싸움에서도 역시 유방의 한나라군이 밀리면서 수수(睢水) 강가에까지 완전히 몰렸다. 여기서도 곡수와 사수에서처럼 또다시 10만 명의 한나라군이 항우의 군사에 의해 도륙되거나 수수에 빠져 죽었다. 수수는 죽은 한나라 군사들의 시체로 가득 차서 강물조차 흐르지 못하였다.

유방도 수수 강가에서 항우의 초나라 군사에게 삼중으로 포위되어 사로잡히게 될 위기에 처해있을 때, 갑자기 서북쪽에서 큰바람이 불어와 나무가 부러지고 모래가 휘날려 시야가 어두워졌다. 이 틈에 유방과 호위 군사들 수십 명만 간신히 포위망을 빠져나와 북쪽으로 달아났다.

유방이 소현 북쪽에 이르렀을 때, 이를 추격해오던 초나라의 장수 정공(丁公)이 유방을 거세게 몰아붙였다. 다급해진 유방이 정공에게 "우리 모두 어진 사람들인데, 어떻게 서로를 해칠 수 있는가?"라고 말하자, 정공이 일부러 헛창질을 하며 유방이 이를 피해 달아나도록 하였다.

유방은 하후영(夏侯嬰)이 모는 수레를 타고 달아나는 도중에 패현(沛縣)에 있는 가족들을 챙기려고 하였는데, 이미 범증(范增)이 보낸 초나라 군사들에 의해 유방의 부모와 여후(呂后)가 사로잡혀간 뒤이었다.

유방은 할 수 없이 여후의 오라비인 여택(呂澤)이 1만여 명의 군사를 거느리고 있는 하읍(下邑)으로 가는 도중에, 아들인 유영(劉盈)과 장녀인 노원공주(魯元公主)가 길거리에 있는 것을 발견하고 자기가 타고 있는 수레에 태웠다.

얼마 가지 않아 초나라의 추격군이 따라오자, 당황한 유방은 수레의 속도를 높이기 위하여 아이들을 수레 밖으로 던져 버렸다. 이에 놀란 하후영이 수레를 멈추고 아이들을 태운 후에 다시 달렸다. 유방이 이러한 짓을 세 번이나 반복할 때마다 하후영이 아이들을 수레에 태우자, 화가 난 유방이 하후영을 칼로 여러 번 찔러 죽이려고 하였다.

하후영도 화가 나서 유방에게 이렇게 소리쳤다.

"아무리 달아나는 일이 급해도, 어찌 자식을 버릴 수가 있습니까? 한낱 짐승도 제 새끼는 귀한 줄 압니다."

이러한 우여곡절 끝에 무사히 하읍에 당도한 유방은 그곳에서 장량(張良)을 만나자 분에 찬 목소리로 대뜸 이렇게 물었다.

"이번 팽성에서 당한 한을 풀어주는 이에게 함곡관(函谷關) 동쪽 지방을 떼어 상으로 주고자 하는데, 자방 선생은 누가 이러한 큰 공을 세울 적임자로 생각하오?"

그러자 장량이 대답하였다.

"구강왕(九江王) 경포(黥布)는 항우의 뛰어난 장수이지만 그들의 사이가 예전처럼 좋지 않습니다. 경포는 항우가 제나라를 토벌하러 갈 때 따르지 않았고, 우리가 지난번에 팽성을 점령했을 때도 가까운 육(六) 땅에 있으면서 그냥 보고만 있었습니다. 그다음으로 팽월(彭越)은 제(齊)나라의 전영(田榮)으로부터 장수의 인(印)을 받고 양(梁) 땅에서 군사를 거느리고 항우에게 대항한 일이 있습니다. 다행히 지난번 외황(外黃)에서 대왕을 따르겠다고 찾아왔으니, 이 두 사람이 진심으로 대왕을 돕게 만들어야 합니다. 그리고 대왕의 장수들 가운데는 오직 한신 혼자만이 큰일을 맡기면 한 부분을 감당할 수 있습니다. 만약 그 지역을 떼어 내어 상으로 주고자 하신다면, 이 세 사람에게 주어야만 강성한 항우를 쳐부술 수 있습니다."

이와 같이 장량이 유방의 물음에 "**오직 한신 혼자만이 큰일을 맡기면 한 부분을 감당할 수 있습니다.**"라고 대답한 데에서, "혼자 한 부분을 감당할 수 있다."는 말인 '**독당일면(獨當一面)**'이라는 고사성어가 유래하였다.

제24장
구상유취(口尚乳臭)

口 입 구 · 尙 오히려 상 · 乳 젖 유 · 臭 냄새 취

입에서 아직 젖 냄새가 난다는 말. 말이나 행동이 유치하고 미숙함을 비유하는 의미이다.

*** 출전: 사마천, 사기(史記) 고조본기(高祖本紀)/ 반고, 한서(漢書) 고제기(高帝紀)**

영벽(靈壁)의 싸움에서 항우에게 무참하게 패배하고 도주한 유방은 하읍(下邑)에서 흩어졌던 장졸 3만 명을 수습하여 우현(虞縣)으로 진영을 옮겼다. 유방이 이곳에 있다는 소식을 들은 관영(灌嬰)과 조참(曹參)이 1만 군사를 이끌고 찾아오고, 주가(周苛)와 기신(紀信)도 패잔병을 수습하여 뒤따라왔다.

그러나 유방의 위세가 좋을 때는 제대로 싸움을 하지 않고도 항복해 왔던 적장이나 토호들이 '팽성 대전(彭城 大戰)' 이후에는 급격히 힘이 기울어진 유방을 배신하고 맞서는 경향이 나타났다.

가장 먼저 한왕(韓王) 정창(鄭昌)이 항우에게 항복하고, 색왕(塞王) 사마흔(司馬欣)과 적왕(翟王) 동예(董翳)도 스스로 항우를 찾아가 항복하였다.

또한 외황(外黃)에서 유방에게 항복했던 왕무(王武)와 정거(程豦)가 외황을 다시 차지하고 유방에게 반기를 들었고, 옹구(雍丘)에서는 위공(魏公) 신도(信徒)가 들고일어나 왕무와 호응하였다. 이에 유방은 조참과 관영에게 각기 1만 군사를 주고 조참은 외황을, 관영은 옹구를 평정하게 하여 이들을 쳐부수었다.

기원전 205년 5월, 영벽에서 헤어진 대장군 한신이 군사 3만 명을 이끌고 형양(滎陽)에 들어가 자리 잡고 있다는 연락을 받은 유방은 본진을 그곳으로 옮기기 위해 길을 떠났다.

형양으로 가는 도중 대량(大梁) 북쪽에서 번쾌(樊噲)를 만나고, 곡우(曲遇)에서 주발(周勃)을 만나 이들이 거느린 군사 2만 명과 함께 형양으로 들어갔다.

유방이 형양으로 물러났다는 소식을 들은 항우는 용저(龍且)와 종리매(鍾離昧)에게 각기 3만 군사를 주어 형양성을 공격하게 하였다. 용저와 종리매는 유방이 형양성에서 농성전(籠城戰)으로 나올 것을 예상하고, 형양성을 향해 내달렸다.

그러나 이에 맞선 한신(韓信)은 5만 군사를 이끌고 형양성을 나와 경현(京縣)과 색정(索亭) 가운데 들판에서 천리 길을 밤낮없이 달려온 초나라군을 기다리고 있다가 기습적으로 들이쳤다. 용저와 종리매의 초나라군은 한나라군에 대패하고 곡우로 물러났다.

이때 유방에게 항복하여 팽성은 물론 형양까지 그를 따라다녔던 서위왕(西魏王) 위표(魏豹)가 부모의 병간호를 핑계로 자신의 봉지인 평양(平陽)으로 돌아가 버렸다. 위나라로 돌아간 위표는 유방에게 등을 돌렸다. 하수(河水) 나루를 끊고 군사를 모아 유방이 위나라로 밀고 들어올 것을 막은 후에 항우에게 이런 편지를 보냈다.

"저는 대왕의 은혜와 의리로 서위왕이 되었으나, 부득이하게 유방에게 항복하고 팽성까지 따라다녀 대왕께 큰 죄를 지었습니다. 하오나 저의 봉지로 돌아와 보니 유방의 거짓말과 꾀임으로 가려진 눈과 귀가 뚫린 듯 세상의 형편이 새로 밝게 보였습니다. 뒤엉킨 실타래 같은 천하의 일을 단칼에 잘라 바로 세울 분은 대왕밖에 없습니다. 따라서 위표는 그동안의 죄를 빌면서, 새롭게 대왕을 섬길 수 있기를 원하오니 부디 받아들여 주십시오."

항우의 옆에 있던 범증이 제후들이 유방을 배신하는 이러한 기회를 놓치지 말고 유방과 천하의 형세를 결정지어야 한다고 부추기자, 항우는 두 번 다시 믿음을 저버리지 말라며 위표를 용서하였다.

항우는 유방에게 팽성을 한번 빼앗긴 쓴맛을 본 탓에 형양을 공격하기 전에 팽성의 방비를 튼튼히 하기 위해 병참과 치중(輜重)에 힘을 쏟았다. 그 바람에 형양을 치려던 계획이 늦어지게 되자, 유방은 이 기회를 이용하여 폐구성(廢丘城)에 고립된 장한(章邯)을 공격하기로 하였다.

기원전 205년 6월, 유방은 형양을 한신에게 맡기고 장량과 2만 군사를 이끌고 폐구성으로 달려갔지만, 성벽이 높아 난공불락이었다.

그러나 장량의 계책에 따라 위수(渭水)의 물길을 성안으로 돌리는 수공(水攻)으로 폐구성이 큰물에 잠기도록 한 뒤에, 한나라 군사들이 뗏목을 타고 공격하였다. 장한의 군사들은 큰물을 피해 높은 성벽과 성루로 몰려들면서 혼란에 빠져 폐구성이 함락되자, 장한은 스스로 목숨을 끊었다.

폐구성을 포위한 지 9개월 만에 함락시킨 유방은 폐구성을 허물어 버리고 폐구의 이름을 괴리(槐里)로 바꾼 뒤에 다시 형양으로 돌아왔다.

그 사이에 한신은 곡창이 있는 오창(敖倉)에서 형양까지 용도(甬道)를 쌓아 군량미 조달이 쉬워졌으며, 성고(成皐)에서 형양까지 봉수대를 세워 서로 호응하도록 하였다. 또한 번쾌가 1만 군사를 거느리고 광무산성(廣武山城)을 지키고 있어 형양을 훨씬 더 안전한 곳으로 만들어 놓았다.

이에 자신감이 생긴 유방은 천하를 두고 항우와 다시 한번 맞서고 싶어졌다. 그러기 위해서는 등 뒤를 칠 우려가 있는 위표를 회유하여 다시 복속시킬 필요가 있었다. 유방은 위표를 설득하도록 역이기(酈食其)를 위나라가 새로 도읍으로 삼은 안읍(安邑)으로 보냈다.

그러나 위표는 비웃는듯한 투로 거절하면서 이렇게 말하였다.

"한 세상 사는 인생이란 백마가 작은 틈 사이를 달려가는 것과 같이 짧고 부질없는 것이오. 그런 인생을 남의 종노릇이나 하며 살 수는 없소. 지금 유방은 거만하고 다른 사람을 모욕하며 제후와 군신들을 꾸짖기를 마치 종에게 욕하듯 하면서 위아래에 대한 예절이 조금도 없소. 따라서 나는 그러한 꼴을 차마 다시는 볼 수가 없소."

역이기가 돌아와 유방에게 위표가 한 말을 전하자, 유방은 위표가 누구를 대장군으로 삼았느냐고 물었다. 역이기가 백직(栢直)이라고 대답하자, 유방은 안심이라는 표정을 지으며 말하였다.

"백직이라면 **입에서 아직 젖 냄새가 나는 놈이다**. 우리 대장군 한신을 당해낼 수 없다. 기마 대장은 누구였소?"

"풍경(馮敬)입니다."라고 하니, "그는 진나라 장수 풍무택(馮無擇)의 아들인데, 비록 현명하다 해도 우리 기마 대장 관영을 당해낼 수 없다. 보병 대장은 누구였소?"

"항타(項佗)입니다."라고 하니, "그는 우리 조참을 당해낼 수 없다. 역선생의 말을 듣고 보니 과인이 걱정할 일은 아무것도 없구나."라고 하였다.

이와 같이 "입에서 아직 젖 냄새가 난다."는 말인 '**구상유취(口尙乳臭)**'라는 고사성어는 위나라의 대장군이 벡직이라는 말을 들은 유방이 역이기에게 한 말에서 유래하였고, "젖 냄새가 아직 마르지 않았다."는 말인 '**유취미건(乳臭未乾)**'도 같은 의미로 쓰인다.

기원전 205년 8월, 유방은 한신을 좌승상으로 삼고, 관영과 조참을 대장으로 하여 3만 군사를 주어 위나라 정벌에 나섰다. 그러자 위표는 한나라 군사들이 공격해 올 것으로 생각되는 포판(蒲坂)에 대군을 모아놓고 임진나루를 막고 있었다.

그러나 한신은 하수(河水)를 따라 올라간 하양(夏陽)에서 뗏목으로 하수를 건너 위나라의 도읍인 안읍을 기습하여 함락시켰다. 이 소식을 듣고 놀란 위표가 안읍으로 달려왔으나, 유방의 말대로 위나라의 장수들은 한나라 장수들의 적수가 되지 못하였다.

안읍 싸움에서 패한 위표가 옛 도읍인 평양(平陽)으로 달아나다가 중간에 있는 곡양(曲陽)에서 다시 한나라 군사를 만나자, 무원(武垣)으로 달아났다. 그러나 조참이 이미 평양마저 함락시키고 그 성안에 있던 위표의 어머니와 처자식을 사로잡아 무안에서 기다리고 있었고, 한신이 위표의 뒤를 추격하였다. 위표는 더 이상 달아나지 못하고 무원에서 항복하여 유방이 있는 형양으로 압송되었다. 유방은 위표의 작위를 없애고 형양의 군막 내에만 머물도록 하면서 막빈(幕賓)으로만 대접하게 하였다.

제25장
배수진(背水陣)

背 등 배·水 물 수·陣 줄 진

물을 등지고 치는 진이라는 말. 어떤 일에 필사적인 각오로 임하는 자세를 비유하는 의미이다.

*** 출전: 사마천, 사기(史記) 회음후열전(淮陰侯列傳)**

평양(平陽)을 거점으로 하여 서위왕(西魏王) 위표(魏豹)의 봉지인 하동(河東)을 모두 평정한 한신은 유방에게 편지를 보냈다.

"얼마 전에 대왕의 믿음과 의리를 저버리고 항우를 섬긴 위표를 사로잡아 보냈었고, 이제는 위나라를 모두 정벌하여 그곳을 하동(河東)·태원(太原)·상당(上黨)의 세 군(郡)으로 이름을 바꾸었으나, 여기서 군사를 돌려 돌아갈 때는 아닌 것 같습니다. 진여(陳餘)는 대(代)나라와 조(趙)나라를 주무르면서 대왕께 앙갚음할 날만 기다리고 있어, 항우의 어떤 장수나 세력보다도 마음을 놓을 수가 없습니다. 신에게 정병 3만 군사를 더해주시면, 북으로 대·조·연(燕)나라를 잡고 동으로 제나라까지 정벌하겠습니다. 또 남으로는 초나라의 보급로를 끊어 서쪽으로 나아갈 수 없도록 한 후에, 대왕과 형양(滎陽)에서 만나기를 원하옵니다."

조나라의 실권자인 진여는 원래 상산왕(常山王) 장이(張耳)와 매우 친밀한 사이로, 조나라를 세울 때 진여는 대장군으로, 장이는 승상으

로 있었으나 거록(鉅鹿)의 싸움 때 서로 사이가 벌어졌다. 【☞ 제13장 '파부침주' 참조】

그 뒤 장이는 항우를 따라 관중에 같이 들어왔다며 상산왕에 봉해졌으나, 진여는 남피(南皮) 부근의 세 개의 현만 받고 후(侯)로 봉해졌다. 【☞ 제20장 '국사무쌍' 참조 】

그러자 진여는 제나라 왕 전영(田榮)에게서 군사를 빌려 장이를 공격하여 그의 봉지를 모두 빼앗고, 대나라 왕으로 밀려나 있던 조헐(趙歇)을 다시 조나라 왕으로 복귀시켜 자신이 보좌하면서 대나라 땅을 통치하였다. 봉지를 모두 빼앗긴 장이는 달아나 관중을 평정한 유방에게 몸을 의탁하였다. 【☞ 제22장 '오가소립' 참조 】

하지만 의제를 시해한 항우를 치려고 제후들의 세력을 규합할 때, 진여는 유방에게 장이를 죽여 그 목을 보내면 유방을 따르겠다고 제의하였다. 유방은 자기에게 의탁한 사람을 죽일 수 없다며 진평(陳平)의 계책에 따라 장이와 비슷하게 생긴 죄수의 목을 보내자, 이에 속은 진여가 유방에게 5만 군사를 보내왔다. 【☞ 제23장 '독당일면' 참조 】

그런데 팽성(彭城)의 싸움에서 장이가 멀쩡하게 살아있다는 것이 드러나자, 진여는 그 분노와 원한으로 항우 편으로 돌아서서 유방에게 앙갚음하려고 벼르고 있는 지경이었다.

유방도 진여를 등 뒤에 두고 항우와 싸울 수 없는 형편이어서, 진여와 조나라의 사정을 잘 알고 있는 장이를 감군(監軍)으로 삼아 군사 3만과 함께 보내주었다.

기원전 205년 9월 하순, 한신은 장이와 조참과 함께 5만 대군을 이끌고 대나라의 도읍인 평성(平城)을 공격하였다. 평성을 지키고 있던 대나라의 상국(相國) 하열(何說)은 한신의 대군이 평성을 겹겹이 에워싸자 겁을 먹고 오성(鄔城) 쪽으로 달아났다. 그러나 미리 매복해 있던 조참의 군사들이 하열을 덮치자, 연여(閼與)로 달아나다가 사로

잡혀 장이의 손에 죽었다. 이로써 대나라를 평정한 한신은 다음 차례로 조나라를 공격할 준비를 하고 있었다.

이때 항우가 종리매(鍾離昧)를 시켜 광무산(廣武山)을 치게 하고 자신은 용저(龍且)와 함께 오창(敖倉)을 치려고 하자, 유방은 한신에게 형양(滎陽)으로 돌아오라고 하였다.

그러나 한신은 조나라 공격을 그만둘 수가 없어 조참에게 잘 훈련된 정병 3만 군사를 차출하여 형양으로 가게 하였다. 그리고 자신은 장이와 함께 남아 있던 3만 군사로 조나라 공격에 나섰다. 하지만 남아 있는 3만 군사는 위나라와 대나라를 평정하면서 주위에서 끌어모은 군사들로 제대로 훈련된 군사들이 아니었다.

진여는 대나라에서 조나라로 들어오는 입구인 정형(井陘) 어귀에 20만 정예 부대를 집결해 놓고 한나라군을 맞이할 준비를 하였다. 정형은 높은 산등성이로 둘러싸인 분지가 우물 같다고 하여 붙여진 이름이다. 그사이에 좁고 험한 길이 나 있는데, 그 길이 끝나는 곳을 '정형구(井陘口)'라고 하며 조나라 군사들은 이곳을 막고 있었다.

진여의 휘하에는 옛 조나라 명장 이목(李牧)의 손자인 광무군(廣武君) 이좌거(李左車)가 있었는데, 진여에게 이렇게 계책을 말하였다.

"정형으로 통하는 길은 폭이 좁아 수레 두 대가 나란히 갈 수 없고, 말 탄 군사도 열을 지어 지나갈 수 없습니다. 이러한 길이 수백 리나 계속되므로 보급 물자는 뒤로 처져 있을 것입니다. 저에게 3만 군사를 주시면, 사잇길로 달려가서 그들의 보급을 끊어 버리겠습니다. 그런 다음에 깊은 물길을 파고 높게 보루를 쌓아 놓고 지키기만 하여도 적은 나아가도 싸울 수 없고, 물러가려 해도 마음대로 되지 않게 됩니다. 이렇게 하면 열흘도 안 돼 한신과 장이의 목을 가져올 수 있습니다. 그러나 이 계책을 쓰지 않는다면 우리가 그들에게 사로잡힐 것입니다."

하지만 진여는 원래 유학을 공부한 선비이었다. 그래서 항상 남을 속이는 꾀라든가 기발한 계책 같은 것을 쓰는 것을 꺼렸다.

“병법에 우리가 적군의 열 배가 되면 적을 에워싸고, 두 배가 되면 적을 치라고 했소. 지금 한신의 군사가 수만이라고 하지만 실은 수천에 지나지 않소. 그것도 천 리나 되는 먼 곳에서 쳐들어왔으므로 지쳐있을 것이오. 지금 이를 피하고 맞아 싸우지 않는다면 앞으로 큰 적을 만났을 때는 어떻게 상대하겠소? 아마 다른 제후들도 우리를 하찮게 보고 함부로 공격하려 할 것이오.”

이렇게 한신의 한나라군을 얕보고 있던 진여에 의해 이좌거의 계책은 채택되지 않았다.

한신의 3만 군사는 훈련이 제대로 되어있지 않았지만, 그는 과감히 군사들을 이끌고 정형의 좁은 길로 내려가 정형구에서 30리 떨어진 곳에 진지를 세웠다. 그리고 가볍게 무장한 기병 2천 명을 뽑아 각각 붉은 기를 가지고 지름길로 나아가 조나라 진지를 바라보는 산속에 숨어 있도록 하였다. 이들의 임무는 조나라군이 거짓으로 패주하는 한나라군을 뒤쫓느라 비어있는 조나라 진지로 재빨리 뛰어들어 한나라의 붉은 기를 많이 세워놓는 것이었다. 이렇게 하여 마치 한나라의 대군이 진지를 점령한 것처럼 보이도록 하는 것이었다.

그런 다음 한신은 1만 군사를 지수(泜水)의 강물을 등지고 진을 치도록 하였다. 물을 등지고 진을 치면 좋지 않다는 것쯤은 누구나 알고 있는 것이어서 조나라 군사들은 이것을 바라보고 크게 웃었다.

이튿날 새벽, 한신과 장이는 진지에 남아 있는 군사들을 이끌고 조나라 진영으로 쳐들어갔다. 조나라군은 진영의 문을 열어젖히고 한나라군을 맹렬히 공격하였다. 한나라군은 잠시 격전을 벌인 다음 거짓으로 지수 강까지 퇴각하여 배수진을 치고 기다리고 있는 군사들과 합류하였다. 한신의 예상대로 조나라군은 본진을 비워 두고 한나라군을 뒤쫓았다. 한나라의 군사들은 더 이상 물러날 수 없음을 알고 죽을 힘을 다하여 싸웠다.

한편 산속에 숨어 기다리던 2천 명의 한나라 기병들은 이 기회를 틈타 일제히 조나라의 진지로 달려 들어가 누벽 여기저기에 한나라의 붉은 깃발을 무수히 세웠다.

배수진을 친 한나라군의 맹렬한 저항으로 조나라군은 할 수 없이 진지로 퇴각하였다. 그러나 진지의 누벽 위가 온통 붉은색의 한나라 깃발뿐인 것을 보고 갈 곳을 잃어 갈팡질팡하고 있는 조나라군의 후미를 배수진을 치고 있던 한나라군이 들이쳤다. 이렇게 앞뒤로 협공을 당한 조나라군이 힘없이 무너져 대패하였다.

진여는 달아나다가 지수 가에서 사로잡혀 장이 앞으로 끌려왔다. 한신이 진여를 살려 두면 쓸모가 있을 것 같아, 앞으로 유방을 따르면 살려주겠다고 회유하였다. 그러나 진여는 명색이 선비로서 변절할 수 없다며 거부하자, 장이가 그를 죽였다. 조나라 왕인 조헐(趙歇)도 달아났다가 나중에 양(襄) 땅에서 잡혀 죽었다.

정형의 싸움에서 승리를 거둔 뒤 축하연을 베풀 때, 휘하의 장수들이 한신에게 물었다.

"병법에 산과 구릉은 우측으로 등지고, 강이나 못은 앞으로 하여 좌측에 두라 하였는데, 대장군께서는 오히려 물을 등지고 배수진을 치게 하여 우리가 믿지 않았으나 승리를 거두었습니다. 이는 무슨 병법인지요?"

한신이 웃으며 대답하였다.

"이것은 모두 병법에 있는 것인데, 여러분이 살피지 못한 것일 뿐이다. 병법에 죽을 곳에 내던져진 뒤에야 살게 할 수 있고, 망할 곳에 빠지면 이를 지켜 남을 수 있다 하였다. 내가 평소에 훈련이 된 장졸들을 이끌고 싸운 것이 아니라 저잣거리 사람을 데려다 싸우게 한 것이나 다름이 없다. 이들을 죽을 곳에 두어야 스스로 살아남기 위해 싸울 수밖에 없으므로, 이들에게 물을 등지게 함으로써 달아 날래야 달아날 수 없는 죽을 곳에 있게 했을 뿐이다."

손자병법 구지(九地) 편에는 "망할 곳에 내던지면 스스로 지켜 남을 수 있고, 죽을 곳에 빠진 뒤에야 온 힘을 다해 스스로 살아나온다. 대체로 군사들이란 위험하고 나쁜 곳에 빠진 뒤에야 승패를 겨루어보게 할 수 있다."라고 하였다. 한신의 배수진은 이를 응용한 것이라고 볼 수 있다. 장수들이 탄복하며 뛰어난 계책이었다고 칭찬하자, 한신은 이렇게 말하였다.

"실은 나도 지난번 팽성의 싸움에서 밀려 영벽(靈壁)의 수수(睢水) 강가에서 10만 대군을 모두 잃고서야 그 이치를 알게 되었다."

이와 같이 "물을 등지고 치는 진"이라는 말인 '**배수진(背水陣)**'은 한신이 훈련이 제대로 안 된 군사를 이끌고 조나라를 공격하면서 이 진법(陣法)을 사용하여 군사들이 필사적으로 싸우도록 하여 승리를 한 데에서 유래하였다.

제26장
패군지장(敗軍之將)

敗 깨뜨릴 패 · 軍 군사 군 · 之 갈지 · 將 장차 장

싸움에 진 군대의 장수라는 말. 실패한 자는 그 일에 대하여 구차한 변명을 하지 않는다는 것을 비유하는 의미이다.

*** 출전: 사마천, 사기(史記) 회음후열전(淮陰侯列傳)**

한나라와 조나라 간의 '정형(井陘)전투' 당시에 조나라 진여(陳餘)의 휘하에 있던 광무군(廣武君) 이좌거(李左車)는 한나라군의 보급로를 공격하여 끊어 버리고 방어 태세로 일관하자는 계책을 올렸으나, 진여가 이를 채택하지 않아 조나라가 대패하였다. 【☞ 제25장 '배수진' 참조】

이좌거는 천하를 보는 안목이 밝고 살피는 것이 깊어 당시에 조나라뿐만 아니라 온 세상에 널리 알려진 사람이어서, 한신도 마음으로 존경하고 있었다. 한신은 '정형전투'에서 승기를 잡자, 장졸들에게 이좌거를 죽이지 말라고 엄명을 내리고 그를 사로잡아 오는 자에게는 천금을 내리겠다 하였다. 그러자 한 장수가 사로잡은 이좌거를 포박한 채로 한신의 군막에 데려오자, 한신이 포박을 직접 풀어주며 그를 동쪽으로 향해 앉게 한 뒤에 자신은 서쪽을 향해 절을 올리며 말하였다.

"오늘부터 이 한신은 광무군을 일생의 스승으로 모시고자 합니다. 미련하며 어리석다 하여 뿌리치지 마시고 많은 가르침을 주십시오."

깜짝 놀란 이좌거가 몸을 일으켜 한신의 절을 피하며 말하였다.

"대장군께서는 몇만의 군사로 20만 대군을 무찔렀지만, 저는 주군을 잘못 도와 싸움에 패했을 뿐 아니라 제 한 몸도 못 지키고 사로잡힌 패장에 불과한데 스승이란 말은 당치않습니다."

그러나 한신이 더욱 공손히 머리를 조아리며 물리치지 말고 깨우쳐 달라고 여러 번을 청하자, 마침내 이좌거가 한신과 마주 절하며 말하였다.

"대장군의 뜻이 이토록 정성스러우니 조언이나 하는 손님으로 휘하에 머물겠습니다. 앞뒤가 막힌 의견이라도 대장군께 쓸모가 있다면 살려주신 은혜에 대한 보답으로 여기십시오."

그리고는 한신의 군막에 막빈이 되었다.

며칠이 지나 앞으로의 방향을 어떻게 잡을지를 고심하던 한신은 이좌거에게 이렇게 물었다.

"저는 북쪽으로 연나라를 치고, 다시 동쪽으로 제나라를 치려고 합니다. 그러나 막상 움직이려고 하니 당장 어디서부터 어떻게 해야 할지를 모르겠습니다. 광무군께서 보시기에 제가 어떻게 해야 성공할 수 있겠습니까?"

그러나 이좌거는 이를 사양하며 말하였다.

"제가 듣기를, 싸움에 진 장수는 용맹을 말할 수 없고 망한 나라의 대부(大夫)는 나라를 보존하는 일을 꾀할 수 없다고 하였습니다. 저는 패망한 나라의 장수로서 포로가 된 처지인데, 대장군께서 계획하시는 큰일을 저 같은 것이 감히 말할 수 있겠습니까?"

이좌거는 아직도 '정형전투'에서의 패배와 포로가 된 충격에서 벗어나지 못하고 처량한 심정이라서 한신의 자문에 응하지 않았다.

이와 같이 이좌거가 한신에게 말한 "싸움에 진 장수는 용맹을 말할 수 없다."는 말인 '패군지장(敗軍之將) 불가이언용(不可以言勇)'에서 앞부분만 인용하여 '**패군지장(敗軍之將)**'이라는 고사성어가 유래하였다.

한신은 이에 포기하지 않고 이좌거를 설득하고자 이렇게 말하였다.

"제가 들으니, 백리해(百里奚)가 우(虞)나라에 있을 때는 우나라가 멸망하였고, 그가 진(秦)나라에 있을 때는 진나라를 천하의 패자(覇者)로 만들었습니다. 그것은 백리해가 우나라에 있을 때는 어리석었다가 진나라에 있을 때는 현명하였기 때문이 아닙니다. 그 나라의 군주가 그를 써주었는지 아니었는지, 그의 계책을 들어주었는지 들어주지 않았는지에 달려 있을 뿐입니다. 만약 진여가 광무군의 계책을 들었다면 나와 같은 자는 벌써 조나라의 포로가 되었을 것입니다. 진여가 광무군을 제대로 써주지 않았기 때문에 제가 이렇게 광무군을 모실 수 있게 되었을 뿐입니다."

그래도 이좌거가 주저하자 한신이 강한 태도로 말하였다.

"제가 진심으로 광무군의 계책에 따르겠으니, 부디 더 이상 사양하지 말아 주십시오."

이렇게 한신이 진심으로 청하자 이좌거가 말하였다.

"제가 들은 바로는, 지혜로운 사람도 천 번 생각하다 한 번의 실수가 있을 수 있고, 어리석은 사람도 천 번 생각하면 한 번은 맞을 수 있다고 하였습니다. 그래서 미치광이의 말도 성인(聖人)은 구별하여 듣는다고도 하였습니다. 저의 계책이 반드시 채용될 만한 것은 못 되지만 대장군께서 물으시니 말하겠습니다."

그리고 이좌거는 굳이 싸울 필요는 없다며 한신에게 계책을 말하였다.

"원래 진여는 백전백승할 수 있는 계책이 있었지만, 하루아침의 실수로 그의 군사는 호성(鄗城)에서 패하고 그의 몸은 지수(泜水) 가에서 죽었습니다. 지금 장군께서는 서하(西河)를 건너 위표(魏豹)를 사로

잡고, 북쪽으로 진격하여 연여(閼與)를 피로 물들이며 대(代)나라의 상국 하열(夏說)을 죽였습니다. 계속 진격하여 한달음에 정형(井陘)의 관문을 떨어뜨리고 한나절 싸움으로 조나라의 20만 대군을 격파하여 그 위세는 천하에 떨쳤습니다. 이에 어리석은 농부들까지도 나라의 장래가 얼마 남지 않았다 생각하여, 농기구를 손에서 놓으며 농사일을 멈추고 좋은 옷에 맛난 음식을 먹으며 언제 동원령이 내릴지에만 귀 기울이고 있습니다.

이와 같은 일은 대장군에게는 매우 이로운 일이나, 백성들은 고단하고 군사들은 지쳐있어 그들을 동원하기가 어렵습니다. 그런데도 대장군께서는 지친 군사들을 다시 일으켜 연나라로 쳐들어가려 하고 있습니다. 연나라의 견고한 성곽 밑에 진을 치고 장시간의 공격에도 그 성을 함락시키지 못하기라도 한다면, 오히려 군사들의 고단하고 지친 실정만 드러납니다. 따라서 군사들의 사기는 꺾인 채로 시일만 끌다가 군량이 다하는 날에는 낭패를 보게 되며, 약한 연나라를 굴복시키지 못한다면 제나라도 쉽게 항복하지 않을 것입니다. 이들은 밖으로 방비를 굳게 하고 전력을 다해 대장군에게 대항할 것입니다.

그리하여 연나라와 제나라가 서로 돕고 의지하며 항복하지 않는다면, 한나라와 초나라의 싸움은 승부를 가늠하기 어렵게 됩니다. 이러한 천하의 정세는 대장군에게 불리하게 변하게 됩니다. 저의 어리석은 생각으로는 연나라와 제나라를 지금 서둘러 치려는 계획은 옳지 않은 것 같습니다. 자고로 용병에 능한 자는 자기의 단점으로 상대방의 장점을 공격하지 않으며, 자기의 장점으로 상대방의 단점을 공격합니다."

사실 한신의 군대는 이미 한계에 봉착했고, 연나라와의 싸움에서 고전하게 된다면 그 어려운 실상을 드러내게 되는 꼴이니 그렇게 되면 결국 연나라도 제나라도 항복하지 않을 것이란 이좌거의 냉철한 분석이었다.

그러자 한신이 그러면 앞으로 어떻게 해야 하는지를 다시 물어보자, 이좌거는 이렇게 말하였다.

"지금은 장졸들을 쉬게 하면서 대장군이 평정한 조나라를 다독이는 일보다 더 나은 계책은 없습니다. 먼저 전쟁으로 아버지를 잃은 아이들과 자식을 잃은 노인들을 찾아내어 보살펴 주고, 고기와 술로 잔치를 벌여 선비들을 대접하십시오. 군사들에게도 술과 고기를 내리고 편히 쉬게 하여 사기를 올린 후에 연나라 정벌에 나서는 것이 좋겠습니다. 그때도 싸움을 앞세우지 말고 말 잘하는 유세가를 사자로 보내어 이쪽의 강점을 알려주면 연나라는 복종하지 않을 수 없을 것입니다. 연나라가 항복하면 다시 유세가를 제나라로 보내 연나라가 이미 항복했음을 알리고, 넌지시 항복을 권한다면 제나라도 바람에 휩쓸리듯 연나라를 뒤따를 것입니다."

한신은 이좌거가 일러 준 그대로 행하자, 조나라의 백성들이 한나라를 따랐다. 또한 '정형전투'의 승리와 조나라 평정으로 한신의 명성이 절정에 올랐다.

위(魏)·대(代)·조(趙)나라가 차례로 한나라에 넘어가자 연나라는 초나라로부터 멀리 떨어진 외로운 섬처럼 북쪽에 덩그렇게 홀로 남게 되었다. 연나라 왕 장도(臧荼)는 한신을 두려워하고 있었는데, 한신의 사자가 오자 반갑게 맞으며 스스로 항복을 하며 한나라를 따르기로 하였다.

연나라가 항복하여 오자 하수(河水) 이북의 땅은 모두 한나라의 깃발 아래 모여들게 되었고, 유방은 한신의 건의에 따라 장이를 조나라 왕으로 봉하였다.

제27장
걸해골(乞骸骨)

乞 빌 걸·骸 뼈 해·骨 뼈 골

뼈를 돌려달라는 말. 어떤 일이나 사람을 위하여 몸과 마음을 다 바쳤다가 남아 있는 뼈라도 돌려받겠다는 것으로, 성심을 다했던 지위나 자리에서 물러나겠다는 것을 비유하는 의미이다.

*** 출전: 사마천, 사기(史記) 항우본기(項羽本紀)**

유방은 '팽성 대전(彭城 大戰)'에서 패하여 후퇴할 당시에 장량이 천하를 평정하는 대업을 도와줄 인재로 구강왕(九江王) 경포(黥布)와 팽월(彭越), 그리고 한신을 거론한 적이 있었다. 【☞ 제23장 '독당일면' 참조 】

기원전 205년 11월 초순, 유방은 이 세 사람 중에서 아직 자기 사람이 되지 않은 경포를 끌어들이기 위해 경포와 동향인 수하(隨何)를 사자로 파견하였다.

경포는 육(六) 땅의 사람으로 원래 성은 영(英)씨이었다. 그가 젊은 시절에 어떤 점쟁이가 그를 보고 형벌을 받은 후에 왕이 될 상이라고 말하였다. 그 후 다른 사람의 죄에 연좌되어 먹을 넣는 형벌인 경형(黥刑) 받게 되었는데, 그때부터 경포라 불리게 되었다. 경포는 죄수가 되어 여산(麗山)에서 노역하다가 탈주하여 강수(江水) 인근에서 도적이 되었다.

진승과 오광이 봉기하자 경포도 수천 명의 무리를 이끌고 있다가 항량(項梁)의 휘하에 들어가 당양군(當陽君)으로 봉해졌다. 항량이 전사하자, 항우 휘하에서 언제나 선봉을 맡았다. 항우가 분봉하면서 경포를 구강왕(九江王)으로 삼고, 육 땅에 도읍하도록 하였다.

항우가 비밀리에 의제(義帝)의 시해를 지시하자 경포는 자신의 부장을 보내 일조하였으나, 이를 기점으로 항우의 명령에 무조건 따르지 않는 경향을 보였다. 항우가 제나라를 토벌하러 갈 때 따르지 않았고, 유방이 팽성을 점령했을 때도 가까운 육 땅에 있으면서 그냥 보고만 있었다. 항우는 이러한 경포가 달갑지 않았지만 언젠가는 써먹어야 하였기 때문에 두고만 보고 있는 형편이었다.

유방의 사자 수하는 어렵사리 경포를 만나 이렇게 설득하였다.

"대왕께서 군사를 일으켜 초나라와 맞서게 되면, 항우는 군사를 이끌고 이리로 달려와서는 이곳 회남(淮南)과 서초(西楚) 땅에 묶이게 될 것입니다. 이렇게 대왕께서 몇 달만 항우의 발목을 잡아주시면 한나라가 천하를 차지하는데 크게 도움이 될 것입니다. 그러면 우리 한왕(漢王)께서 구강 땅보다 더 크게 땅을 떼어 내리실 것입니다."

수하의 말에 구미가 당긴 경포는 생각해 보겠노라고 하였다.

이때 한신이 조나라를 정벌했다는 소식을 접한 항우가 대군을 이끌고 조나라로 향하면서, 경포를 조나라로 출병하라고 종용하는 초나라의 사자가 와 있었다. 이렇게 되자 경포는 한나라와 초나라 사이에서 고민하면서 저울질하고 있었다.

이러한 사실을 알게 된 수하는 초나라 사신이 머물러있는 객사로 뛰어들어가 구강왕 경포는 한왕을 따르기로 했으니, 당장 돌아가라고 윽박질렀다. 그러자 초나라 사자는 감히 자기에게 트집을 잡는다고 대들어 객사는 아수라장이 되었다. 이 소식을 듣고 경포가 객사로 뛰어들어오는 것을 보고 수하가 소리쳤다.

"대왕, 일이 이렇게 되었으니 초나라 사자를 죽이고 우리 한나라로 함께 갑시다. 한나라와 힘을 합쳐 항우를 쳐부수는 것이 대왕이 살길입니다."

수하가 선수를 쳐서 단정적으로 말하자, 경포도 할 수 없이 결심을 굳히고 유방을 따르기로 하였다.

경포는 초나라의 사자를 죽이고 군사를 동원하여 초나라의 동북 방향을 공략하여 기현(蘄縣)과 상현(相縣)을 점령하였다.

조나라로 군사들을 이끌고 가던 항우가 복양(濮陽)에 이르렀을 때, 경포의 반란 소식이 전해졌다. 항우는 용저(龍且)와 항백(項伯)에게 경포의 근거지인 구강을 치게 하고, 항우 자신은 남쪽으로 내려가 경포를 직접 치기로 하였다.

경포가 탕현(碭縣)을 지나 풍읍(豊邑)에 이르렀을 때 항우가 대군을 이끌고 남으로 내려오고 있다는 연락을 받고, 유격전을 펼치기 위해 망산(芒山)과 탕산(碭山) 사이의 깊은 골짜기로 들어갔다.

그러나 용저와 항백, 항성(項聲)이 쳐들어와서 구강 땅을 쑥대밭으로 만들고 있다는 소식을 듣고 구강으로 달려갔으나, 구강성은 이미 초나라 군사들에 의해 함락되었고 경포의 처자들은 살해되었다.

경포는 여러 차례 구강성을 탈환하려고 공격했으나 실패하자, 한나라 사자로 왔던 수하와 함께 유방이 있는 형양(滎陽)으로 퇴각하여 유방에게 귀순하였다.

유방은 경포의 왕호인 구강왕을 회남왕(淮南王)으로 바꿔 부르고, 이전의 구강 땅뿐만 아니라, 여강(廬江)·형산(衡山)·예장(豫章)까지 회남왕의 땅으로 떼어 주기로 하였다.

기원전 204년, 경포가 형양으로 퇴각하여 유방에게 귀순하자 항우는 휘하의 종리매(鍾離昧)·용저(龍且)·계포(季布)·환초(桓楚) 등 맹장들을 모두 동원하여 형양의 공격에 나섰다.

종리매와 용저가 한나라군의 용도(甬道)를 계속 공격하자, 이를 지키고 있던 주발(周勃)이 이에 못 견뎌 형양성 안으로 쫓겨 들어왔다. 게다가 계포와 환초가 오창성을 에워싸고 공격하여 오창(敖倉)에서 형양으로 보내는 군량이 제대로 오지 못하였다.

다급해진 유방은 경포를 회남으로 보내 유격전을 벌이도록 하고, 한신과 팽월이 군사를 지원하도록 사자를 보냈다. 이러는 사이에 항우가 대군을 이끌고 형양성을 에워쌌다.

이때부터 한나라군의 고달픈 농성전(籠城戰)이 시작되었다. 형양성 안의 군사들은 밤낮없이 이어지는 초나라군의 공세에 잠을 잘 수 없는 신세가 되었고, 성안의 군량미까지 다해 형양성은 괴로운 나날을 보내고 있었다.

궁지에 몰린 유방은 말솜씨가 좋은 육가(陸賈)를 항우에게 보내 강화를 제의하였다. 형양을 경계로 삼아 서쪽을 유방이 지배하고 동쪽을 항우가 지배하는 것을 조건으로, 유방이 차지하고 있는 동쪽 땅을 모두 내어놓겠다고 하였다.

그러나 항우의 책사 범증(范增)이 유방의 사정이 절박함을 알아차리고, 강화를 반대하면서 항우에게 말하였다.

"유방만 죽이면 형양의 동쪽뿐만 아니라 천하가 전부 대왕의 발아래에 무릎을 꿇을 것인데 이때를 놓치지 마십시오."

그러면서 항우에게 더욱 맹렬한 기세로 형양을 공격하도록 권유하였다.

강화 제의가 실패로 돌아가자 유방의 책사 진평(陳平)은 반간계(反間計)를 사용하여 항우와 범증 사이를 이간시킬 계획을 세웠다.

그는 유방으로부터 황금 4만 근을 받아 이를 뿌려가며 초나라 진영 내의 연줄을 이용하여 첩자를 운용하였다. 진평은 항우가 남을 시기하고 의심이 많은 데다 헐뜯는 말을 잘 믿는 성격을 이용하여 범증을 의심하도록, 헛소문을 퍼뜨려 초나라 군중 내에 공공연한 소문이 나도록 하였다.

"범증은 자신이 옛 초나라 유신(遺臣)임을 내세우면서, 초나라 왕손을 찾아내어 의제(義帝)를 세운 것도 그였다. 항우는 진나라를 쳐 없애고 스스로 서초패왕(西楚霸王)이 되면서 의제를 시해하였기 때문에 범증의 마음이 변하였다. 범증은 겉으로는 항우의 옆에서 그를 위하여 일하는 것 같지만, 속으로는 하루빨리 항우를 죽여 의제의 한을 풀어 줄 날을 기다리고 있다."

이러한 소문과 함께 범증이 유방과 내통하고 있다는 유언비어도 난무하였다. 그러자 항우는 의심이 발동하여 소문의 진위를 파악하고 싶어 강화 조건을 의논한다는 핑계로 사자를 형양성 안으로 보냈다.

진평은 유방에게 자신의 계획대로 되어 가고 있다며, 유방에게 초나라 사자를 맞이하는 계책을 알려주었다. 초나라 사자는 유방의 행궁 안으로 안내되어 산해진미가 잘 차려진 음식상 앞에 앉자, 유방이 불쑥 아부(亞父)는 잘 계시느냐며 범증의 안부를 물었다. 사자는 이상하게 생각하며 잘 계신다고 하자, 유방이 알 수 없는 물음을 던졌다.

"아부께서 무슨 일로 사자를 보낸 것이오? 초나라 군영에 무슨 일이라도 생긴 것이오?"

이상한 느낌이 든 사자가 정색하며 말하였다.

"저는 아부의 사자가 아니라, 패왕께서 보낸 사자입니다."

그러자 유방이 못마땅한 표정으로 옆에 있는 진평에게 역정을 내며 말하였다.

"과인은 아부가 보낸 사자인 줄 알고 왔는데, 항우가 보낸 사자라면 그대가 알아서 상대할 일이지 왜 과인까지 불렀는가? 하마터면 못할 말도 할뻔하였네."

그러고는 잘 차린 음식상을 나물만 있는 음식상으로 바꾸게 하고는 나가 버렸다.

초나라 사자가 돌아와 이러한 사실을 항우에게 그대로 보고하였다. 항우는 범증이 유방과 사적으로 내통하고 있다고 믿고, 장수들에게 이렇게 명을 내렸다.

"누구든지 과인의 명이 없으면 군사 한 명이나 말 한 필이라도 움직일 수 없다. 특히 아부의 명을 그대로 따라서는 아니 되며, 과인에게 먼저 알려 허락을 받은 후에 따라야 한다."

이러한 항우의 명을 장수들로부터 전해 들은 범증은 아무리 군왕이라도 나에게 이럴 수 없다며 항우를 찾아갔다. 그러나 항우가 범증을 만나주지 않자, 항우의 군막 앞에서 이렇게 소리쳤다.

"이 늙은이의 **뼈를 돌려주시기**를 대왕께 간절하게 요청합니다."

'뼈를 돌려달라.'는 말은 이제까지 주군인 항우를 위하여 몸과 마음을 다 바쳤으니 남아 있는 뼈라도 돌려받겠다는 것으로, 지금의 자리에서 물러나겠다는 완곡한 표현이었다.

항우는 더는 모른 척할 수가 없어 범증을 군막으로 들어오게 하자, 범증이 말하였다.

"천하의 일은 어느 정도 형세가 정해졌으니, 대왕께서 스스로 알아서 해 나가실 수 있을 겁니다. 원하건대 이 늙은 몸을 이만 보내주시면 고향 땅에 가서 뼈라도 묻을 수가 있겠습니다."

범증이 돌이킬 수 없는 굳은 마음으로 말하자, 항우는 못 이기는 척하며 이를 허락하였다.

범증은 그를 따르는 시종 한 사람만 데라고 팽성을 향하여 떠났다. 그곳에서 가솔을 이끌고 고향인 거소(居鄛)로 돌아갈 작정이었다. 그러나 울분으로 폭음을 하다가 등창이 발병하여 팽성으로 가는 도중 소성(蕭城)에서 숨을 거두었다. 이때 범증의 나이는 일흔다섯이었다.

이와 같이 "뼈를 돌려달라."는 말인 '**걸해골(乞骸骨)**'은 범증이 항우에게 물러날 뜻을 전하는 표현에서 유래한 고사성어이다.

제28장
이식위천(以食爲天)

以 써 이 · 食 밥 식 · 爲 할 위 · 天 하늘 천

먹는 것을 하늘로 여긴다는 말. 사람은 먹고사는 문제가 가장 중요하다는 것을 비유하는 의미이다.

*** 출전: 사마천, 사기(史記) 역생육가열전(酈生陸賈列傳)**

범증(范增)이 죽었다는 소식을 들은 항우는 자신을 자책하며, 장수들을 불러 모아 범증의 발상을 하고 장례를 치렀다. 그런 뒤에 항우는 초나라 군사들에게 범증의 넋을 위로하자며 분발을 촉구하고 위아래가 한 덩어리가 되어 형양성(滎陽城)을 들이쳤다.

범증만 항우에게서 떼어 놓으면 형양성의 위급이 풀릴 줄 알았는데, 범증의 죽음은 초나라군에게는 오히려 분발을 촉구하는 계기가 되었다.

연일 초나라군의 공세가 거세지면서 한나라군의 식량 고갈로 형양성이 함락될 위기에 처하자, 장수 기신(紀信)이 유방을 찾아왔다. 기신은 자신이 유방으로 위장하여 항우에게 거짓 항복하는 사이에 유방은 형양성을 탈출할 것을 진언하였다.

그러나 유방은 제 한 몸 살고자 기신을 대신 죽게 할 수 없다고 반대하자, 옆에 있던 진평(陳平)이 이렇게 말하였다.

"대왕의 몸은 이미 대왕의 것이 아닙니다. 죽음을 무릅쓰고 따르는 장졸의 것이오, 천하의 바른 주인이 들어서기를 바라는 백성의 것입니다. 그러므로 어떤 희생을 치르고서라도 위태로움에서 벗어나서 후일을 도모해야 합니다."

유방이 고개를 가로저었으나, 기신과 진평은 물러나 그들의 계책대로 실행하였다.

진평의 계책에 따라 궁녀들과 부녀자 2천 명을 남장으로 무장시켜 군사로 위장하고, 기신은 유방으로 분장하여 누런 비단으로 덮개를 한 유방의 수레를 타고 형양성 동문으로 나갔다.

기신은 유방의 흉내를 내며 소리쳤다.

"나는 한왕(漢王) 유방이다. 성안에 식량이 바닥나서 이제 항복을 하겠으니, 과인을 패왕과 만나게 해달라."

이 소리를 들은 초나라 군사들은 동문 앞으로 몰려와 만세를 부르며 좋아하였다.

이 틈을 노려 유방은 반대쪽인 형양성 서문을 통하여 탈출하였다. 장량(張良)과 진평·역이기(酈食其) 등의 책사들이 뒤따르고, 하후영(夏侯嬰)과 노관(盧綰) 같은 측근들이 갑사 수십 기와 함께 유방을 호위하여 성고성(成皐城)으로 갔다.

형양성 안에는 어사대부 주가(周苛)와 종공(樅公), 한왕(韓王) 신(信), 그리고 위표(魏豹)가 남아서 군사들과 성을 지키게 하였다. 유방이 형양성 서문으로 나가자마자 주가와 종공이 갑자기 칼을 빼 들고 위표에게 소리쳤다.

"우리 한나라를 배신한 적이 있는 위왕과는 함께 성을 지킬 수 없다. 너는 언제 마음이 변하여 또다시 적과 호응할지 모른다. 차라리 일찍 죽여 걱정을 없애는 것이 상책이다."

그러고는 위표를 칼로 공격하여 찔러 죽였다.

한편 유방의 항복 소식을 듣고 동문으로 간 항우는 기신이 유방을 행세했다는 것을 알게 되자, 분노하여 기신을 수레에서 끌어 내리게 하였다. 그리고는 유방이 어디 있느냐고 물었다.

"우리 대왕께서는 이미 성을 나가서 지금쯤 관중(關中)에 들어가 계실 것이오."

그러자 항우는 기신에게 형양성을 지키고 있는 주가와 종공을 달래 항복을 권하라고 주문하였다. 기신은 구차한 말이나 글로 오랜 벗의 눈과 귀를 더럽힐 수 없다며 거절하자, 화가 난 항우가 기신을 장작더미 위에 놓고 화형 시켜 죽였다

이 무렵 유방은 성고에서 머무는 것에 불안을 느껴 도읍인 역양(櫟陽)으로 향하였다. 역양으로 가는 길에 만난 관영과 오창에 있는 조참을 대장군 한신에게 배속시켜 그곳으로 보냈다.

역양에서 승상 소하(蕭何)가 모아준 5만 군사와 넉넉한 군량을 준비하여 형양성을 구하려고 나서려는데, 관중에 살고 있는 원생(轅生)이 유방을 찾아와 이렇게 말하였다.

"대왕께서는 형양을 구하고자 함곡관(函谷關)으로 나가시지 마시고, 무관(武關)으로 나가시면 항우가 대왕을 따라 군사를 이끌고 남쪽으로 내려올 것입니다. 그때 대왕께서는 성벽을 높게 하고 굳게 지켜 항우를 묶어 놓으시면 형양과 성고의 우리 군사들은 쉴 수 있게 됩니다. 대왕께서 형양으로 가시는 것은 그 뒤에 가셔도 늦지 않습니다."

유방이 들어보니 그럴듯하여 5만 군사와 함께 무관으로 나와 완성(宛城)을 공략하고, 경포(黥布)를 만나 섭성(葉城)을 합세하여 무너뜨렸다.

이 소식을 전해 들은 항우는 형양을 종리매(鍾離昧)에게 맡기고 자기는 군사를 이끌고 남쪽으로 내려왔다. 항우가 오고 있다는 연락을 받은 유방은 섭성에서, 경포는 완성에서 농성전에 들어갔다.

항우는 유방이 있는 섭성을 공격하였으나, 때때로 완성에 있는 경

포의 군사들이 초나라군의 후미를 기습하고 완성으로 들어가 버리는 식의 유격전에 시달려 공격이 제대로 되지 않았다.

한편 형양성에서는 항우가 떠나고 없다는 것을 알고 주가와 종공이 성고성과 연계하여 성 밖으로 나와 종리매가 이끌고 있던 초나라 군사들을 기습하고 성안으로 들어가 버리는 유격전으로 초나라군을 괴롭혔다. 게다가 한신이 이끄는 대군이 한단(邯鄲)을 떠나 남쪽으로 내려오고 있다는 소문이 들려 종리매는 항우에게 구원을 요청하였다.

그러자 항우는 유방이 있던 섭성을 버려두고 다시 말머리를 북쪽으로 돌려 성고성 공격에 나섰다. 항우의 5만 군사가 성고성을 들이쳐 함락시키고, 이어서 형양성으로 달려가 에워싸고 공격하였다.

그때 팽월(彭越)이 1만 군사로 하비성(下邳城)을 에워싸고 공격하고 있다는 급보가 날아들었다. 항우는 다시 종리매에게 형양을 맡기고 팽월을 토벌하러 동쪽으로 달려갔다.

유방은 이 기회를 놓치지 않고 섭성에서 나와 성고성을 공격하여 탈환하였다. 이어서 형양성을 에워싸고 있던 종리매를 격파하여 양적(陽翟)으로 내쫓고, 유방은 근신들과 함께 성고성에 머물렀다.

기원전 204년 6월, 하비에서 항우의 대군을 맞은 팽월은 유격전을 벌였으나 쫓겨 서쪽으로 달아났다. 항우는 팽월을 추격하여 대량(大梁)까지 갔다가, 양적에서 종리매와 만나 형양으로 다시 쳐들어갔다. 도중에 계포(季布)가 이끄는 초나라군이 합세하여 5만 군사가 들이쳐 마침내 형양성이 함락되었다.

주가는 사로잡혀 가마솥에 삶겨 죽이는 팽형(烹刑)을 당하고, 종공은 목이 베어져 죽었다. 한왕 신은 항우에게 항복하여 목숨을 건졌다가, 후에 항우에게서 도망하여 유방에게로 다시 돌아왔다.

형양을 함락시킨 항우는 성고성으로 말머리를 돌려 공격하였다. 항우의 기세에 눌린 유방은 동·서·남 세 문에서 공격해 나가는 것처럼 위장하고, 하후영이 모는 수레를 타고 북문으로 빠져나갔다. 유방은 서쪽인 관중으로 가려다가 동쪽으로 방향을 바꿔 한신과 장이가 있는 소수무(小修武)로 갔다.

유방은 새벽에 모두 잠들고 있는 틈을 타 한신의 군막으로 들어가 대장군의 인수(印綬)와 부절(符節)을 손에 넣었다. 그러고는 장수들을 집결시켜 놓고 장수들의 관직을 새로 정하여 발표하였다.

"조참(曹參)에게 우승상을 맡기니 대장군인 좌승상 한신을 도와 산동을 평정하라. 상장군 주발(周勃)은 과인의 중군(中軍)으로 되돌아와 성고성을 구하러 간다. 어사대부 관영은 기장으로 기마병을 이끌고 대장군 한신을 따른다."

이어서 다른 장수들도 각기 관직을 새로 정하여 병력 운용을 완전히 자신의 통제하에 놓이게 하였다. 유방이 이처럼 눈 깜짝할 사이에 지휘권을 장악하는 동안, 한신과 장이는 잠들어 있었다. 자고 일어나 보니 느닷없이 유방이 있자 한신과 장이는 경악하였다.

유방은 장이에게는 조왕(趙王)을 계속 맡아 조나라를 지키도록 하고, 한신은 한나라의 좌승상에서 조나라의 상국(相國)으로 임명하여 조참과 관영을 데리고 제나라를 공격하라고 명령하였다.

이때 항우는 유방이 관중 쪽으로 달아난 줄 알고 용저(龍且)와 종리매에게 각기 3만 군사를 주어 뒤쫓게 하였다. 용저와 종리매는 하수 남북 두 갈래 길을 나누어 서쪽으로 나아갔다. 남쪽 길로 접어든 종리매는 낙양(洛陽)을, 북쪽 길로 접어든 용저는 공현(鞏縣)을 각기 에워싸고 유방을 내어놓으라고 으름장을 놓았다.

낙양에는 역상(酈商)과 장량이, 공현에는 주발과 진평이 지키고 있었는데 유방이 이미 소수무에 가 있다는 것을 알게 되자 회군하였다.

유방은 소수무에서 한신의 군사 한 무리를 데리고 하수(河水)를 건너 남하하려다가 남진을 멈추고 하내(河內)에 머물렀다. 이때 낭중(郎中) 정충(鄭忠)의 계책에 따라 태위(太尉) 노관과 자신의 사촌 형인 유가(劉賈)를 불러 이렇게 지시하였다.

"군사 2만과 기마대를 데리고 백마진(白馬津)을 건너 초나라로 들어가서 팽월을 도와주어라. 초나라 안에서 분탕질을 하며 군량을 불사르고, 들판의 곡식을 짓밟아 항우의 군사들에게 군량을 댈 수 없게 하라. 그러다가 적이 공격하면 맞서지 말고 지키기만 하여라. 팽월과 서로 도움을 주고받으면 지키기에는 그다지 어렵지 않을 것이다."

노관과 유가는 초나라 진류(陳留) 부근에서 분탕질을 시작하자, 팽월은 이에 힘입어 진류를 비롯해 외황(外黃)·고양(高陽)·곡우(曲遇)까지 점령하며 기세를 올렸다. 그러자 초나라군은 팽성(彭城)에서 성고로 보내는 군량 보급에 차질이 생겼다.

성고성에 머물고 있던 항우는 이 소식을 듣자 용저와 함께 또다시 팽월을 토벌하러 양(梁) 땅으로 출병하였다. 형양성은 종리매에게 맡기고, 성고성은 대사마(大司馬) 조구(曺咎)와 색왕(塞王) 사마흔(司馬欣), 적왕(翟王) 동예(董翳)가 함께 지키도록 맡겼다.

하내에 머물고 있던 유방은 이 기회를 이용하여 형양과 성고를 탈환하려는 생각도 있었지만, 이제까지 항우와의 공방전으로 시달렸던 형양과 성고를 포기하고 비교적 안전한 낙양과 공현을 잇는 선으로 한발 물러나는 것도 고려하고 있었다. 이를 알게 된 역이기(酈食其)가 간언하였다.

"신이 듣건대, 하늘의 하늘을 아는 사람만이 왕이 하는 일을 이룰 수 있다고 하였습니다. 왕이 된 자는 백성을 하늘로 알고, **백성은 먹을 것을 하늘로 여깁니다**. 그러므로 먹을 것이 하늘의 하늘입니다. 저 오창(敖倉)은 예전부터 천하의 물산이 모였다가 갈라지는 곳으로, 왕의 하늘인 백성들이 그 하늘로 여기는 곡식이 저장되어 있습니다. 항우는 날랜 군사를 남겨 성고와 형양을 지키면서도 오창에는 노약한 군사들로만 지키고 있으니, 이는 하늘의 하늘을 몰라보는 것입니다. 대왕께서는 하늘 같은 백성들이 하늘로 여기는 곡식이 가득한 큰 창고를 멀리하고 흉측한 창칼에만 의지하여 천하를 얻으려 하십니다. 이것은 쉽게 얻을 수 있는 오창을 버려두고 멀리 낙양과 공현으로 물러나려고 하시는 것에서 알 수 있습니다. 바라옵건대 대왕께서는 서둘러 군사를 내어 성고와 형양을 거두시고 오창의 곡식을 차지하십시오."

유방은 낙양과 공현으로 물러나려던 약한 마음을 거두고 역이기의 말을 따르기로 하였다.

그리고는 낙양과 공현을 지키고 있던 장량과 진평, 역상과 주발의 군사들을 오창으로 집결시켰다. 이들은 일부러 오창성의 북쪽 하수(河水) 물길로 대군이 이르도록 하고, 오창성 밖 동쪽과 남쪽 벌판에 10만 군사가 진을 쳤다. 이를 본 오창성 안의 군사들은 겁을 먹고 서문을 통하여 성고성으로 달아났다.

유방은 한 차례의 싸움도 없이 오창을 탈환하여 큰 곡식 창고를 끼고 군사들을 배불리 먹이면서 항우와 겨루게 되었다.

이와 같이 "먹는 것을 하늘로 여긴다."는 말인 '**이식위천(以食爲天)**'이라는 고사성어는 역이기가 유방에게 곡창지역인 오창을 포기하지 말라고 간언한 데에서 유래하였다.

제29장

분일배갱(分一杯羹)

分 나눌 분 · 一 한 일 · 杯 잔 배 · 羹 국 갱

국 한 그릇을 나눈다는 말. 어떤 결과물을 함께 나누는 것을 비유하는 의미이다.

*** 출전: 사마천, 사기(史記) 항우본기(項羽本紀)**

역이기(酈食其)의 간언에 따라 싸움도 없이 오창을 손에 넣은 유방은 다시 성고(成皐)와 형양(滎陽)을 탈환할 궁리에 여념이 없었다.

그러던 어느 날 역이기가 유방을 찾아와 자신을 제나라에 사신으로 보내주면 제나라 왕인 전광(田廣)이 한나라를 따르도록 설득해보겠다며, 한신이 제나라로 쳐들어가는 일을 잠시 멈추어 달라고 하였다.

유방은 역이기가 제나라 사신으로 가는 것을 허락하고, 이 일이 소문 나지 않도록 한신에게는 역이기가 한단(邯鄲)에 들러 직접 자신의 뜻을 전하라고 지시하였다.

역이기는 한단에서 제나라로 출전 준비를 하고 있는 한신을 만나 유방의 뜻을 전하고, 제나라 도읍인 임치(臨淄)로 가서 전광을 만났다.

전광이 역이기에게 천하의 민심이 어디로 돌아갈 것이냐고 묻자, 역이기는 한나라로 돌아올 것이라며 그 근거를 이렇게 말하였다.

"지금 항우는 강한 듯하면서도 약하고, 한왕(漢王)은 약한 듯하면서도 강합니다. 한왕은 이미 천하의 3분의 2를 점령하고 있는데, 항우의 점령지는 3분의 1도 채 못 됩니다. 항우가 의제(義帝)를 시해하고 제위를 찬탈한 것은 분명한 역적 행위였으나, 한왕은 의제의 죽음을 애통하게 생각하여 장례를 지내고 의제를 시해한 항우의 죄를 따지며 팽성을 들이쳐 천하의 민심을 한 몸에 얻었습니다. 또한 삼진(三秦)을 평정하고 한신을 시켜 위표(魏豹)를 사로잡았으며 진여(陳餘)의 목을 베었습니다. 지금은 오창(敖倉)의 곡식을 차지하고 성고(成皐)의 요지를 막고 있습니다. 그러므로 대왕께서도 천하의 추세에 따라서 제나라를 온전하게 보존해 나가시려면 깊이 헤아려보시기 바랍니다."

전광은 역이기의 말을 듣고 이제야 납득이 되었다며, 유방과 손잡고 항우에 대항하기로 하였다. 전광은 유방을 따르겠다는 사신을 보내고, 제나라의 70개 성을 한나라에 귀속시키기로 하였다. 이렇게 하여 이제까지 한신의 공격에 대비하여 전전긍긍하던 전광은 홀가분해진 마음으로 안심하면서 역이기를 융숭하게 대접하고 계속 머물게 하였다.

한신은 제나라 왕 전광의 귀부(歸附) 소식을 듣고 제나라를 공격할 필요가 없어짐에 따라 군사들을 유방이 대치하고 있는 형양(滎陽)과 성고 쪽으로 보내기 위해 대오를 정비하고 있었다. 그때 한신의 책사인 괴통(蒯通)이 나서서 말렸다.

"만약 대장군께서 여기서 철군하시면, 그것은 큰 과오를 범하시게 됩니다. 한왕께서는 대장군에게 제나라를 치라고 어명을 내리시면서, 한편으로는 가만히 사신을 보내어 제나라를 항복 받았습니다. 대장군께서 들으신 것은 역이기가 대신 전해준 말뿐이고, 제나라를 치는 것을 그만두라는 어명을 대장군께 내리신 적은 없습니다. 그리고 대장군께서 오늘날까지 동분서주하시면서 점령하신 성은 50여 개에 불과한데, 역이기는 오로지 입만 가지고 70여 성을 한 번에 얻었습니다. 제나라 왕 전광이 항복한 것은 역이기의 변설에 넘어갔다기보다는 제나라를 노려보고 있는 대장군이 두려워 그런 것이니 오히려 역이기는 세 치의 혀로 대장군의 승리를 훔쳤다고 볼 수 있습니다. 그러므로 대장군께서는 군사를 멈추라는 어명이 있을 때까지 제나라로 군사를 움직여야 그 공적의 절반이라도 되찾을 수 있습니다."

괴통의 이름은 원래 괴철((蒯徹)이었으나, 한무제(漢武帝)와 이름이 같은 '철(澈)'이라 하여 '사기(史記)'에는 괴통으로 기록하고 있다.

진승과 오광의 난 당시에 범양 현령인 서공(徐公)과 무신(武臣) 사이를 연결하여 범양을 싸우지 않고 항복 받은 후 연달아 30여 성의 항복을 받아 무신이 조나라 왕이 되는데 일조하였다. 【☞ 제11장 '금성탕지' 참조】 그 후 진여를 따라 다니다가, '정형(井陘)전투' 당시에 광무군(廣武君) 이좌거(李左車)와 함께 한나라군에 사로잡혀 한신의 휘하에서 책사로 있게 되었다.

괴통의 말이 그럴듯하다고 생각한 한신은 조참과 관영과도 의논한 끝에 제나라로 쳐들어가기로 하였다.

기원전 204년 10월 하순, 한신은 5만 대군을 이끌고 하수(河水)를 건너 평원성(平原城)을 덮쳐 함락시켰다. 이어서 제나라 군사 20만이 집결해 있는 역성(歷城)으로 달려갔다.

제나라 왕 전광이 이미 한나라에 귀부하기로 결정했기 때문에 역성에 있는 제나라 군사들은 아무런 대비 없이 성 안팎에 진을 치고 있었다. 그러다가 느닷없는 한나라군의 공격에 당황해하다가 20만 대군은 한나라군에게 항복하거나 달아나면서 역성도 함락되었다.

평원성과 역성의 함락 소식을 들은 제나라 왕 전광은 불같이 화를 내며 역이기에게 속았다면서 그를 끌고 오라고 하였다. 전광 앞에 끌려온 역이기도 그때서야 한신의 제나라 침공 소식을 듣고 어리둥절해하다가 이내 냉정을 되찾고 죽음을 각오하였다. 전광과 재상인 전횡(田橫)은 역이기에게 한신을 달래어 돌려보내면 목숨만은 살려주겠다고 하자. 역이기가 말하였다.

"한나라 군사가 제나라로 쳐들어온 것이 우리 대왕께서 마음을 바꾼 것인지, 한신이 제멋대로 군사를 일으킨 것인지 알 수는 없으나, 이 늙은이가 나서서 제지할 수 있는 일은 못 되는 것 같소."

그러자 전광과 전횡은 결국은 우리를 속인 것이라면서 역이기를 끓는 가마솥에 넣어 죽였다. 그런 후에 이들은 임치의 동쪽에 있는 고밀(高密)로 도피하고, 항우에게 사신을 보내어 도움을 요청하였다.

이 무렵 유방은 오창의 곡식으로 군사들을 배불리 먹이며 한참을 쉬게 한 후에 5만 군사를 이끌고 초나라 대사마(大司馬) 조구(曺咎)가 지키고 있는 성고성(成皐城)을 에워쌌다. 여러 날을 공격해도 조구는 항우의 당부대로 성만 굳게 지키고 있어 함락이 어려웠다.

그러자 진평이 조구를 성 밖으로 유인해 내어 싸우는 계책을 마련하였다. 먼저 조구와 함께 지키고 있는 색왕(塞王) 사마흔(司馬欣), 적왕(翟王) 동예(董翳)의 아픈 곳을 건드렸다.

이들이 진(秦)나라 장수 장한(章邯)의 휘하에 있을 때 항우에게 항복한 후에 진나라 군사 20만을 생매장 한 사건과 그 후 유방에게 항복하였다가 또다시 항우에게 항복한 일을 거론하며 욕을 퍼부어 부아를 돋구었다. 그런 후에 성을 에워쌌던 군사들을 사수(泗水) 건너로 퇴각시켰다.

그러자 초나라 군사들은 한나라 군사들이 모욕적인 말을 퍼붓고 물러나는데도 화살 한 대 날리지 못하고 처박혀 떨고만 있는 것은 여러 번 항복한 늙은 장수들이 겁이 많아서 그렇다고 분통을 터뜨리며 불평하였다.

이튿날 유방의 사자가 조구에게 보내는 편지를 성안으로 던져 놓고 갔다. 거기에는 호걸로 평판이 나 있는 조구를 집 지키는 개에 비유하며 모욕한 뒤에 사수 동쪽 벌판에서 자웅을 겨뤄보자고 싸움을 부추기는 내용이었다.

편지를 읽어 보고 오기가 발동한 조구는 성안에 3천 군사만 남겨 항양(項襄)에게 주어 성을 지키도록 하고, 자신은 3만 군사를 이끌고 얼어붙은 사수를 건넜다.

사수 가운데쯤 왔을 때 한나라군의 기마대가 초나라군을 덮치자, 군사들이 어지럽게 흩어지면서 얼음도 같이 깨어졌다. 차가운 강물 속에 말과 사람이 잠기면서 아수라장으로 변했다. 이렇게 무너진 초나라군이 한나라군에게 에워싸여 사로잡힐 위기에 처하자, 조구는 칼로 자기의 목을 찔러 자결하였다. 같이 있던 사마흔과 동예도 이를 보고 조구를 따라 자결하였다.

성고성 안을 지키고 있던 항양은 사수에서 패전했다는 소식을 듣고 성안에 있던 항우의 가솔과 재물을 수레에 싣고 형양성으로 달아났다. 이렇게 하여 성고성을 탈환한 유방은 이어서 형양성 공격에 나섰다.

한편, 팽월을 토벌하러 양(梁) 땅으로 출병하였던 항우는 팽월에게 점령당하였던 진류(陳留)와 외황(外黃)을 함락시키고, 동쪽으로 수양(睢陽)에 이르자 10여 개의 성이 잇달아 투항하였다. 그러나 이때 성고성을 지키던 조구 등이 패하여 죽었다는 소식을 듣고, 항우는 즉각 말머리를 돌려 형양성으로 달려갔다.

항우가 형양성으로 달려온다는 소식을 접한 유방은 형양성 공격을 멈추고 퇴각하여, 번쾌(樊噲)가 지키고 있는 광무산성(廣武山城) 골짜기의 서쪽인 서광무(西廣武)로 들어갔다. 서광무는 곡창이 있는 오창과 연결되어있는 데다 바위로 성곽을 쌓아 요새가 되었다.

항우는 형양성에서 유방이 서광무로 들어갔다는 소식을 듣고 군사를 이끌고 서광무 맞은편인 동광무(東廣武)에 군영을 설치하였다. 양측은 광무산 골짜기를 사이에 두고 대치하는 형상이 되었다.

그러다 보니 유방이 바라는 대로 항우는 제대로 된 공격을 하지 못하였다. 양측 군사들은 골짜기를 사이에 두고 서로 욕설만 주고받으면서 지루하게 달포가 흘렀다.

마음이 다급해진 항우가 '팽성 대전(彭城 大戰)' 때 사로잡은 유방의 아버지 태공(太公)을 끌고 와 한나라 군영에서도 보이는 높다란 망루 위에 세워놓고 유방에게 큰소리로 외쳤다.

"지금 빨리 항복하지 않으면 너의 아버지를 삶아 죽이겠다."

그러자 유방은 전혀 동요하는 기색 없이 항우에게 소리쳤다.

"지난날 너와 내가 함께 신하로서 회왕(懷王)의 명을 받고 형제가 되기로 약속한 바 있고, 돌아가신 무신군(武信君) 항량(項梁) 앞에서도 형제가 되기를 다짐한 바 있다. 따라서 나의 아버지는 곧 그대의 아버지이다. 만약 그대의 아버지를 삶아 죽여야 하겠다면, 나에게도 국 한 그릇을 나눠주기 바란다."

유방의 말을 듣자 항우는 눈이 뒤집힐 만큼 화가 나서 분을 참지 못하고 태공을 끓는 가마솥에 집어넣을 기세였다. 그러자 항우의 숙부인 항백(項伯)이 이를 말리며 말했다.

"천하의 형편을 가늠할 수 없으니, 얻기 어려운 볼모를 함부로 죽여서는 안 됩니다. 또 천하를 다투는 자는 집안의 일을 돌보지 않는다고 하였는데, 지금 저 늙은이 하나 죽인다 해서 우리에게 이익될 것이 없습니다. 오히려 유방이 아비를 잃은 원한으로 죽기 살기로 대들면 우리에게 화만 더하게 될 뿐입니다."

항우는 항백의 말에 따라 태공을 내려놓고 다시 군막에 가두었다.

이와 같이 항우가 유방의 항복을 받아 내려고 태공을 삶아 죽이겠다고 위협했으나, 오히려 그 국 한 그릇을 나누어달라고 응수한 것에서 "국 한 그릇을 나눈다."는 말인 '분일배갱(分一杯羹)'이라는 고사성어가 유래하였는데, '분아배갱(分我杯羹)'이라고도 한다.

제30장
노중오지(虜中吾指)

虜 포로(오랑캐) 노 · 中 가운데 중 · 吾 나 오 · 指 손(발)가락 지
오랑캐가 내 발가락을 맞혔다는 말. 피해가 있지만 대수롭지 않거나, 피해를 감추려는 것을 비유하는 의미이다.
*** 출전: 사마천, 사기(史記) 항우본기(項羽本紀)**

항우가 유방의 아버지인 태공(太公)까지 끌어내도 유방에게 별 위협이 되지 않으면서, 양측 군사들은 또다시 지루한 대치에 들어갔다.

그 사이에 시간이 흘러 기원전 203년 정월이 되자, 항우는 좀이 쑤셔 유방에게 싸움을 걸었다.

"지금 천하가 혼란한 건 우리 두 사람 때문이니, 애꿎은 백성들을 괴롭히지 말고 우리 두 사람이 자웅을 가리기로 하고 나의 도전을 받아들여라. 저 아래 변수(汴水)가 공터에서 나하고 당당하게 겨뤄보는 것이 어떠냐?"

그러자 유방은 항우를 무시하는 듯한 투로 대꾸하였다.

"그대는 군왕이 되어서 어찌 그리 아둔하고 어리석은가? 과인은 힘이 아니라 지혜로서 다투려고 한다."

그런 후에 유방은 항우의 다음 말을 들어보지도 않고 군영 안으로 사라져 버렸다. 항우는 그러한 유방의 말에 분통이 터져 길길이 뛰며 욕설을 퍼부었으나, 유방은 아예 무시하며 아무런 대응을 하지 않았다.

화가 난 항우는 집안의 아우인 항탁(項卓)이라는 젊은 장수를 한나라 군영 앞으로 내보내서 시비를 걸게 하였으나, 한나라 군영에서는 이를 못 본체하였다.

항탁이 세 번씩이나 약을 올리며 싸움을 걸자 한나라 군영에서는 누번(樓煩)이라는 활 잘 쏘는 장수를 내보내면서 활로 항탁을 쏘아 죽였다. 이에 화가 난 항우가 오추마(烏騅馬)를 타고 번개같이 누번에게 달려들자, 누번은 항우에게 활을 쏘려다가 겁을 먹고 한나라 군영으로 도망쳐 들어와 버렸다. 항우가 군사들을 시켜 아무리 욕설을 퍼붓고 싸움을 걸어봐도 한나라 군영에서는 아무도 나와서 싸워주지 않으니 소용이 없었다.

어느 날 종리매(鍾離昧)가 항우을 찾아와 계책을 말하였다.

"신이 살펴보니 그동안 유방은 군사를 이끌고 나와 싸우려는 마음은 없었으나, 말로 하는 싸움에는 피하지 않고 모습을 드러내며 대왕께 대꾸하였습니다. 대왕께서 유방을 불러내 말싸움을 할 때, 강한 쇠뇌를 숨겨놓았다가 쏘게 되면 피하기 어려울 뿐 아니라 그 살은 갑옷도 뚫을 수 있습니다."

항우는 종리매의 계책에 따라 서광무(西廣武)와 가까운 벼랑에 몰래 쇠뇌를 걸어두게 한 뒤에, 군사 중에서 가장 뛰어난 궁수 세 사람을 배치하였다.

다음날 항우는 쇠뇌가 걸려있는 벼랑으로 가서 유방을 불러내어 말하였다.

"과인은 오중(吳中)에서 거병한 이후 크고 작은 싸움을 일흔 번이나 치렀어도 한 번도 진 적이 없다. 감히 과인에게 맞서는 자는 그 목이 달아날 것이다. 너는 무얼 믿고 고집을 부리며 버티느냐?"

그러자 유방이 소리를 높여 꾸짖듯이 말하였다.

"과인은 지금 고집을 부리며 버티는 것이 아니라 천하의 기개를 하나로 합쳐서 네가 저지른 열 가지 죄를 다스리고자 한다."

항우가 그 열 가지 죄가 무엇이냐고 묻자, 유방이 잘 되었다 싶어 일일이 열거하며 말하였다.

"하나, 팽성(彭城)에서의 약속을 위반하였다. 당초에 회왕(懷王)과 제후들이 먼저 관중(關中)에 입성한 자가 관중의 왕이 될 것이라 서로 굳게 약속하였지만, 너의 욕심으로 이러한 맹약을 묵살하고 최초로 관중에 진입한 과인을 협박하여 파촉(巴蜀)으로 쫓아버렸다.

둘, 주군인 회왕이 직접 임명한 송의(宋義)를 왕명을 사칭하고 살해하여 상전에게 칼을 들이밀었고, 회왕과 그의 군신들의 위엄을 무너뜨려 하극상을 저질렀다.

셋, 회왕이 진나라에 들어가 폭행과 노략질을 하지 말 것을 엄명하였음에도 불구하고 대학살로 함양성(咸陽城)을 피로 물들이고 아방궁(阿房宮)을 불살라 파괴만을 일삼으며 시황제의 능묘를 파헤쳐 진나라의 보물을 착복하고 죽은 자마저 모독하였다.

넷, 대의에 따라 명을 받고 거록(鉅鹿)에서 조나라를 구원하였으나, 마땅히 그 결과를 회왕에게 보고해야 함에도 이를 하지 않고 제후들을 협박해 스스로 종장(縱長)이 되었다.

다섯, 진왕(秦王) 자영(子嬰)이 이미 투항하였음에도 불구하고 별다른 이유 없이 멋대로 죽여버렸다.

여섯, 투항한 진나라 군사 20만 명을 속여 신안(新安) 경내에서 하룻밤 사이에 살아있는 채로 땅에 묻어 유례없는 대학살을 벌이고, 그들의 장수인 장한(章邯)과 사마흔(司馬欣), 동예(董翳)를 보란 듯이 왕으로 봉하여 진나라 사람들의 뼈에 사무치는 원한을 자아내게 하였다.

일곱, 자신과 가까운 사람에게는 사사로이 좋은 땅을 주며 왕에 봉하고, 원래의 제후들은 벽지로 내쫓아버렸다. 그리하여 그 장수들이 제 주인을 버리도록 하여 군신의 법도가 하루아침에 무너지고 반란을 일으키는 것이 당연한 것으로 만들어 버렸다.

여덟, 함양을 불태운 후 마음대로 팽성을 도읍으로 정하고 그곳에 회왕을 의제(義帝)로 지칭하며 끌고 와 감금하였다. 한왕의 봉지를 빼앗고 양(梁) 땅과 초나라 땅을 마음대로 너의 소유로 만들어 버렸다.

아홉, 의(義)로써 회왕을 섬기기로 모두가 맹세하였음에도 결국 강남에서 의제를 살해하고 그 시체를 장강에 처넣었으니 원통함이 하늘에 사무치게 하였다.

열, 신하 된 자로서 군주를 시해하고 이미 항복한 자를 죽였으며 신의를 저버리니 천하가 용납하지 않는 대역무도한 짓을 저질렀다.

나는 의로운 군대를 이끌고 열 가지 죄를 지은 역적놈을 토벌하려는 것뿐이다. 너 따위는 군사들만 나서도 충분한데, 무엇하러 과인이 창칼을 잡고 너와 싸우겠느냐?"

항우는 유방의 신랄한 공격을 받자 속이 뒤집혀 더 이상 참지 못하고 숨어 있는 궁수들에게 쇠뇌를 쏘라고 명령하였다. 궁수들이 한꺼번에 쇠뇌를 쏘자, 그 중의 화살 한 대가 정통으로 유방의 가슴에 와 박혔다.

유방은 자신도 모르게 가슴을 움켜쥐고 쓰러지려다가 갑자기 손을 내려 발목을 잡아 쥐었다. 그리고 혼신을 다한 힘으로 발을 들어 보이며 소리쳤다.

"저 호래자식이(오랑캐가) 내 발가락을 맞혔다!"

유방은 쇠뇌에 가슴을 맞아 그 상태가 위중하였음에도 불구하고 정신을 가다듬고 허세를 부려서 발가락에 가벼운 상처만 입은 것처럼 위장하였다.

그리고는 유방이 곧 정신을 잃어가자, 장량은 달려온 군사들에게 유방을 업지 말고 부축하여 옮기게 하여 혼절한 것을 모르게 하였다. 군막으로 옮겨진 유방은 한 식경이 지나서야 겨우 정신을 차리자 장량이 가만히 말하였다.

"대왕께서 못 견디게 아파도 일어나셔야 합니다. 해가 저물기 전에 양쪽 군사들에게 대왕께서 온전하다는 것을 보여 주어야 합니다. 해가 저물 때까지 대왕의 모습이 보이지 않으면 신상에 문제가 생긴 것을 알고 야습을 할 것입니다. 그리되면 저편은 기세가 오른 반면, 우리 군사들은 사기가 꺾여 버텨내기 어려울 것입니다."

그러자 유방은 죽간(竹簡)을 가슴에 둘러 띠로 동여매고 갑옷을 입었다. 그리고 안장에 등받이를 세우고 유방을 묶은 뒤에 서광무 꼭대기의 군문을 나서자, 한나라 군사들이 일제히 함성을 질렀다.

항우는 함성으로 시끄러운 건너편 한나라 군영을 살펴보니, 유방이 투구에 갑옷까지 걸치고 말을 타고 서광무의 이곳저곳을 오가며 군사들의 함성에 손을 흔들고 있었다. 서광무의 한나라 군사들은 유방의 이러한 행동에 활기를 되찾고 깃발을 흔들며 잇따라 함성을 질러댔다.

그걸 보고 항우는 쇠뇌가 빗나갔다고 생각하니 힘이 빠져버렸다.

이와 같이 초나라군의 쇠뇌에 가슴을 맞은 유방이 이를 감추려고 혼신을 다한 힘으로 발을 들어 보이며 "저 호래자식이(오랑캐가) 내 발가락을 맞혔다."라고 소리친 것에서 '**노중오지(虜中吾指)**'라는 고사성어가 유래하였다.

제31장
해의추식(解衣推食)

解 풀 해 · 衣 옷 의 · 推 옮을 추 · 食 밥 식

옷을 벗어 주고 먹을 것을 나누어 준다는 말. 은혜를 베풀거나 극진히 돌봐 주는 것을 비유하는 말이다.

*** 출전: 사마천, 사기(史記) 회음후열전(淮陰侯列傳)**

가슴에 쇠뇌를 맞은 유방은 사흘 밤낮을 고통과 오한으로 땀을 비오듯 흘리면서도 이를 악물고 버텼다. 그러나 유방이 이대로 서광무(西廣武)에 머물고 있다가 상태가 심해지면 곤란할 것 같아서 한밤중에 장량과 하후영의 호위를 받으며 성고성(成皐城)으로 옮겨갔다.

성고성에서 며칠을 보내면서 상처가 어느 정도 아물게 된 유방은 도성인 역양(櫟陽)으로 갔다. 그곳에서 경각심을 주려는 의도로 자기에게 맞서다 사수(泗水)에서 죽은 색왕(塞王) 사마흔(司馬欣)의 목이 잘린 머리를 저잣거리에 내걸었다.

그리고 부로(父老)들을 초청하여 문안을 드리고, 나흘이나 그들과 함께 잔치를 벌이며 위로하였다. 그런 후에 소하(蕭何)가 준비해준 군사 1만을 거느리고 서광무로 다시 돌아왔다.

이 무렵 한신의 공격을 피해 고밀(高密)로 도피한 제나라 왕 전광(田廣)이 보낸 사신이 항우가 있는 동광무(東廣武)로 찾아와 제나라의 사정을 설명하고 군사지원을 요청하였다.

항우도 한신이 초나라 북쪽을 완전히 평정하는 일을 두고 볼 수는 없었기에, 용저(龍且)에게 무려 20만이나 되는 대군을 이끌고 제나라로 가서 한신을 상대하도록 하였다.

기원전 204년 12월, 제나라를 공격하던 한신이 도성인 임치(臨淄)를 함락시키고 전광이 있는 고밀을 공격하기 위해 진군 중에 용저의 군사들이 먼저 고밀에 당도하였다.

이때 용저 휘하의 책사가 계책을 제시하였다.

"지금 한신이 이끄는 군사들의 기세가 엄청나 싸우면 형세가 좋지 못하니 싸움은 피하고, 제나라 왕 전광을 내세워 항복한 제나라의 성들을 설득하여 다시 들고 일어나게 해야 합니다. 그리고 우리 초나라 20만 대군이 구원하러 왔다는 것을 알리고 기세를 보이면 이들은 한나라를 버리고 제나라로 되돌아올 것입니다. 이렇게 하여 후방이 막히게 되면 한신은 제대로 싸움을 못하게 될 것이니, 장군께서는 싸우지 않고 이기는 길입니다."

하지만 용저는 한신을 저평가하며 말하였다.

"내가 한신의 사람됨을 알아봤는데, 그는 손쉬운 상대이다. 빨래하는 아낙에게 밥 얻어먹었으니 자신의 계책을 취하는 바가 없고, 가랑이 밑을 지나가는 치욕을 받았으니 용기라고는 없으므로 두려워할 상대가 아니다. 또 제나라를 구하러 와서 싸우지도 않고 항복을 받는다면 그게 무슨 공이라 할 수 있는가? 한신과 싸워서 그를 이긴다면 제나라의 절반을 얻을 수 있는데, 어찌 그만두겠는가?"

용저는 한신의 과거 일화들을 들먹이느라, 이제까지 싸움에서 연전연승해온 그를 무시하면서 유수(濰水) 동쪽에 군영을 설치하였다.

한신은 그로부터 사흘 뒤에 유수 가에 이르러 서쪽에 군영을 설치하였다. 그리고 조참(曹參)을 시켜 유수의 상류인 상가밀(上假密) 골짜기로 올라가서 수만 개의 모래 자루로 둑을 쌓아 물의 흐름을 막아버렸다.

이튿날 건너편 한신은 용저의 군영으로 쳐들어가 싸움을 걸다가, 일부러 패하는 척하며 얕아진 유수를 건너 달아났다. 이를 본 용저가 큰 소리로 말하였다.

"나는 한신이 겁쟁이라는 것을 원래 알고 있었다. 어서 저 겁쟁이를 사로잡아라!"

초나라군이 한나라군을 추격하여 물이 줄어든 유수 한가운데까지 오자, 한신은 신호를 보내어 모래 자루를 쌓아 만든 둑을 터뜨렸다. 갑자기 상류 쪽에서 황토물이 휩쓸고 내려오면서, 초나라군을 세 갈래로 나누어놓았다. 한나라군을 뒤쫓다가 유수를 거의 다 건넌 한 갈래, 황토물에 휩쓸려 간 한 갈래, 뒤따라 오다가 유수를 미처 못 건넌 한 갈래였다.

그때 달아나던 한나라군이 갑자기 뒤돌아서며 유수를 다 건너 우왕좌왕하고 있는 갈래를 향해 공격해 왔다. 용저는 그를 따라 유수를 다 건너온 초나라군을 독려하며 싸웠으나, 상류 쪽에 있던 조참의 군사들이 내려와 합세하여 공격하면서 초나라군은 무너져 내리기 시작하였다. 이렇게 하여 초나라 맹장 용저는 조참의 군사들에 의해 죽음을 맞이하였다.

이에 한신은 다시 군사들을 이끌고 유수를 건너 동쪽 군영에 있는 초나라군과 제나라군을 들이쳤다. 제나라 왕 전광은 한신의 대군과 맞설 엄두가 나지 않아 고밀성 안으로 쫓겨 들어갔다가 그날 밤 어둠을 틈타 성양(城陽)으로 달아났다.

한신은 고밀성을 함락시키고, 전광을 뒤쫓아 성양으로 달려가 성을 에워쌌다. 한나라군이 총공세로 나와 성이 함락되자, 전광은 칼로 자결하였다. 제나라 재상인 전횡(田橫)은 영하(嬴下)에 있다가 전광이 자결하였다는 소식을 듣고 스스로 왕위에 올랐다.

한나라군 기장(騎將) 관영(灌嬰)이 영하를 공격하자, 이에 못 견딘 전횡은 팽월이 있는 양(梁) 땅으로 달아났다. 팽월은 유방을 따르고 있었지만, 전횡의 형인 전영(田榮)이 제나라 왕으로 있을 때 장수의 인(印)을 받은 적이 있어 옛정 때문에 전횡을 내치지 못하고 보호하여 주었다.

기원전 203년, 마침내 한신은 위(魏)·대(代)·조(趙)·연(燕)·제(齊)의 5개국을 모조리 평정하는 데 성공하였다.

어느 날 한신의 책사인 괴통(蒯通)이 찾아와 말하였다.

"제나라의 굵직한 세력은 다 꺾었으니, 이제는 제나라 백성들이 믿고 의지할 군왕만 세워주면 민심을 얻을 수가 있습니다. 진나라 말기 이래로 군왕이 된 사람 중에서 대장군보다 더 큰 전공을 세운 사람이 없습니다. 당장이라도 대왕께 사람을 보내어 왕으로 삼아 달라고 청하시고, 옥새와 의장(儀仗)을 내려달라고 하십시오."

한신이 손을 내어 저으며 괴통의 권유를 물리쳤지만 가왕(假王)이라도 되기를 청해 보라고 권유하자, 한신도 생각이 바뀌었다. 자신이 임시로 제나라의 왕이 되어 하루빨리 제나라를 안정시키는 것도 그리 나쁘지는 않은 것 같아서, 사람을 서광무로 보내 유방에게 그 뜻을 상주(上奏)하는 글을 올렸다.

"제나라는 거짓과 속임수가 많고 변화무쌍하여 번복이 심한 나라입니다. 또한 남쪽으로 초나라와 국경을 접하고 있어 소신이 임시로 가왕이라도 되어 진정시키지 않는다면 정세가 안정되기 어렵습니다. 신을 가왕으로 삼아주시면 모든 일이 순조로울 것입니다."

유방은 한신이 역이기(酈食其)를 죽게 만든 사건으로 자신의 의중을 거스른 적이 있는 데다가, 가왕을 시켜달라는 요청에 몹시 분개해서 앞뒤 생각 없이 크게 노한 목소리로 말하였다.

"과인은 이곳에 포위되어 밤낮없이 한신이 와서 도와주기를 간절히 바라고 있는데, 한신이 스스로 가왕이 되려고 한단 말이냐?"

이때 진평(陳平)이 유방의 발을 슬쩍 밟으며 진정시키자, 장량(張良)이 다가와 귓속말로 말하였다.

"지금 우리는 제 앞 가리기도 바쁜 형편인데, 한신이 왕이 되고자 한다면 지금의 우리가 어떻게 막겠습니까? 한신이 원하는 대로 제나라 왕으로 책봉하여 제나라를 잘 지키게 하는 것이 낫습니다. 그렇지 않으면 변고가 일어날 수도 있습니다."

그러자 진평과 장량의 뜻을 알아차린 유방이 순식간에 태도를 돌변하면서 말하였다.

"대장부가 왕을 하려면 진짜 왕을 해야지 어찌 임시로 하는 가왕을 한다는 말인가?"

기원전 203년 2월, 유방은 장량을 제나라에 보내 의례를 주관하도록 하여 한신을 제나라 왕으로 책봉하였다.

한편 최측근 맹장인 용저가 한신에게 패해 전사하였다는 소식을 들은 항우는 두려운 나머지 불안과 혼란에 빠져있었다. 게다가 제나라는 초나라의 바로 위쪽에 자리 잡고 있어, 이미 초나라 후방을 휘젓고 있는 팽월(彭越)만으로도 부담스러운 항우에게 한신은 정말 가공할 위협이었다. 이에 항우는 한신을 회유하려고 휘하에 막빈(幕賓)으로 있는 무섭(武涉)을 그에게 사자로 보냈다.

무섭은 한신을 만나 이렇게 말하였다.

"천하가 오랫동안 진(秦)나라의 시달림을 받았기 때문에 힘을 합쳐 진나라를 쳤습니다. 진나라가 멸망한 뒤에 각기 그 공적에 따라 땅을 나눠 군왕의 자리에 앉고 군사들을 고향으로 돌아가게 하였습니다. 그런데 유방은 다시 군사를 일으켜 남의 땅을 빼앗으며 제후들의 군사를 거두어 초나라를 쳤습니다. 천하를 통째로 집어삼키기 전에는 군사를 거두지 못할 것입니다. 유방의 몸이 패왕(霸王)의 손에 들어간 것이 여러 번 있었으나, 패왕은 그를 불쌍히 여겨 살려주었습니다. 그러나 번번이 약속을 어기고 다시 패왕을 치니, 유방은 믿을 수 없는 사람입니다. 이제까지 대장군께서는 유방을 위하여 힘을 다하여 군사를 사용하였으나, 두 왕 사이에서 저울질하는 것은 대장군에게 있습니다. 대장군이 오른쪽으로 던지면 유방이 이기고, 왼쪽으로 던지면 패왕이 승리할 것입니다. 패왕이 오늘 망한다면 다음 날에는 대장군의 차례입니다. 대장군께서는 한나라를 반대하고 초나라와 연합하여 화친하면서 천하를 셋으로 나누어 군왕이 되려 하지 않으십니까?"

하지만 한신은 무섭의 회유를 단칼에 거절하면서 이렇게 말하였다.

"내가 패왕을 모실 때는 관직이 낭중(郎中)에 불과했고, 지위는 집극(執戟)으로 패왕의 신변이나 지켰습니다. 간언을 올려도 귀를 기울여주지 않았고, 계책을 내어도 쓰지 않았습니다. 그런 나를 한왕(漢王)은 대장군에 임명하고 인장과 함께 수만 명의 군사를 주었습니다. 또 나를 대하기를 자기의 옷을 벗어 주고, 먹을 것을 나누어 주었습니다. 나의 말에 귀를 기울여주고 나의 계책을 채택해 주었습니다. 그래서 내가 여기 이 자리에 있게 된 것입니다. 나를 깊이 믿어 주는 사람을 배신하는 것은 옳지 못한 일이오. 비록 죽을지언정 마음을 바꾸지 않겠소."

이에 무섭도 한신에게 더 매달려봐야 될 일이 아니라는 것을 깨닫고 말없이 물러갔다.

이와 같이 "옷을 벗어 주고 먹을 것을 나누어 준다."는 말인 '**해의추식(解衣推食)**'이라는 고사성어는 한신이 유방에 대해 느끼는 솔직한 감정을 무섭에게 말해주는 데에서 유래하였다.

제32장
천여불취 반수기구(天與不取 反受其咎)

天 하늘 천 · 與 줄 여 · 不 아닐 불 · 取 취할 취
反 되돌릴 반 · 受 받을 수 · 其 그 기 · 咎 허물 구

하늘이 주는 것을 받지 않으면 도리어 그 허물을 받게 된다는 말. 기회가 왔을 때 결행하지 않으면 도리어 화를 입거나 낭패를 보게 된다는 것을 비유하는 의미이다.
*** 출전: 사마천, 사기(史記) 회음후열전(淮陰侯列傳)**

항우의 사자인 무섭(武涉)이 한신을 회유하려다 실패하고 돌아간 후에 괴통(蒯通)이 한신에게 다가왔다. 괴통은 천하의 향방이 한신에게 달려 있다는 것을 다시 한번 확인시켜 주고 한신의 마음을 되돌려 볼 작정이었다. 괴통은 한신에게 관상에 대해 말해주겠다며 서두를 꺼내면서 결단을 강조하였다.

"사람의 귀천은 골상(骨相)에 달려 있고, 희비의 여부는 안색에 달려 있고, 뜻의 성패(成敗)는 결단에 달려 있습니다."

그리고는 좌우의 사람들을 물리도록 하고는 목소리를 가다듬어 말하였다.

"천하가 처음 어지러워졌을 때, 영웅호걸들이 제각기 명분을 내걸고 크게 소리치니 세상의 선비들이 구름과 같이 몰려들었습니다. 그들은 물고기 비늘 같이 겹치며, 기세는 들불이나 회오리바람처럼 거세게 일었습니다. 당시 선비들의 관심사는 단지 진나라의 멸망에 대한 것뿐이었습니다. 그러나 지금은 초나라와 한나라로 나뉘어 다툼으로써, 천하의 죄 없는 백성들은 그들의 간과 뇌가 땅에 깔리게 되었고, 들판에 나뒹굴고 있는 아버지와 자식의 해골은 이루 헤아릴 수 없을 정도입니다. 초나라가 팽성(彭城)에서 일어나 패주하는 적의 뒤를 따라 형양(滎陽)에 이르게 되었을 때는 승세를 탄 초나라가 석권하며 천하를 진동시켰습니다. 그러나 초나라도 경현(京縣)과 색현(索縣) 사이에서 한나라의 반격으로 기세가 꺾이고 성고(成皐)의 서쪽 산세에 막혀 더 이상 나아가지 못한 지 3년이 되었습니다.

한왕(漢王)은 수십만 대군을 이끌고 공현(鞏縣)과 낙양(洛陽) 일대에서 초나라군의 서진을 막고, 그곳의 험준한 산과 강의 요충지에 의지하여 간신히 버티고 있습니다. 한왕은 그동안 하루에도 몇 번이나 싸움을 치렀음에도 한 치의 공도 세우지 못하고 패전만 계속하다가 외부로부터 구원도 받지 못하였습니다. 결국은 형양과 성고의 싸움에서 타격을 입고 완성(宛城)과 섭성(葉城) 땅으로 달아났습니다. 두 나라 군사들의 기세는 험준한 요새에서 꺾이고 창고의 양식은 다 떨어졌으며, 두 나라 사이에 끼인 백성들은 고통과 피로에 지쳐 그 원성은 길거리를 가득 메우고 민심은 동요되어 의지할 곳이 없게 되었습니다. 이러한 형세는 하늘이 보낸 성현이 아니면 이 환란을 그치게 할 수 없다고 여겨집니다.

결국 한왕과 패왕의 운명은 모두 대왕의 손안에 달려 있습니다. 대왕께서 한왕을 거들면 한왕이 승리할 것이고, 패왕을 거들면 패왕이 승리를 취하게 될 것입니다. 이에 신의 속마음을 피력하여 어리석은 계책이나마 올리고자 하오나, 대왕께서 제 계책을 받아들이지 않을까 염려됩니다."

괴통은 제나라 왕이 된 한신을 대왕으로 자신을 신이라 칭하며 자신이 말하려는 계책을 받아 주기를 기대하면서 서두를 장황하게 말하였다. 한신이 계책을 말하라고 재촉하자, 괴통은 말을 이어갔다.

“한나라와 초나라를 모두 이롭게 하면서 천하를 셋으로 나누어 그 하나를 가지는 계책입니다. 한왕과 패왕에다가 대왕까지 세 세력이 ‘정족지세(鼎足之勢)’를 이루게 되면 아무도 먼저 움직이지 못할 것입니다. 대왕의 뛰어난 능력과 성스러운 덕성으로 수많은 군사를 거느리고 강대한 제나라를 근거지로 삼고, 연과 조의 두 나라를 복종시키고 한나라와 초나라의 군사가 없는 땅으로 나아가 그들의 뒤를 압박한다면, 되지 않을 일이 뭐가 있겠습니까? 그런 다음에 계속해서 서쪽으로 나아가 한나라와 초나라의 싸움을 중지시켜 군사들과 백성들의 목숨을 보전하여 준다면, 천하 사람들은 바람처럼 달려오고 메아리처럼 호응하여 대왕의 명을 듣지 않을 사람이 없습니다. 이렇게 하여 큰 나라는 갈라지고, 강한 나라는 약하게 되어 제후들을 많이 세울 수 있게 됩니다. 제후들이 서게 되면 백성들은 그 명을 따를 것이고, 제후들은 대왕이 베푼 은덕에 감격하여 제나라의 명을 받들며 귀의할 것입니다. 대왕께서는 교하(膠河)와 사수(泗水) 유역이 옛 제나라 땅임을 내세워 그곳을 근거지로 하면서 덕을 베풀어 제후들을 끌어들이십시오. 공손히 예를 갖추고 겸손한 자세로 자신을 낮춘다면 제후들이 서로 줄을 서가며 제나라에 인사하게 될 것입니다.”

괴통의 말을 듣고 있던 한신이 불편한 기색을 보이며 말하였다.

“패왕이 비록 과인을 제대로 써주지 않았으나 한때 주군으로 모셨던 사람이고, 한왕은 과인을 제나라 왕으로 책봉해준 명백한 주군입니다. 어찌 이런 분들과 함께 천하를 다툴 수 있겠습니까? 특히 주군인 한왕을 저버리는 것은 반역인데, 그대는 나에게 반역을 하라는 것입니까?”

한신이 두려운 마음으로 말하자, 괴철은 어두운 얼굴로 대답하였다.

“옛말에 이르기를 ‘**하늘이 주는 것을 받지 않는다면 도리어 그 허물을 받게 되고**, 때가 이르렀는데 행하지 않는다면 도리어 그 재앙을 입게 된다.’라고 들었습니다. 원하옵건대 대왕께서는 깊이 생각해 주시기 바랍니다."

그러나 한신은 괴통의 권유에도 태도를 분명하게 하였다.

"과인이 듣기를, '남의 수레를 타는 자는 그의 근심을 제 몸에 싣고, 남의 옷을 입는 자는 그의 근심을 자기 마음에 품으며, 남의 음식을 먹는 자는 그의 일을 위해 죽는다.'라고 하였습니다. 내가 어찌 이익을 바라면서 의리를 등질 수 있겠습니까?"

그러자 괴통은 다시 결연한 자세로 말하였다.

"상산왕(常山王) 장이(張耳)와 성안군(成安君) 진여(陳餘)는 벼슬이 없을 때는 '문경지교(刎頸之交)'라 할 만큼 가깝게 지냈습니다. 그러나 나중에 서로 섭섭한 감정으로 다투면서 서로 원망하게 되었습니다. 먼저 진여가 제나라 왕 전영(田榮)의 군사를 빌려 장이를 쳐부수고 그 땅을 빼앗았습니다. 나중에 장이는 지수(泜水) 남쪽에서 조나라 대군을 쳐부수고 진여의 목을 베었습니다. 이렇게 세상이 알아줄 만큼 지극한 사이에서 서로 잡아 죽이려는 까닭은 무엇이겠습니까? 옛적에 대부 문종(文種)과 범려(范蠡)는 망해가는 월(越)나라를 붙들고 그 왕인 구천(勾踐)을 도와 패자로 만들었지만, 범려는 떠나가고 문종은 죽임을 당하는 '토사구팽(兎死狗烹)'이 되었습니다. 대왕과 한왕의 관계는 한때의 장이와 진여만큼 각별한 것도 아니고, 문종과 범려가 구천에게 한 것만큼 지극하게 충성한 것도 아닙니다. 따라서 대왕께서는 이 두 가지를 교훈삼아 깊이 생각하시기 바랍니다."

괴통이 말을 마치자 한신은 말없이 한참 있다가 조금 더 생각해 보겠다며 답변을 미루었다. 며칠을 지나도 한신은 괴통을 부르지 않았다. 기다리다 못한 괴통이 다시 한신을 찾아가 설득하였으나, 한신은 주저하다가 결국 괴통의 제안을 받아들이지 않았다.

"그대의 간절한 뜻은 알겠으나 나는 차마 한왕을 외면할 수가 없고, 한왕도 나를 버릴 수 없을 것이오. 내가 이제까지 한왕을 위해 세운 공이 많은데 설마 나에게 이미 내린 것을 도로 거두어 가기야 하겠습니까?"

괴통은 한신이 끝내 자신의 제안을 받아들이지 않자 깊이 탄식하면서 말했다.

"한신은 반드시 한왕에게 사로잡혀 헛된 죽음을 맞이 할 것이다. 그런데 내가 이제까지 한신에게 부추긴 말을 누군가가 엿들었다면 나도 무사하지 못할 것이다. 한신이 죽는 거야 그가 결단을 내리지 못한 죄이나, 나는 어리석은 사냥개를 깨우쳐 주려다가 나까지 함께 삶겨 죽게 생겼구나."

괴통은 이때부터 임치(臨淄) 성안을 히죽거리고 돌아다니거나 말도 안 되는 소리를 지껄이며 일부러 미친 사람 행세를 하고 다니다가 어느 날부터 사라져 보이지 않았다.

이와 같이 괴통이 한신에게 천하를 셋으로 나누고 그 하나를 차지하는 계책을 권유하였으나, 한신이 이를 받아들이지 않은 데에서 "하늘이 주는 것을 받지 않으면 도리어 그 허물을 받게 된다."는 말인 '천여불취 반수기구(天與不取 反受其咎)'라는 고사성어가 유래하였다.

제33장

홍구위계(鴻溝爲界)와 건곤일척(乾坤一擲)

鴻 큰 기러기 홍 · 溝 봇도랑 구 · 爲 할 위 · 界 지경 계

홍구를 경계로 삼는다는 말. 경계를 정하여 구역을 나누는 것을 비유하는 의미이다.

*** 출전: 사마천, 사기(史記) 항우본기(項羽本紀)**

乾 하늘 건 · 坤 땅 곤 · 一 한 일 · 擲 던질 척

하늘과 땅(모든 것)을 걸고 던진다는 말. 명운을 걸고 승부를 겨루는 것을 비유하는 의미이다.

*** 출전: 한유, 과홍구(過鴻溝)**

기원전 203년 4월, 광무 골짜기를 사이에 두고 한나라와 초나라 군사들 간의 대치도 어느덧 여섯 달이나 흘렀다.

그러던 어느 날, 초나라 장수 여마동(呂馬童)이 군사 백여 명을 이끌고 한나라 군영으로 들어와 항복을 청하였다. 여마동은 회계(會稽)의 무장 출신으로 항량(項良)이 오중(吳中)에서 군사를 일으킬 때부터 따라다니며 항우 휘하에서 낭중(郎中)으로 있었다. 여마동은 항우 군영의 군량미 조달이 제대로 되지 않아 군사들이 굶주리는 것을 보다 못해 그를 따르는 군사들을 데리고 투항한 것이다. 유방은 여마동을 기사마(騎司馬)로 삼았다.

유방은 이 기회에 군사들을 이끌고 군량이 모자라 사기가 저하된 항우의 군영으로 쳐들어가려고 하였다. 그러나 장량이 막다른 골목에

다다른 짐승이 돌아서서 대들 때가 가장 위험하다며 말렸다. 그때 진평이 슬며시 끼어들어 계책을 말하였다.

"우리가 힘으로 항우의 군사를 쳐부수기도 곤란하지만, 항우도 우리를 서광무에 가둬 놓을 여력이 없습니다. 대왕께서는 이 답답한 형세를 이롭게 만들어 놓아야 합니다. 먼저 말로만 회남왕(淮南王)으로 봉한 경포(黥布)에게 격식을 갖추어 즉위시켜서 위엄과 정통성을 인정해 주어야 합니다. 그래서 경포가 구강(九江) 땅을 온전히 되찾기만 하여도 항우의 근거지인 서초(西楚)에는 커다란 위협이 될 수 있습니다. 그다음 무관(武關)을 지키고 있는 왕릉(王陵)의 1만 군사를 불러내어 광무산 아래 진을 치도록 명하십시오. 그러면 이곳 서광무와 번쾌(樊噲)의 광무산성과 함께 기각지세(掎角之勢)를 이루게 되어 더욱 든든하실 겁니다."

이렇게 하여 그해 6월에 왕릉이 1만 군사를 이끌고 오창(敖倉) 남쪽에 군영을 세우고 자리 잡았다.

그리고 7월에는 경포가 정식으로 회남왕에 오르자, 구강의 민심이 경포 쪽으로 흐르면서 구강 땅을 휩쓸기 시작하였다.

8월에는 북맥(北貊)의 날쌘 기병 3천이 한나라 군영인 서광무(西廣武)로 들어왔고, 연나라 군사 5천도 유방을 도우러 왔다. 거기에다가 양(梁) 땅에서는 팽월(彭越)이 노관(盧綰)과 함께 초나라군의 양도(糧道)를 끊고, 구강에서는 경포가 유가(劉賈)와 손잡고 초나라의 등줄기를 노리고 있었다. 이때부터 두 나라 간 싸움의 주도권은 서서히 한나라 쪽으로 넘어오고 있었다.

유방은 이러한 상황으로 자신감이 생기자, 항우에게 볼모로 잡혀 있는 태공(太公) 내외와 여후(呂后)의 귀환을 요청하기 위해 휘하에 막빈으로 있는 육가(陸賈)를 사신으로 보냈다.

육가는 항우에게 이렇게 말하였다.

"이 싸움을 끝내려면 어느 한 편이 항복을 하는 것이 아니라, 화평을 맺고 군사를 물리는 것입니다. 태공 내외분과 여후께서 초나라 군영에 갇혀 계신지가 벌써 두 해가 넘었습니다. 두 나라 사이에 화평이 이루어지려면 먼저 이분들이 풀려나야 할 것입니다. 그다음으로 서로 돌아서는 등 뒤를 치지 않는다는 약조가 있어야 하며, 화평에는 속임수가 있어서는 아니 됩니다."

그러자 항우가 육가를 노려보며 말하였다.

"과인이 애써서 손에 넣은 아까운 볼모를 모두 놓아주고 자기 소굴로 달아나는 너희를 쫓지 않는다는 약조까지 해야 한다는 것이 말이 되느냐? 어서 저놈을 광무간 아래로 내던져 버려라!"

육가는 온전한 몸으로 내쫓긴 것만 해도 다행으로 여겨야 할 만큼 무안한 얼굴로 돌아왔다.

이 무렵 한신(韓信)을 도와 제나라에 있던 조참(曹參)과 관영(灌嬰)이 내려오면서 초나라 변두리 지역을 공략하고 있었다. 조참은 하수(河水)를 따라 내려오면서 서초(西楚)의 서북에 있는 창읍(昌邑)과 안양(安陽)을 휩쓸고, 관영은 설군(薛郡) 쪽으로 내려가 서초의 동남에 있는 여러 성을 무너뜨린 뒤에 회수(淮水)를 건너 하비(下邳)를 차지하였다.

이에 은근히 기세가 올라 우월감이 생긴 유방이 재차 항우에게 사신을 보내기로 하자, 장량이 막빈으로 있는 후공(侯公)을 추천하였다.

후공은 사신으로 가면서 유방에게 이렇게 말하였다.

"두 진영을 오가며 사자 노릇을 하는 것은 두 물주(物主) 사이를 오가며 사고파는 것을 이루게 하는 거간꾼과 같습니다. 지난번 육가를 보내실 때 대왕께서 사고자 하는 것은 태공 내외분과 여후였고, 항우는 비싼 값을 원하였습니다. 그런데 육가는 대왕께서 항우에게 치를 수 있는 값도 물어보지 않고, 실속 없이 말로만 떠들었으니 거래가 이루어질 수 없었습니다. 대왕께서 비싼 값을 치러야 거래가 이루어질 수 있습니다.”

유방이 후공에게 얼마를 주어야 거래가 이루어질 수 있느냐고 물어보자, 후공이 말하였다.

“홍구(鴻溝) 동쪽의 땅을 항우에게 주십시오. 홍구를 경계로 삼아 서쪽은 한나라로, 동쪽은 초나라로 천하를 양분하는 것입니다. 대왕께서 홍구 동쪽의 땅을 내어놓겠다는 것은 제나라 왕 한신과 조나라 왕 장이(張耳)를 홍구 서쪽으로 불러들이고, 연나라 왕 장도(臧荼)와 위나라의 상국 팽월(彭越), 회남왕 경포를 통제하겠다는 다짐이 들어있는 셈이니 항우도 무시하지 못할 겁니다. 대왕께서 이렇게 하실 수 있다면 거래를 이루어 보겠습니다.”

유방은 개운치 않은 마음이었지만, 부모와 처를 구하고 화평을 끌어내는 일이 급해 후공이 말한 대로 하라고 맡겼다.

후공은 상복 차림으로 나귀를 타고 동광무(東廣武)의 초나라 군영을 찾아가서 항우를 만나자, 대왕의 장례가 멀지 않은 것을 보고 문상을 왔노라고 하며 운을 떼었다.

“몇 달간 가까이서 형세를 살펴보니 초나라 군사는 장마철 길 위의 수레바퀴 자국에 사는 미꾸라지 같은 신세가 되어있고, 대왕께서 위험스럽기는 불붙은 잡풀 위에 술 취해 잠드신 것과 같습니다. 수레바퀴 자국에 고인 물이 마르듯 겨우 대던 군량마저 공급되지 않으면 범 같은 강동 군사들의 기개도 쓸모가 없어집니다. 또 한신과 팽월, 경포가 질러놓은 불길은 이미 대왕의 잡풀에 옮겨붙어 오래지 않아 대왕까지 태워 버릴 것입니다. 대왕께서는 어찌하여 한왕과 강화를 맺으시고 팽성으로 돌아가 재기를 도모하지 않으십니까? 대왕께서는 쌀 한 줌도 나지 않는 동광무 꼭대기에 제대로 먹지 못해 지친 대군을 묶어 놓은 지 벌써 열 달이 넘었습니다. 반면에 한왕은 오창(敖倉)이 멀지 않은 서광무에 자리 잡아 군량 걱정을 하지 않으면서도, 초나라의 양도(糧道)를 기습하고 대왕의 근거지인 팽성(彭城)까지 위험에 빠뜨리고 있습니다. 따라서 대왕께서는 굶주린 군사로 배부른 군사를 둘러싸고 있고, 돌아갈 땅마저 위험스러운 군사로 든든한 자기 땅에 의지하고 있는 군사를 둘러싸고 있는 형국입니다. 초나라군의 군량이 공급되지 않고 구원하러 올 지원군도 없다는 것을 한왕은 잘 알고 있습니다. 한왕이 팽성이 무너지기를 기다렸다가 대군으로 동광무를 포위하고 거꾸로 쳐들어오면, 굶주리고 돌아갈 땅도 없는 초나라군은 이를 당해낼 수가 없습니다. 이에 저는 감히 대왕의 장례가 가까워졌다고 말씀드리는 것입니다."

처음에 항우는 상복을 입고 온 후공을 의아하게 생각하고 있었으나, 지금의 형세를 정확하게 말하고 있는 후공의 제의가 무엇인지를 물어보자, 이렇게 말하였다.

"홍구를 경계로 하여 서로 화평을 맺고 각기 군사를 돌리기로 하면 대왕께서는 팽성으로 돌아가셔서 뒷날을 기약할 수 있을 것입니다. 홍구를 동서로 나누어 서쪽 땅은 한왕이 차지하고 동쪽 땅은 대왕의 땅으로 삼고, 홍구 동쪽에 뿌리내리고 있는 한신이나 장이, 팽월과 경포는 한왕이 불러들이면 됩니다."

그러자 항우는 유방이 과연 천하의 절반을 내놓고 강화를 하려고 하겠는지를 묻자, 후공이 대답하였다.

"대왕께서는 한왕이 비싼 값을 치르고서라도 화평을 맺고 사들여야 할 소중한 보물을 갖고 계십니다. 바로 한왕의 부모와 여후입니다. 한왕도 화평을 맺고 서로 군사를 물리는 것이 자신도 살고 부모와 처자를 구하는 길인데, 어찌 마다하겠습니까?"

한참을 생각하던 항우는 후공의 제의대로 화평을 맺겠다고 유방에게 전하도록 하였다.

이와 같이 "홍구를 경계로 삼는다."는 말인 '홍구위계(鴻溝爲界)'라는 고사성어는 후공의 제의에 유방과 항우가 홍구를 경계로 하여 천하를 양분하기로 약속한 것에서 유래하였고, '홍구지약(鴻溝之約)'이라고도 한다.

이후 당(唐)나라의 문인이자, 당과 송나라 시대의 대문장가 여덟 명 중의 한 사람인 한유(韓愈)가 한나라와 초나라의 경계로 삼았던 홍구(鴻溝)를 지나다가 '과홍구(過鴻溝)'라는 다음과 같은 시를 지었다.

용도 지치고 범도 피곤하여 강과 들을 나누어 가지니, (龍疲虎困割川原)
수많은 백성의 목숨이 보전되었네. (億萬蒼生性命存)
누가 군왕에게 권하여 말머리를 돌리게 하고, (誰勸君王回馬首)
진실로 한번 던져 하늘과 땅을 걸게 만들었는가. (眞成一擲賭乾坤)

한유는 지난날 유방을 보필하여 천하를 차지하게 만든 장량(張良)과 진평(陳平)의 공적을 생각하며 이 시를 지었는데, 한유는 이 당시의 상황이 실로 천하를 건 일대 도박이었다고 생각하였다. 이 시의 마지막 부분에서 "하늘과 땅을 걸고 던진다."는 말인 '건곤일척(乾坤一擲)'이라는 고사성어가 유래하였다.

제34장
양호유환(養虎遺患)

養 기를 양 · 虎 범 호 · 遺 끼칠 유 · 患 근심 환

호랑이를 길러 근심을 남긴다는 말. 화근을 키워 해를 입거나, 사정을 봐 주다가 후회할 일이 생긴 경우를 비유하는 의미이다.

*** 출전: 사마천, 사기(史記) 고조본기(高祖本紀)**

기원전 203년 9월, 한나라와 초나라는 서로 간에 사신이 오가다가 화평의 약조를 다짐하며 마침내 홍구(鴻溝)를 경계로 하여 천하를 양분하고 휴전하기로 강화를 맺었다.

항우는 태공(太公) 내외와 여후(呂后)를 유방에게 돌려보냈다. 그리고 10만 군사를 거두어 팽성(彭城)을 향해 철군 길에 올랐다.

유방은 항우의 대군이 멀리 사라진 것을 보고서야 서광무(西廣武)에서 내려왔다. 광무산성에서 번쾌(樊噲)의 군사들이 내려오고, 별도로 진영을 꾸렸던 왕릉(王陵)의 군사들도 유방을 뒤따랐다. 맨 후미에는 오창(敖倉)을 지키던 주발(周勃)의 군사들이 따라오기로 하였다. 그동안 유방을 도와주었던 북맥(北貊)의 기마대와 연나라 군사들도 각기 자기 땅으로 돌아갈 준비를 하고 있었다.

이때 장량(張良)과 진평(陳平)이 군막으로 유방을 찾아갔다. 장량이 먼저 나서서 유방에게 말하였다.

"대왕, 어서 군사를 보내어 항우를 추격하여야 합니다. 이번에 항우를 그냥 보내면 그를 잡을 기회는 두 번 다시 오지 않을지도 모릅니다. 우리 한나라는 이제 천하의 반을 차지하였고, 제후들과 민심도 우리 편입니다. 그러나 초나라 군대는 지쳐있고 식량도 떨어졌으니, 지금이야말로 하늘이 초나라를 멸망시키려고 하는 때입니다. 기회가 왔을 때 이를 놓치지 말고 천하를 차지해야 합니다. 지금 공격하지 않으면 이는 호랑이를 길러 근심을 남기는 것과 같습니다."

옆에 있던 진평이 장량을 거들고 나섰다.

"초나라군은 지난 열 달 동안의 피곤과 굶주림으로 지쳐있고, 항우 한 사람의 기력과 무용으로 허장성세(虛張聲勢)하고 있는 오합지졸(烏合之卒)에 불과합니다. 대왕께서 군사를 이끌고 휘둘러 치시면 초나라군은 여지없이 쳐부술 수 있습니다."

유방이 잠시 생각에 잠겼다가 결심했다는 듯이 모든 장수를 군막으로 불러 모았다. 어리둥절 해하는 장수들을 둘러보며, 항우를 추격하는 진용을 짜나갔다.

"선봉에는 오창을 지키다 돌아온 주발이 나선다. 정병 1만을 이끌고 항우를 뒤쫓아 가되, 과인의 명령 없이 함부로 초나라군과 싸움을 벌이지 마라. 번쾌는 3만 군사로 나와 함께 중군을 맡고, 북맥 기마대와 연나라 군사들도 중군이 된다. 왕릉은 좌장군을 맡아 왼쪽을 담당하고, 역상(酈商)은 우장군을 맡아 오른쪽을 담당한다. 어사대부(御史大夫) 주창(周昌)은 후군을 맡아 군량과 병참을 돌보며 뒤를 지킨다."

이어서 장량과 진평을 돌아보며 말하였다.

"조참(曹參)은 계속 산동(山東) 지역을 공략하여 그곳 초나라 장수들의 발목을 묶어 놓고, 관영(灌嬰)은 기마대를 이끌고 팽성을 치게 하시오. 제나라 왕 한신(韓信)과 양(梁) 땅의 팽월(彭越)에게 사람을 보내어 정병을 이끌고 보름 안으로 양하(陽夏)로 나오라 하시오. 양 땅의 노관(盧綰)은 우리 진중으로 불러들이고, 남쪽의 경포(黥布)와 유가(劉賈)에게도 회수(淮水)를 건너 북상하라 전하시오."

유방의 군령이 떨어지자 사방으로 전령을 보내고, 한나라 군영은 항우를 추격하는 준비로 분주해졌다.

이와 같이 "호랑이를 길러 근심을 남긴다."는 말인 '양호유환(養虎遺患)'은 장량이 유방에게 철군하는 항우를 추격하여 공격하지 않으면 근심을 남기는 것이라고 한 말에서 유래한 고사성어이다.

기원전 203년 10월, 철군하는 항우의 군사들이 고릉(固陵)에 이르렀을 때, 이를 추격하던 유방의 군사는 양하에 이르렀다. 유방은 번쾌를 시켜 양하성을 공략하고 난 뒤에, 기세가 오르자 항우를 공격하기 위해 고릉으로 달려갔다. 양하에서 연합하기로 한 한신과 팽월이 오지 않아 장량과 진평이 유방을 말렸지만, 유방은 수수(睢水)에서의 치욕을 씻을 기회라며 이들의 만류를 듣지 않았다.

유방이 달려오고 있다는 소식을 들은 항우는 대사마 항양(項襄)을 시켜 1만 군사를 이끌고 한나라군에 맞서 싸우다가 종리매(鐘離昧)와 환초(桓楚)의 군사들이 좌우로 매복해 있는 곳까지 유인하도록 지시하였다.

항양은 항우의 지시대로 한나라의 대군과 맞서 싸우다가 거짓으로 패한척하며 달아나자, 번쾌가 선봉에 서고 유방의 본대가 뒤따르며 추격에 나섰다.

얼마 가지 않아 갑자기 항우가 강동 자제로 구성된 정병 1만을 이끌고 나타나 한나라군 한가운데로 돌진하고, 좌우에서 종리매와 환초의 매복군이 날카로운 기세로 기습하자 한나라군은 여지없이 무너졌다. 고릉의 북쪽 벌판에서 벌어진 이 싸움에서 한나라군이 처참하게 패배하였다.

유방은 어지러운 전황을 틈타 도주하다가, 본대의 후미로 밀려나 있던 왕릉과 그 휘하에 있던 옹치(雍齒)의 도움을 받아 한나라군 군영으로 겨우 돌아왔다. 옹치는 항우 휘하에 있다가 무관(武關)을 지키던 왕릉이 유방의 군령으로 광무산 아래로 진영을 옮길 때, 군사 5백을 데리고 왕릉에게 찾아와 귀순하고 그 휘하에 있었다. 유방이 '고릉 전투'의 패전으로 쫓기는 신세가 되었을 때, 왕릉과 옹치는 초나라군의 후군이 있는 고성 마을을 기습하여 군량을 불태우는 등으로 초나라군에 타격을 주며 맹활약하였다.

이때 관영은 유방의 군령대로 기마대를 이끌고 항우의 근거지인 팽성을 공격하여 함락시키고 그곳을 지키고 있던 항타(項佗)를 사로잡았다. 관영은 그 기세를 타고 패현(沛縣)·설읍(薛邑)·유현(留縣)을 차례로 휩쓸었다. 그리고 산동 지역을 공략하던 조참이 우현(虞縣)에서 계포(季布)가 이끄는 초나라군을 격파하자, 계포는 근처 산성으로 달아났다.

이러한 소식들이 전해지면서 항우는 '고릉 전투'에서 대승을 거두고도 팽성의 함락으로 오도 가도 못 하는 신세가 되었고, 치솟던 초나라군의 사기를 여지없이 꺾어놓았다.

초나라의 도읍인 팽성 함락 소식에 충격을 받은 항우는 전열을 가다듬기 위해 군사들을 물려 진성(陳城)으로 들어갔다. 진성은 진승(陳勝)과 오광(吳廣)의 농민 봉기 당시 장초국(張楚國)이 도읍으로 삼았던 곳이다.

제35장
팽월요초(彭越撓楚)

彭 성 팽 · 越 넘을 월 · 撓 어지러울 요 · 楚 모형 초

팽월이 초나라를 어지럽게 한다는 말. 후방을 교란하는 게릴라 전술을 비유하는 의미이다.

*** 출전: 사마천, 사기(史記) 위표팽월열전(魏豹彭越列傳)**

항우가 고릉(固陵)에서 군사를 물려 진성(陳城)으로 들어간 그 무렵, 조참(曹參)과 관영(灌嬰)도 각기 군사를 이끌고 유방이 있는 고령의 군영으로 찾아왔다. 이들은 유방이 '고릉 전투'에서 항으에게 대패했다는 소식을 듣고 서둘러 달려온 것이었다.

그러나 유방이 기다리던 한신(韓信)과 팽월(彭越)은 약속기일이 한참이나 지나도 오지 않았다. 유방이 답답하여 장량에게 물었다.

"제후들이 약조를 따르지 않으니 어떻게 하면 좋겠소?"

장량이 유방의 물음에 정색하며 말하였다.

"한신과 팽월이 오지 않는 데는 까닭이 있습니다. 대왕께서 한신을 제나라 왕으로 세울 때 왕의 인수(印綬)와 의장(儀仗)만 내리시고, 땅을 나누어주지 않았습니다. 팽월도 3년째 양(梁) 땅을 다니며 초나라 군의 양도를 끊고 후방을 교란하여 대왕을 도왔으나 위(魏)나라 상국이라는 이름만 있을 뿐, 작은 땅 하나 얻은 바가 없습니다. 만약 대왕께서 천하를 그들에게 나누어 주신다면 당장 한신과 팽월을 불러들일 수 있습니다. 제나라 왕 한신에게는 진현(陳縣)에서 동쪽으로 바닷가까지 봉지를 정해주시고, 팽월에게는 수양(睢陽) 북쪽부터 곡성(穀城)에 이르는 땅을 주면서 팽월을 그곳 왕으로 책봉하십시오. 바라옵건대 대왕께서는 두 사람에게 봉지를 내리시면 각기 자신을 위해 싸우게 되므로 초나라를 무찌르는 것은 그다지 어려운 일이 아닙니다."

봉지와 왕호를 주고 한신과 팽월의 환심을 산다는 것이 썩 내키지 않지만, 유방은 장량이 말한 대로 사자를 보내어 그 뜻을 전하자 이들은 기뻐하며 군사들의 대오를 갖추어 출병하겠다고 하였다.

한신과 팽월의 군사들이 오지 않았지만, 유방은 조참과 관영의 군사를 믿고 항우의 군영이 있는 진성(陳城)을 공격하였다.

진성에서의 전투는 '고릉 전투'와는 반대의 양상을 띠었다.

항우가 군사를 이끌고 북문을 열고 나오자, 한나라군은 맞서 싸우는 척하다가 달아났다. 항우는 70근짜리 철극(鐵戟)을 휘두르며 한나라군을 추격하였다. 그러나 진성 북쪽에 매복해 있던 조참과 관영의 군사들이 추격해 온 초나라군을 기습하였다. 그러자 양쪽 군사들이 뒤엉켜 이제까지 보지 못한 가장 처절한 싸움이 진성 북쪽에서 벌어졌다. 이와 함께 이제까지 달아나는 척하던 한나라군이 뒤돌아 공격하면서 초나라군이 밀리기 시작하였다. 항우는 싸움이 여의치 않게 전개되자 이곳을 빠져나가 성부(城父)로 퇴각하였다. 그러자 진성 안을 지키고 있던 초나라 장수 이기(利機)는 유방에게 항복해 버렸다.

기원전 203년 11월, 항우는 성부에서 팽성(彭城)을 탈환하겠다며 그곳으로 가다가 팽성 남쪽에서 흩어진 초나라 군사들을 모아 해하(垓下)에 자리를 잡았다.

팽성 탈환이 지금의 군사력으로는 만만치 않아 해하를 근거지로 삼고 세력을 키워 볼 작정이었다. 이때 우현(虞縣)에서 조참에게 격파당하고 산성에 피해있던 계포(季布)가 팽성 인근에서 수습한 군사 3만을 이끌고 항우에게로 와서 10만 대군이 형성되었다.

그 사이에 한나라 진영에는 팽월이 5만 군사를, 한신이 10만 군사를 이끌고 유방이 머물러있는 진성으로 들어왔다. 게다가 초나라의 대사마 주은(周殷)이 서현(舒縣)의 초나라군을 이끌고 한나라에 귀순하면서, 경포(黥布)의 군사와 합류하여 5만이 진성으로 왔다. 이렇게 하여 한나라군은 30만 대군이 되었다.

기원전 203년 12월 중순, 한나라군은 해하의 외곽에서 서서히 포위망을 형성하였다. 한신은 10만 대군으로 해하의 동북쪽에, 팽월은 5만 군사로 해하의 서북쪽에 군영을 구축하였다. 그리고 경포(黥布)는 해하의 남쪽인 대택향(大澤鄕) 동쪽에 자리 잡고 초나라군이 강동으로 돌아가는 길목을 지키고 있고, 유방은 해하 서쪽 70리 떨어진 곳에 자리 잡았다.

각 군영의 장수들이 유방의 군막으로 모이자, 한신은 제나라 왕에서 한나라의 대장군으로 돌아와 군령을 내렸다.

"나는 전군(前軍)이 되어 5만 군사와 함께 항우의 본진과 마주하겠다. 장군 주발(周勃)과 기장(騎將) 관영은 각기 1만 군사를 이끌고 전군의 선봉을 맡는다. 나의 부장인 장군 공희(孔熙)는 3만 군사를 이끌고 전군의 왼편을 맡고, 장군 진하(陳賀)는 3만 군사로 전군의 오른편을 맡아 위급한 곳을 구원한다. 장군 번쾌와 역상(酈商)은 3만 군사를 이끌고 대왕의 중군 앞에 진을 친다. 장군 근흡(靳歙)과 시무(柴武)는 1만 군사를 이끌고 대왕의 중군 후미를 받친다. 이외의 장수들은 중군과 후군에 위치하여 대왕을 겹겹이 에워싸고 지키면서 상황에 따라 움직인다."

이렇게 한신의 군령에 따라 장졸들을 배치하자, 한나라 진영은 열 군데 방면으로 포진한 형국을 이루었다. 이것이 후일에 '구리산(九里山) 십면 매복'으로 일컬어지는 한신의 포진이다. 일설(一說)에는 이 계책에는 한신의 막빈으로 있던 이좌거(李左車)가 크게 관여하였다고 전해지기도 한다.

그리고 마지막으로 팽월에게는 유격대의 임무를 맡겼다.

"양왕(梁王)께서는 높은 곳에 자리 잡아 싸움터를 내려 보면서 싸움의 전개와 형편을 살펴 필요한 곳에 치고 들어갔다가 빠지는 유군(遊軍)이 되어 싸움을 유리하게 이끌어 주십시오. 특히 계포(季布)와 종리매(鐘離昧)가 이끄는 군사들을 잘 보시다가 항우의 본진과 갈라지면 그 틈을 치고 들어가 다시는 본진으로 돌아갈 수 없게 하는 것이 중요합니다."

팽월은 치고 빠지는 싸움에 아주 능하여, 초나라 북쪽 양(梁) 땅에 자리를 잡고 주로 초나라의 보급로인 양도(糧道)를 끊고 파괴하는 기습을 많이 하였다.

항우가 유방과 싸우고 있을 동안에는 기습적으로 초나라 후방의 여러 성을 공격하거나 양도를 끊었다가, 항우가 팽월을 토벌하러 오면 달아나는 방식이었다. 즉 항우가 오면 달아나고, 돌아가면 다시 기습하는 전술로 초나라의 후방을 교묘하게 괴롭혔다. 이것은 항우에게 커다란 위협으로 작용하여 유방과 싸움에서 집중할 수 없도록 만들었다.

형양(滎陽)과 성고(成皐)에서 유방이 무너지고 있을 때, 팽월이 후방을 급습하자 항우가 이를 토벌하러 가는 기회를 이용하여 유방이 재기할 수 있었을 정도이었다. 【☞ 제28장 '이식위천' 참조】

한신이 초한 전쟁에서 승리하는 시대적 위업을 달성하였다면, 팽월은 초나라와 대치하고 있었던 유방에게 가장 큰 버팀목이 되어 주었다.

이와 같이 팽월이 초나라 후방을 기습하였다가, 항우가 오면 달아나고 돌아가면 또다시 기습하는 방식으로 초나라를 교묘하게 괴롭힌 것에서 "팽월이 초나라를 어지럽게 한다."는 말인 '팽월요초(彭越撓楚)'라는 고사성어가 유래하였다.

제36장
사면초가(四面楚歌)와 역발산기개세(力拔山氣蓋世)

四 넉 사 · 面 낯 면 · 楚 모형(나라이름) 초 · 歌 노래 가

사방에 초나라 노랫소리라는 말. 도움이나 지지를 받을 수 없는 어려운 상태에 처한 경우를 비유하는 의미이다.

*** 출전: 사마천, 사기(史記) 항우본기(項羽本紀)**

力 힘 역 · 拔 뺄 발 · 山 뫼 산 · 氣 기운 기 · 蓋 덮을 개 · 世 세상 세

힘은 산을 뽑고 기상은 세상을 덮는다는 말. 용력과 기상이 월등하게 뛰어난 것을 비유하는 의미이다.

*** 출전: 사마천, 사기(史記) 항우본기(項羽本紀)**

해하(垓下)에서 서북쪽으로 30리 떨어진 넓은 벌판은 한나라와 초나라 양측 군사들이 벌려놓은 진세(陣勢)로 긴장감이 가득하였다. 먼저 싸움을 걸어온 것은 항우 쪽이었다. 항우는 선두에 나서서 한신의 전군(前軍)을 공격하면서 대회전(大會戰)이 시작되었다.

항우는 한나라군의 정면을 쪼개듯이 들어가 양 날개를 펴듯이 좌우로 군사들을 보내 한나라군의 진영을 짐승몰이하듯이 쫓아가 유린하였다. 한나라군의 선봉에 있던 관영(灌嬰)과 주발(周勃)의 진영이 무너지자, 항우의 뒤를 따라 계포(季布)와 종리매(鐘離昧)의 군사들이 들이닥쳤다. 거침없이 들어온 계포와 종리매의 군사들이 한나라군 진영의 중앙 지점에서 다시 좌우로 갈라지면서 방향을 바꾸었다. 먼저 항우가 돌진하며 좌우로 갈라놓은 한나라 진영을 뒤따라 오던 계포와 종리매가 좌우를 다시 앞뒤로 갈라 진영을 네 토막으로 분산시켜 놓고 짐승몰이로 밀어붙여 유린하려 하였다.

이때 한나라군 전군(前軍)의 좌우 측에 있던 공희(孔熙)와 진하(陳賀)의 군사들이 한나라군 진영 가운데로 들이닥쳤다. 또 전군의 뒤편에 있던 중군 쪽에서 번쾌(樊噲)와 역상(酈商)의 군사들도 진영 가운데로 들이치자, 양측 군사들은 서로 엉켜 일대 혼전이 벌어졌다. 한동안 우열을 가릴 수 없었으나, 수적으로 열세인 초나라군이 밀리기 시작하였다. 계포와 종리매가 군사들을 독려하여 항우의 본대 세력과 합세하려고 하였으나, 어느새 들이닥친 팽월(彭越)의 군사들에게 막혀 항우에게 갈 수가 없었다. 이러는 사이에 한나라군에 포위될 지경에 이르자, 각자 길을 나누어 달아났다.

한편 항우는 한나라군의 정면을 쪼개듯이 들어갈 때 계포와 종리매가 뒤따라 오는 것을 보고 승리를 장담하였다. 계포와 종리매가 뒤따라 오면서 한나라군의 진영을 토막 내고 자신의 뒤를 받쳐 줄 것으로 생각하였다. 그러나 한참 혼전을 벌이는 가운데서도 계포와 종리매가 보이지 않았다. 항우는 계포와 종리매의 뒷받침없이 본대의 군사만으로 한나라군의 중군을 돌파하려 했으나 오히려 한나라군의 거센 반격에 밀려났다. 겹겹이 에워싸고 있는 한나라군 앞에 위기를 느낀 항우는 본대의 군사들을 독려하여 겨우 그곳을 빠져나왔다. 그리고는 달아나다시피 하여 해하의 남쪽에 구축된 초나라의 군영으로 돌아왔다.

항우가 군영에서 정신을 차리고 점검해 보니 손실이 엄청났다. 군영 안에 남아있는 군사는 1만여 명 남짓하였는데, 자신을 따라 군영으로 들어온 본대의 군사와 군영 수비를 위해 남겨둔 약간의 군사가 전부였다. 게다가 자신의 손발이 되어 줄 맹장들이 주위에 없었다. 계포와 종리매의 행방은 묘연하고, 자신의 숙부인 항백은 말에서 떨어져 사로 잡혀갔다. 그리고 환초는 한나라군의 포위를 뚫지 못하고 난도질당해 전사하였다. 거의 궤멸 수준의 패배에 충격이 컸으나, 추격해온 한나라군이 초나라 군영을 포위하고 있어 전열을 가다듬지 않을 수 없었다.

한나라군은 초나라 군영을 에워싸고 있으면서도 아무런 움직임이 없었다. 화살 한 대 날아오지 않고 북소리 한번 없었다. 그런데 하루가 지나자 초나라 군사 천여 명이 달아나고 없었다. 그 이튿날이 되자 또 초나라 군사 천여 명이 달아났다.

이렇게 한나라군은 항우의 군영을 포위만 하고 있고, 초나라 군사들의 숫자는 하루가 다르게 줄어드는 불길함 속에 사흘째 되는 밤이 되었다. 갑자기 초나라 군영 밖 사방에서 노랫소리가 흘러나왔다. 여기저기서 점점 높아지는 노랫소리는 모두 초나라 노래이었다.

초나라 노래는 옛 오나라 노래인 오유(吳愉)와 월나라 시가인 월음(越吟)과 같은 남방의 노래로 감정을 드러냄이 솔직하면서도 강렬하였다. 특히 슬픔이나 괴로움을 노래할 때는 비장하면서도 애절하여 듣는 이의 가슴을 저리게 하는데, 밤이 깊을수록 사방에서 들리는 초나라 노랫소리는 점점 커졌다.

이 초나라 노랫소리는 한나라군 내의 초나라 출신 군사들과 초나라군 포로들이 항우의 군영을 둘러싸고 큰소리로 노래를 불렀다. 이때 항우는 유방이 이미 강동의 초나라 본토까지 점령하고 백성들을 포로로 잡아 와 노래를 부르게 한 것으로 짐작하여 큰 충격에 휩싸이고 말았다.

이렇게 초나라 노랫소리로 고향과 가족 생각에 기세가 완전히 꺾인 초나라 군영에서는 탈영자가 삽시간에 늘어났다.

이와 같이 한나라군이 항우의 군영을 둘러싸고 부른 초나라 노랫소리로 초나라군의 기세가 꺾인 데에서 "사방에 초나라 노랫소리"라는 말인 '사면초가(四面楚歌)'의 고사성어가 유래하였다.

초나라 노랫소리로 탈영자가 늘어나자, 항우는 사촌 동생인 항장(項壯)에게 군영에서 나가고 싶은 자는 가도록 버려두고, 나머지 장졸들을 자신의 군막 앞으로 모이도록 지시하였다.

그리고 시중드는 군사에게 술상을 차리고, 군영 내에 데리고 다니던 우희(虞姬)를 불러오도록 하였다. 아마도 항우는 이때 이미 해하의 군영에서 탈출할 마음을 굳히고 있었던 듯하였다. 우희가 군막으로 들어오자 항우는 말없이 술 한잔을 비운 후에, 우희에게 춤을 추라고 하였다. 그리고 자신의 보검을 품어 안으며 비애감이 배인 낮은 목소리로 읊조렸다.

힘은 산을 뽑을만하고 기개는 세상을 덮을만한데, (力拔山兮 氣蓋世)
때가 불리하여 오추마 마저 달리지 않는구나. (時不利兮 騅不逝)
오추마가 달리지 않으니 내가 무엇을 할 수 있는가? (騅不逝兮 可奈何)
우희여! 우희여! 너를 어찌할 것인가. (虞兮虞兮 奈若何)

뒷날 '해하가(垓下歌)'로 불리게 된 이 노래의 첫 구절에서 "힘은 산을 뽑고 기상은 세상을 덮는다."는 말인 '역발산기개세(力拔山氣蓋世)'라는 고사성어가 유래하였다

노래를 마친 항우의 두 눈에서는 굵은 눈물이 흘러내렸고, 춤을 추던 우희도 울며 자신의 노래로 '해하가'에 화답하였다.

한나라 군사들이 이미 우리 땅을 모두 차지하여 (漢兵已略地)
사방에서 초나라 노랫소리가 들려오네. (四方楚歌聲)
대왕의 드높던 뜻과 기개마저 다하였으니 (大王意氣盡)
하찮은 이 몸 어찌 살기를 바라겠소. (賤妾何聊生)

뒷날 이 노래는 '해하가(和垓下歌)'에 화답한 노래라고 하여 '화해하가(和垓下歌)'란 이름이 붙여졌다. 이 노래를 마친 우희가 갑자기 품 안에서 비수 한 자루를 꺼내 자신의 목을 찔러 자결하였다.

항우는 갑자기 몸이 굳어 우희를 지켜보고 굵은 눈물만 보이다가, 시중드는 군사에게 고이 묻어주라고 부탁한 후 군막을 나섰다.

군막 밖에는 남은 장졸들이 모두 모여 있었는데, 둘러보니 3천 명도 되지 않았다. 항우가 보검을 높이 쳐들며 힘찬 목소리로 소리쳤다.

"우리는 이제 강동으로 돌아간다. 그러나 적의 포위망이 두터워 무사히 빠져나가기는 어려울 것이다. 과인을 따라가고 싶지 않으면 여기 남아서 적에게 항복해도 좋다. 뒷날 과인이 돌아와도 절대 이 일로 죄를 묻지 않을 것이다. 여기에 남는 군사들은 아직 우리 대군이 많이 남아있는 것처럼 꾸미고 있다가, 과인이 떠나거든 바로 항복하여 목숨을 보존하도록 하라."

그리고는 말을 탄 8백여 명만 따라오게 하였는데, 이들은 강동에서부터 따라온 용사들이었다. 이들은 이날 새벽을 기해 한나라군의 포위망을 삽시간에 뚫고 남쪽으로 내달렸다.

제37장
면목(面目)과 권토중래(捲土重來)

面 낯 면 · 目 눈 목

얼굴과 눈을 가리키는 말. 남을 대하기에 떳떳하고 당당한 태도를 비유하는 의미이다,

*** 출전: 사마천, 사기(史記) 항우본기(項羽本紀)**

捲 말 권 · 土 흙 토 · 重 무거울 중 · 來 올 래

땅을 말아 다시 오다는 말. 실패 후에 힘을 길러 재기하는 것을 비유하는 의미이다.

*** 출전: 두목, 제오강정(題烏江亭)**

강동으로 들어가는 길목인 해하의 남쪽에 있는 대택향(大澤鄕) 동쪽에는 경포(黥布)와 그의 군사들이 지키고 있었다. 경포의 군사들이 항우와 8백 기병들이 달려오는 것을 발견하고 가로막았으나, 이들은 이를 격파하며 뚫고 지나가 버렸다.

유방은 기장(騎將) 관영(灌嬰)에게 5천 기병을 이끌고 추격하게 하면서 이렇게 지시하였다.

"항우를 사로잡거나 그 수급을 베어오는 자에게는 천금의 상을 내리고 만호후(萬戶侯)에 봉하겠다. 공을 차지하고 싶은 용사들을 뽑아서 가되, 항우의 얼굴을 잘 아는 자들을 데려가서 조금도 차질이 없도록 하라."

이에 관영은 낭중기(郎中騎) 양희(楊喜)와 왕예(王翳) 같은 용장에다 초나라에서 항복해 온 기사마(騎司馬) 여마동(呂馬童) 같은 장수들과

용사들을 골라 뽑은 5천 기병을 휘몰아 항우를 추격하였다.

대택향을 지난 항우와 8백 기병들은 회수(淮水)의 작은 나루에 도착하여 회수를 건널 배를 찾았다. 그러나 며칠 전부터 경포의 군사들이 배를 모두 회남(淮南)으로 끌고 가버리고 없었다. 다급해진 초나라 기병들은 회수를 오르내리며 감춰둔 배를 찾아내느라 시간을 허비하였다.

겨우 쪽배 몇 척을 구하여 인마 20여 기를 회수 건너 남쪽 나루로 건너고 있는데, 이들을 추격하던 관영이 이끄는 한나라 기마대가 나타났다. 이들을 맞이하여 싸우는 혼전 속에 겨우 1백여 명만 회수를 건넜다.

항우 일행은 음릉(陰陵)에 이르렀으나 경포가 다스리는 지역인지라 사람들에게 들키지 않으려고 숲속 길로 들어갔다가 길을 잃어버렸다.

마침 밭에 있는 한 농부를 발견하고 그에게 길을 물었다. 그런데 그 농부는 일부러 항우를 속여 왼쪽으로 가라고 거짓말을 하였다. 농부가 일러 준 길로 가던 항우 일행은 큰 늪으로 들어가 한나절을 헤매다가 인마를 돌려 겨우 빠져나오니 밤이 깊었다.

항우 일행이 민가 근처에서 지친 몸으로 깊은 잠에 빠져들었는데, 새벽이 되자 관영의 기마대 일부가 요란한 말발굽 소리를 내며 그곳에 이르렀다. 이에 놀란 항우는 말에 올라 동쪽으로 도주하며 내달렸다.

이렇게 하여 항우 일행이 동성(東城)이 눈앞에 보이는 곳에 이르렀을 때, 따르는 용사는 겨우 스물여덟 명만이 남았다. 그러나 그곳에는 전날 항우가 늪지대를 헤맬 때 동쪽으로 먼저 와서 길목을 차단하고 있던 낭중기 양희와 왕예의 기마대 6백 기가 이들 앞에 나타났다. 이들이 서서히 다가오자 항우는 그의 용사 스물여덟 명에게 큰소리로 외쳤다.

“내가 군사를 일으킨 지 어느덧 여덟 해가 되었다. 그동안 일흔 번의 싸움을 치르면서 한 번도 패한 적이 없어 마침내 천하의 패권을 장악했었다. 그런데 지금 여기에서 곤란한 지경에 빠진 것은 하늘이 나를 망하게 하려는 것이지, 내가 싸움을 잘하지 못해서가 아니다. 나는 오늘 죽을 각오로 그대들을 위해 결전을 벌이기를 맹세하노니, 틀림없이 세 가지로 적의 대군을 이기는 것을 보여주겠다. 첫째 반드시 이 포위망을 뚫고 나가며, 둘째 적의 장수를 베어 죽이고, 셋째 적의 깃발을 쓰러뜨리게 할 것이다. 그리하여 그대들에게 하늘이 나를 버린 것이지, 내가 싸움을 잘하지 못하였기 때문이 아니라는 것을 보여주고자 한다.”

그리고는 스물여덟 명의 용사를 일곱 명씩 네 갈래로 나누어 각기 한 방향씩을 맡아 치고 나가게 하면서, 동쪽 산비탈 세 갈래 길을 지나 다시 만나자고 약속하였다.

항우가 큰소리를 지르며 달려가 한나라군의 장수 한 명을 베어 넘기자 양희가 그를 추격하여 달려왔다. 항우가 눈을 부라리고 양희를 노려만 봤는데 그가 탄 말도 다 놀라서 뒤로 물러나 후퇴하여 멀리 달아나버렸다. 항우는 계속 내달리면서 한나라군의 도위(都尉) 한 명을 죽이고, 또 일백 수십여 명의 군사를 쓰러뜨린 다음에 한나라군 기마대 속으로 들어가 대장기를 칼로 찍어 부러뜨렸다.

그런 뒤에 약속장소에서 그의 용사들이 한 곳에 모였는데, 두 명이 죽고 아직 스물여섯 명이 남아있었다. 항우의 눈부신 무용(武勇)과 기백을 두 눈으로 확인한 이들은 모두 말에서 내려 땅바닥에 엎드리며 말하였다.

“과연 대왕께서 말씀하신 대로입니다. 대왕께서는 하늘의 신령과 같은 분이십니다.”

항우와 스물여섯 용사는 한나라군의 기마대를 격퇴하고 한 식경을 달려 오강(烏江) 나루에 도착하였다. 여기서 오강만 건너면 강동이었다.

이때 오강정(烏江亭)의 정장(亭長)이 항우가 한나라군에게 쫓기고 있다는 소식을 듣고 강가에 배를 대어놓고 항우를 기다리고 있다가 항우를 만나자 반갑게 여기며 이렇게 말하였다.

"강동이 비록 작다고 하나 땅이 일천 리나 되고 백성도 수십만 명에 이르니, 군왕을 할만한 곳입니다. 바라옵건대 대왕께서는 얼른 건너가십시오. 지금 부근에는 신에게만 배가 있으니, 한나라군이 추격해 와도 배가 없어 뒤쫓을 수가 없습니다."

그러자 항우는 갑자기 하늘을 한번 쳐다보다가 껄껄 웃으며 말하였다.

"하늘이 이미 나를 망하게 하였는데, 내가 떳떳하지 못한 모습으로 강을 건너 무얼 하겠는가? 지난날 과인은 강동의 자제 8천 명과 이 강을 건너 서쪽으로 갔는데, 오늘 한 사람도 살아서 강동으로 돌아오지 못하였다. 설사 강동의 부형(父兄)들께서 나를 애처롭게 생각하여 다시 군왕이 되게 한다고 해도, 내가 또 무슨 얼굴과 눈으로 강동의 어르신들을 뵙겠는가? 설사 그들이 아무 소리를 하지 않아도 내 마음이 부끄럽지 않겠는가?"

이와 같이 항우가 이대로 강동으로 돌아가는 것이 떳떳하지 못하고 부끄럽다는 의미로 말한 것에서 "얼굴과 눈"을 가리키는 말인 '면목(面目)'이라는 고사성어가 유래하였다.

항우는 오추마(烏騅馬)에서 뛰어내리더니 말고삐를 정장에게 내밀며 당부하였다.

"정장의 마음 씀씀이와 하는 말을 들어보니 그대가 어진 사람임을 알겠소. 과인이 5년 동안 이 말을 타고 싸움터를 누볐는데 그 어떤 말도 이 말과 비교할 수 없었으며 하루에 천 리를 달리고도 지칠 줄 모르는 말이오. 차마 이 말을 싸움터에서 죽일 수 없어서 그대에게 드리겠으니, 잘 보살펴 주시기 바라오."

정장이 목이 메어 대답하지 못하고 오추마의 고삐를 받았다. 항우는 거기까지 따라온 스물여섯 용사에게 모두 말에서 내려 짧은 칼만 지니고 한나라군의 기마대로 뛰어들어 장부의 기백을 보이자고 말하였다.

때마침 항우를 추격하던 관영의 기마대가 오강 나루에 이르자, 항우가 앞장서고 스물여섯 용사가 그 뒤를 따라 뛰어들었다. 5천 명의 기마대를 스물여섯 용사가 맞서기에는 중과부적(衆寡不敵)이었다. 스물여섯 용사는 하나둘 사라지고 항우만 혼자 남았다.

이때 한나라의 기마대에 겹겹이 둘러싸인 항우의 눈에 기사마 여마동이 보이자, 그에게 말하였다.

"그대는 예전에 나와 알고 지내던 사이가 아닌가? 내 머리에 천금의 상을 걸고 만호후에 봉한다고 들었는데, 내가 마지막으로 이 좋은 기회를 그대에게 주겠다."

그렇게 말한 뒤에 항우는 스스로 목을 찔러 자결하였다. 이때 항우의 나이 30세이었다. 이로써 5년에 걸쳐 유방과 항우가 벌인 천하쟁패전은 유방의 승리로 끝이 났다.

항우가 자결하자 왕예가 잽싸게 달려들어 항우의 머리를 잘라 취하였고, 한나라 기마대 장졸들이 나머지 부분을 잘라내려고 서로 다투었다. 머리가 없는 항우의 몸은 네 토막이 나서 공을 다투는 한나라군의 장수들에게 돌아갔다. 낭중기 양희, 기사마 여마동, 낭중 여승(呂勝)과 양무(楊武)가 팔과 다리를 중심으로 한 토막씩 취하였다.

왕예를 비롯한 다섯 사람은 유방의 군영에 이르기 무섭게 항우의 몸 한 토막씩을 들고 가서 공로를 내세우며 상을 달라고 청하였다. 유방이 그들이 취한 각 부분을 하나로 맞추어 보니 완전한 항우의 시체가 되므로, 다섯 사람 모두를 제후로 올려세우고 내건 상과 땅도 다섯으로 나누었다. 왕예를 두연후(杜衍侯)로, 여마동을 중수후(中水侯)로, 양희를 적천후(赤泉侯)로, 여승을 열양후(涅陽侯)로, 양무를 오방후(吳防侯)로 봉하면서 각자에게 이천 호(戶)와 금 이백씩을 내렸다. 이로써 이 다섯 사람은 물욕 앞에 끔찍하고 몸서리치는 인간의 추악한 면을 보여주었다.

이후 당(唐)나라의 시인 두목(杜牧)이 오강을 유람하다가 '제오강정(題烏江亭)'이란 시를 지어 일세의 영웅 항우가 오강을 건너 강동으로 가지 않고 자결한 것을 아쉬워하였다.

이기고 지는 병가의 일은 뜻대로 되지 않는 것인데, (勝敗兵家事不期)
부끄럽고 욕된 것도 참고 견디는 것이 사나이 대장부. (包羞忍恥是男兒)
강동의 자제에는 뛰어난 이가 많았는데, (江東子弟多才俊)
땅을 말아 다시 올 수 있을지 어찌 알겠소. (捲土重來未可知)

이 시의 마지막 부분에서 "땅을 말아 다시 오다."는 말인 '권토중래(捲土重來)'라는 고사성어가 유래하였다. '권토(捲土)'란 군마가 달릴 대 흙먼지를 일으키는 것을 말하고, 멀리서 보면 마치 땅을 말아 올리는 것처럼 보이는 현상을 말한다.

제38장
삼불여(三不如)와 운주유악(運籌帷幄)

三 석 삼 · 不 아닐 불 · 如 같을 여

세 사람보다 못하다는 말. 개인적 능력보다 용인술이 뛰어난 것을 비유하는 의미이다.

*** 출전: 사마천, 사기(史記) 고조본기(高祖本紀)**

運 돌 운 · 籌 투호 살(헤아릴) 주 · 帷 휘장 유 · 幄 휘장 악

장막 안에서 계책을 세워 운용한다는 말. 전술 전략을 세우거나 계책을 짜는 것을 비유하는 의미이다.

*** 출전: 사마천, 사기(史記) 고조본기(高祖本紀)**

항우가 오강(烏江)을 건너지 않고 자결한 뒤에 유방은 군사를 나누어 초나라 평정에 들어갔다.

관영(灌嬰)은 강동으로 건너가 오현(吳縣) · 예장군(豫章郡)·회계군(會稽郡)을 항복 받은 뒤에 회북(淮北)으로 돌아와 그곳에 항복하지 않은 52개 현(縣)을 평정하였다.

주발(周勃)은 동쪽으로 가서 사수군(泗水郡)과 동해군(東海郡)을 평정하여 22개 현을 쓰러뜨리고, 조참(曹參)은 아직까지 항복하지 않은 제나라의 70개 현을 거두었다.

유방과 같이 본진에 있던 하후영(夏侯嬰)·번쾌(樊噲)·역상(酈商) 등도 해하(垓下)에서 북쪽으로 쳐 올라가면서 남아있는 서초(西楚)의 성

읍들을 휩쓸었다.

그러나 초나라의 모든 성이 한나라에 항복하였는데도 마지막에 남은 노현(魯縣)만이 성문을 닫아걸고 버티고 있었다.

노현은 옛 노(魯)나라의 도성으로 공자가 예악(禮樂)과 충서(忠恕)를 가르쳐 온 땅이다. 더구나 의제(義帝)가 회왕(懷王) 시절에 항우를 노공(魯公)으로 봉하고 이곳을 영지(領地)로 삼게 하자, 노현 사람들은 항우를 주군으로 섬겼다.

한나라의 10만 대군이 성을 에워싸고 공격하여도 이곳 사람 모두는 죽음을 각오하고 한나라군에 대항하였다. 유방은 군사를 몰아 성을 치는 대신에 성문 아래로 나가 성루에 있는 노현 현령에게 큰소리로 설득하였다.

"항우는 동성(東城) 땅 오강 나루에서 죽었고, 초나라의 모든 성은 한나라에 항복하였다. 이제 너희 노현만 외로이 남았으니, 성문을 열고 삶을 도모하라."

그러자 노현의 현령이 대꾸하였다.

"나는 우리 대왕의 명령으로 10만 백성들과 함께 이 노현을 지키고 있는 현령이다. 우리 대왕의 명령이 없으면 누구라도 성문을 열어줄 수 없다. 너희가 군사로 밀어붙인다면 우리 노현 백성들은 마지막 남은 한 사람까지도 싸우다가 죽을 뿐이다!"

노현의 현령이 쉽게 그 뜻을 굽히려 하지 않자, 함께 있던 장량이 나서서 항우는 의제를 시해한 대역 죄인인데 그 명을 받드는 것은 신하 된 도리가 아니라고 외쳤다. 또한 진평이 항우는 이미 죽었으니 그 군령은 거두어진 것으로 봐야 한다고 거들고 나섰다.

그러면서 소금에 절인 항우의 머리를 가져오게 하여 노현의 현령과 부로(父老)들에게 확인시켜 주자 마침내 성문을 열고 나와 항복하였다.

유방은 노현 사람들의 충의를 높이 평가하여 늦게나마 항우를 노공

(魯公)으로 예우하여 장례를 치르게 하였다. 그리고 뜯어진 사지와 머리를 맞추어 곡성(穀城) 땅에 묻었는데, 유방도 항우에 대한 애증이 교차하였는지 노현을 떠날 때는 소리 내어 울면서 갔다.

그리고 유방은 모든 항씨(項氏) 종족은 한 사람도 죽이지 않았다. 항백(項伯)을 사양후(射陽侯)에 봉하는가 하면, 한나라에 투항한 항씨는 모두 후(侯)에 봉하고, 자기와 같은 유(劉)씨 성을 하사하였다.

노현을 마지막으로 초나라의 땅이 모두 평정되자, 경포(黥布)는 회남(淮南)으로, 팽월(彭越)은 양(梁) 땅으로 각기 봉지로 떠났다. 그러나 제나라 왕인 한신은 제나라 도성인 임치(臨淄)로 돌아가지 않고, 서초(西楚) 땅인 정도(定陶)에 머물고 있었다.

유방은 지난번 고릉(固陵)에서 군사를 물려 진성(陳城)에서 한신을 불러낼 때 진현(陳縣) 동쪽에서 동해 바닷가까지 한신에게 떼어 주겠다고 약조한 사실이 있었다. 【☞ 제35장 '팽월요초' 참조】

그래서 한신은 새로 받은 땅의 도읍을 정도 부근에 정할 생각으로 그곳에 머물러있었던 것이었다.

그때까지 노현에 머물러있던 유방이 이러한 사실을 알고 대로하여 장량을 비롯한 측근들에게 말하였다.

"한신은 제나라를 정벌한 뒤에 서광무(西廣武)에서 어려움을 겪고 있는 과인을 위협하여 스스로 제나라 왕이 되었다. 그리고 고릉에서 과인을 도우러 오지 않아 곤란을 겪게 하더니, 진현 동쪽의 땅을 받고서야 군사를 이끌고 진성(陳城)에 있는 과인에게로 왔다. 비록 해하(垓下) 싸움에서 항우를 이긴 공이 있다고 하나, 군주를 기만하여 낭패를 보게 한 죄 또한 크다. 이제라도 정도로 가서 한신의 죄를 물어야겠다."

그리고는 번쾌와 관영, 주발에게 한나라 대군의 본진 군영을 노현에서 정도로 옮기라고 명령을 내렸다. 또 이러한 사실을 한신이 모르도록 군사들에게는 관중(關中)으로 돌아가는 길이라고 알렸다가, 정도 부근에 이르면 불시에 한신을 덮치기로 하였다.

유방이 한나라 대군을 이끌고 사흘 밤낮을 행군하여 정도 밖 30리에 이르러서야 한신에게 사람을 보내 유방이 관중으로 가는 길에 뵙고자 한다고 알렸다.

한신이 갑자기 연락을 받고 유방을 맞이할 채비를 하고 있는데, 유방이 장수들의 호위를 받으며 한신의 군영 앞에 다다랐다. 한신이 군영 앞에 뛰어나가 유방을 맞이하자, 유방을 호위하던 장수들이 한신을 에워싸면서 번쾌가 엄중한 얼굴로 소리쳤다.

"제왕(齊王)께서는 신하의 예를 다하시오!"

한신이 섬뜩하게 생각하고 유방의 수레 앞에 무릎을 꿇자, 유방이 수레에 내려서 소리높여 꾸짖었다.

"한신은 들어라! 전에도 너는 서광무에서 어려움을 겪고 있는 과인을 위협하여 스스로 제나라 왕에 올랐다. 또 고릉에서 과인을 도우러 오지 않아 곤란을 겪게 하더니, 진현 동쪽의 땅을 얻은 뒤에야 군사를 이끌고 와서 과인을 도왔다. 신하가 군주를 속이고 업신여기는 것이 어찌 이보다 더할 수 있느냐? 그런데도 너는 죄를 뉘우칠 줄 모르고, 정도에 머물면서 관동(關東)을 차지할 궁리를 하고 있으니 죽어 마땅하다. 그러나 해하 싸움에서 세운 공이 있어 목숨은 붙여놓을 것이니, 이제라도 깨닫고 뉘우치기 바란다."

그리고는 한신에게서 옥새를 거두고 그 군사까지 빼어버렸다. 한신은 그날로 왕위와 군사를 모두 잃고 한나라 본진에 머물게 되니, 유방의 군영 속에 갇힌 것이나 다름이 없었다.

2년 전 수무(修武)에서도 유방이 갑자기 나타나 한신의 병권을 빼앗은 적이 있었는데, 이번에도 기습적으로 결행하여 군왕으로서의 냉정과 존재감을 보여주었다.

한신을 단숨에 제압한 유방은 정도에 머물면서 중원을 살펴보니,

임강왕(臨江王) 공환(共驩)이 아직 항복하지 않고 있었다. 공환은 항우가 임강왕에 봉한 공오(共傲)의 아들로 왕위를 물려받았다.

유방은 유가(劉賈)와 노관(盧綰)에게 3만 군사를 주어 임강왕의 도읍인 강릉(江陵)을 함락시키고 공환의 항복을 받았다. 유방은 임강 땅에 남군(南郡)을 설치하였다.

천하가 완전히 평정되어 안정을 되찾아가자 각 제후, 대신과 장수들이 의논하여 유방에게 천하의 대통을 이어받으라고 청하였다. 유방은 세 번을 사양하다가 마지 못한 듯 그 뜻을 받아들여 황제에 즉위하였다.

기원전 202년 2월 갑오(甲午)일, 유방이 범수(氾水) 북쪽에 단을 쌓아 하늘에 고하고 황제에 오르니 한나라 고제(高帝)가 되었다. 정도에서 제위에 오른 고제는 낙양(洛陽)을 도읍으로 삼았다.

고제는 낙양의 남궁(南宮)에서 즉위 축하연을 벌였다. 이 자리에서 고제는 자신이 천하를 차지하게 된 이유와 항우가 천하를 잃게 된 원인을 군신들에게 물었다. 왕릉(王陵)이 대답하였다.

"폐하께서는 거만하여 사람을 업신여기시고, 항우는 너그럽게 사람을 대하였습니다. 그러나 폐하께서는 성(城)을 공략하고 땅을 뺏은 뒤에 공로가 있는 자에게 나누어 주는 등 천하와 더불어 이익을 나누어 가졌습니다. 하지만 항우는 어진 자를 시기하고 능력 있는 사람을 미워하며 지혜로운 사람을 의심하였습니다. 또 전쟁에 승리하여도 그 공을 부하들에게 돌리지 않고, 땅을 얻은 뒤에도 이를 나누어 주지 않으니 이것이 그가 천하를 잃은 까닭이라 생각합니다."

그 말을 듣고 고제가 부드럽게 웃으며 말하였다.

"공은 하나만 알고 둘은 모르는 말이오. 군영의 장막 안에서 계책을 세워 천 리 밖에서 승패를 결정짓는 일은 짐이 장량(張良)만 못하고, 나라를 안정시키고 백성들을 다독이며 군량 공급을 원활하게 하여 끊이지 않게 하는 일은 짐이 소하(蕭何)만 못 하며, 백만 대군을 이끌면서 싸우면 반드시 이기고 공격하여 반드시 빼앗는 일은 짐이 한신(韓信)만 못하오. 이 세 사람은 모두가 뛰어난 인재들인데, 짐이 이들을 잘 썼기 때문에 천하를 차지할 수 있었던 것이오. 그러나 항우는 범증(范增) 한 사람밖에 없었는데 그나마 제대로 쓰지 못했기 때문에 항우가 죽게 된 까닭이오."

이는 고제의 뛰어난 용인술을 보여주는 한 대목으로, 지도자는 어떤 사람을 등용해서 어떻게 활용하는가를 보여주는 역사적 교훈이다.

이와 같이 "세 사람보다 못하다."는 말인 '三不如(삼불여)'는 고제가 자신의 측근 세 사람을 거론하며, 자기의 능력이 그들보다 못하다고 말한 데에서 유래한 고사성어이다.

이 중에서 "장막 안에서 계책을 세워 운용한다."는 말인 '운주유악(運籌帷幄)'은 장량의 지략을 말한 데에서 유래하였다.

제39장

계포일낙(季布一諾)

季 끝 계 · 布 베 포 · 一 한 일 · 諾 대답할 낙

계포의 약속 한마디라는 말. 약속을 반드시 지키는 것을 비유하는 의미이다.

*** 출전: 사마천, 사기(史記) 계포난포열전(季布欒布列傳)**

천하를 다스리는 황제의 자리에 올라 고제(高帝)가 된 유방에게 개운하지 않은 것이 남아있었다.

그 첫 번째가 전횡(田橫)에 대한 일이었다. 제나라 왕 전광(田廣)이 한신(韓信)에게 쫓기다 자결하자 스스로 제나라 왕이 된 전횡은 남은 군사들을 수습하여 양(梁) 땅의 팽월(彭越)을 찾아가 의탁하였다.

【☞ 제31장 '해의추식' 참조】

그러나 팽월이 양왕(梁王)이 되어 유방 밑에 들게 되면서 더 이상 그곳에 머물 수가 없게 된 전횡은 그를 따르는 무리 5백을 데리고 동해에 있는 외딴 섬인 오호도(嗚呼島)로 들어가 버렸다. 고제 유방은 오호도로 사자를 보내어 전횡에게 한나라 조정으로 출사(出仕)하라고 권유하였다.

그러나 지난날 전횡은 전광과 함께 한나라 사신 역이기(酈食其)가 자신들을 속였다며 끓는 가마솥에 넣어 죽인 일이 있었다.

【☞ 제29장 '분일배갱' 참조】

전광은 역이기의 동생 역상(酈商)이 한나라의 장수로 있는데, 그와 함께 한나라의 조정에 나란히 설 수 없다며 사양하였다. 그러자 고제는 전횡이 자기의 부름을 받지 않으면 딴마음을 먹은 것으로 알고 따르는 무리까지 죽이겠다며 협박까지 하였다. 전횡은 그를 따르는 무리를 살리기 위하여 마침내 한나라에 귀부(歸附)하기로 하고 그의 측근 두 사람과 함께 섬에서 나왔다.

전횡이 낙양(洛陽)에서 30리 떨어진 시향역(尸鄕驛)에 이르러 그를 따라온 측근 두 사람을 불러 말하였다.

"지난날 나는 한왕(漢王) 유방과 나란히 왕이 되었다. 그러나 이제 유방은 천하를 다스리는 천자가 되었고, 나는 그를 섬기게 되었으니 이 부끄러움과 욕됨을 견딜 수가 없다. 또 내 손으로 직접 삶아 죽인 자의 동생을 죄스러워 감히 볼 수가 없다. 다만 외진 섬까지 따라와 준 5백 명의 벗들을 살리고자 이 길을 나서기는 했으나, 생각할수록 기가 막혀 할 말이 없다. 이제 스스로 목을 베어 이 부끄럽고 욕된 처지에서 벗어나고자 하니, 두 사람은 이 목을 천자께 바쳐주기 바란다. 이제 낙양이 멀지 않았으니 여기서 베어진 내 목을 가져간다면 크게 변하지 않아 알아볼 수 있을 것이다."

그런 다음 스스로 검을 뽑아 자결하였다. 유방은 눈물을 흘리며 죽은 전횡을 왕의 예로 장사지내게 하고, 측근 두 사람에게 도위(都尉) 벼슬을 내렸다. 그러나 전횡의 장례가 끝나자 측근 두 사람도 전횡의 무덤 앞에서 자결하였다.

이렇게 전횡에 대한 염려는 이들 군신(君臣) 간의 죽음으로 끝나 안타까운 면이 있지만, 고제 유방의 입장에서는 깨끗이 마무리된 셈이었다.

전횡의 일 다음으로 고제 유방을 신경 쓰이게 하는 것은 항우의 맹장들이었다. 특히 계포(季布)와 종리매(鐘離昧)는 싸움터에서 유방을 자주 욕보이고 목숨까지 위태롭게 하여 미움이 컸다. 그런데 항우가 죽은 지 여러 달이 되어도 잡히지 않아 천금의 현상을 걸고, 숨겨 주거나 도움을 준 사람은 삼족을 멸한다는 방(榜)을 곳곳에 붙였다.

해하(垓下)의 싸움에서 항우와 합세할 수 없어 달아났던 계포는 따르는 군사들과 숨어 있다가, 초나라가 유방에게 평정되었다는 소식을 듣고 군사들은 제 갈 길로 가도록 흩어버렸다. 그리고 난 뒤에 지난날 자신의 은혜를 입었던 복양(濮陽) 땅의 부호인 주씨(周氏) 집에 몸을 숨겼다. 그러나 그를 찾는 현상이 걸리자 주씨도 불안해하고 있어 더 이상 그곳에 있을 수가 없었다. 계포와 주씨는 상의하여 노군(魯郡)에 있는 협객 주가(朱家)에게 가기로 하였다.

주가는 의롭고 씩씩한 기개가 있는 행동으로 이름을 떨쳐 '관동 대협(關東大俠)'으로 불렸다. 주가가 숨겨 주고 돌봐 주어 목숨을 건진 호걸들이 부지기수였다. 그는 남을 어려움에서 구해낼 때 가난하고 지체가 낮은 사람부터 구해냈고, 자신이 가진 것을 아끼지 않았다.

주씨는 계포를 노비로 위장시켜 수십 명의 다른 노비들과 함께 주가에게 보냈다. 평소 알고 지내던 복양의 부호 주씨가 헐값으로 주가에게 많은 노비를 보내는 것으로 꾸민 것이다.

주가는 많은 노비 중에 섞여 있는 계포를 알아보고도 전혀 내색하지 않고 다른 노비들과 함께 농사일을 돌보게 하였다.

그러던 어느 날 주가는 낙양으로 가서, 그전부터 잘 알고 지내던 여음후(汝陰侯)가 된 하후영(夏侯嬰)을 찾아갔다. 하후영은 주가를 자기 집에 머무르게 하면서 며칠 동안 같이 음식을 먹으며 접대하였다.

주가가 기회를 보아 하후영에게 계포가 무슨 큰 죄를 지었기에 황제께서 많은 상금을 걸고 찾느냐고 물었다. 그러자 하후영은 계포는 여러 번 항우의 명으로 고제를 곤란하게 만들었기 때문에 반드시 그를 찾아서 원한을 풀려고 한다고 대답하였다.

주가가 다시 하후영에게 계포는 어떤 사람이냐고 물어보자, 적장이지만 아주 현명하고 재능이 있는 사람이라고 하였다.

그러자 주가가 말하였다.

“모든 사람은 각기 그 주인을 위해 애를 쓰며 일하는데, 계포가 항우를 위해 애썼던 일은 그가 마땅히 해야 할 일이었습니다. 지금 황제께서는 천하를 얻으신 지 얼마 되지 않았는데, 사사로운 원한을 가진 사람을 뒤쫓는 것은 폐하의 도량이 좁다는 것을 천하에 보이시는 것입니다. 게다가 계포는 현명하고 재능이 있는 사람인데, 그가 만일 북쪽의 흉노로 달아나면 장수감을 내치게 되어 적국만 이롭게 하는 행위입니다. 공께서는 어찌하여 황제께 이러한 말씀드리지 않으시는 것입니까?”

여음후 하후영은 주가가 대협(大俠)임을 알고 있었으므로 계포가 그의 집에 숨어있을 것으로 짐작하였다. 그리고 고제 유방이 한가한 틈을 타서 주가가 한 이야기를 전하였다. 고제는 이직도 분이 풀리지 않아 한참을 계포에 대한 욕을 하다가, 마침내 계포를 용서하였다.

그 당시 많은 신료들이 계포가 강직한 성격을 누르고 유연한 처세를 했다고 칭송하고, 주가 또한 이로 인해 당시에 이름을 날렸다. 계포가 고제를 알현하고 지난 일을 사죄하자, 계포를 낭중(郎中)으로 삼았다.

계포는 초나라 사람으로 젊었을 때부터 의협심이 강하였으며, 한번 약속을 하면 끝까지 지켰다.

같은 초나라 사람인 조구생(曹邱生)은 말을 잘하였으며, 권력 있는 자들과 어울리며 두장군(竇長君)과 친하게 지냈다. 두장군은 고제의 손자인 6대 황제 경제(景帝)의 외숙부이다. 이 소문을 들은 계포는 두장군에게 조구생은 덕망 있는 사람이 아니니 교제를 하지 않는 게 좋겠다는 내용으로 편지를 보냈다.

조구생이 고향인 초나라로 돌아가면서, 두장군을 찾아가 계포에게 보여 줄 소개장을 써 달라고 부탁하였다. 그러자 두장군이 계포는 자네를 탐탁지 않게 여기고 있으니 가지 않는 것이 좋겠다고 말하며 말렸다.

그래도 조구생은 고집하여 두장군의 소개장을 얻어 계포를 만나기 위해 길을 떠났다. 조구생은 먼저 사람을 시켜 계포에게 소개장을 보냈다. 이로 인해 계포가 크게 노하여 있는데, 조구생이 계포를 찾아와 절을 하며 말하였다.

"초나라 사람들의 말에 '황금 백 근을 얻는 것보다 **계포의 약속 한 마디를 얻는 것이 더 낫다.**'는 말이 있습니다. 장군께서는 어떻게 해서 양(梁)나라와 초(楚)나라 땅에서 이러한 명성을 얻게 되었습니까? 저도 초나라 사람이고 장군께서도 초나라 사람입니다. 제가 돌아다니면서 장군의 명성을 널리 알리면, 그 명성은 천하에 떨치고 몸은 중하게 될 것입니다. 그런데 어찌하여 장군께서는 저를 그렇게 심하게 박대하십니까?"

계포는 이 말을 듣고 크게 기뻐하며 조구생을 안으로 안내하여 수개월 동안 머물게 하고, 상객으로 모신 다음 떠날 때는 후한 선물을 주어 보냈다. 계포의 명성이 더욱 사람들 사이에 높아지게 된 것은 조구생이 그의 이름을 널리 알렸기 때문이었다.

이와 같이 조구생이 계포의 높은 명성을 말한 데에서 "계포의 약속 한마디"라는 말인 '**계포일낙(季布一諾)**'이라는 고사성어가 유래하였고 '**일낙천금(一諾千金)**'이라고도 한다. 또 이를 줄여서 '**계낙(季諾)**' 혹은 '**금낙(金諾)**'이라고도 하며, 이 이야기에서 다른 사람들의 장점을 널리 알리고 다닌다는 의미의 '**조구지덕(曹邱之德)**'이라는 말도 있다.

한편 계포의 외삼촌인 초나라 장수 정공(丁公)은 '팽성 대전(彭城大戰)'당시 달아나는 유방을 추격하여 소현(蕭縣) 북쪽에 이르렀다. 다급해진 유방이 정공에게 "우리 모두 어진 사람들인데, 어떻게 서로를 해칠 수 있는가?"라고 말하자, 정공이 일부러 헛창질을 하며 유방이

이를 피해 달아나도록 하였다. 【☞ 제23장 '독당일면' 참조】

항우가 해하의 싸움에서 패한 뒤에 정공은 다른 초나라 장수들과 함께 몸을 숨겼다. 그러다가 계포가 용서를 받았다는 소문을 듣고 숨어 있던 곳에서 나와 고제를 찾아갔다. 정공은 지난날 자신이 고제를 살려준 은공을 믿고 찾아갔으나, 고제는 계포와는 상반된 반응을 보이며 말하였다.

"항우의 신하인 정공은 나를 풀어주어 항우에게 충성을 다하지 못하였다. 항우가 천하를 얻지 못한 것은 바로 정공 때문이다."

마침내 고조는 정공을 베면서 말하였다.

"후세에 신하 된 자들에게 정공을 본받지 않게 하기 위함이다."

제40장
간뇌도지(肝腦塗地)와 마상득지 마상치지(馬上得之 馬上治之)

肝 간 간 · 腦 뇌 뇌 · 塗 진흙(칠할) 도 · 地 땅 지

간과 뇌를 땅에 칠한다는 말. 참혹한 죽음을 의미하는 것으로 ①전쟁의 참상이나, ②목숨을 던져 충성을 다하는 것을 비유하는 의미이다.

*** 출전: 사마천, 사기(史記) 유경숙손통열전(劉敬叔孫通列傳)**

馬 말 마 · 上 위 상 · 得 얻을 득 · 之 갈 지
馬 말 마 · 上 위 상 · 治 다스릴 치 · 之 갈 지

말 위에서 (천하를) 얻는 것과 말 위에서 (천하를) 다스리는 것은 다르다는 말. ①정권의 집권전략과 다스리는 통치방법이 다르다거나 ②창업과 수성이 다르다는 것을 비유하는 의미이다.

*** 출전: 사마천, 사기(史記) 역생육가열전(酈生陸賈列傳)**

제나라 왕 전횡의 죽음과 계포의 귀순으로 한나라의 천하는 흔들림 없이 자리 잡아 가고 있었다. 초나라의 마지막 맹장 종리매(鍾離昧)의 행방이 아직 묘연하지만, 그가 어떠한 영향을 줄 정도까지는 아니었다.

제나라 사람으로 누경(婁敬)이라는 선비가 농서(隴西)로 가다가 새로 한나라의 도읍이 된 낙양(洛陽)에 들렀다. 우연히 고제(高帝)의 행궁 앞을 지나가다가 같은 제나라 출신인 우장군(虞將軍)을 통하여 고제를 알현하게 된 누경이 대뜸 이렇게 물었다.

"폐하께서 낙양에 도읍하고 계시는 것은, 옛 주(周)나라 왕실과 같이 융성함을 겨루어보고자 하시는 겁니까?"

고제는 더 생각할 것도 없이 그렇다고 말하였다.

그러자 누경이 말하였다.

"폐하께서 천하를 차지하시게 된 것은 주나라의 경우와는 사정이 다릅니다. 주나라가 낙양에 도읍을 정한 것은 덕으로 천하를 다스리게 하여, 후세의 자손들이 교만과 사치로 백성들을 가혹하게 대하는 일이 없도록 하였기 때문입니다. 주나라가 흥할 때는 천하가 화목하게 지냈으며, 사방의 오랑캐들은 교화에 이끌려 주나라의 덕치를 우러러 따르면서 천자를 섬겼습니다. 하지만 주나라가 쇠퇴해지자 땅은 동주(東周)와 서주(西周)로 갈라지고, 제후가 주나라에 조공하지 않아도 어찌하지 못했습니다. 이것은 주나라 왕실의 형세가 약해졌기 때문입니다.

폐하께서는 풍패(豐沛)에서 3천의 군사로 일어나 촉한(蜀漢) 땅을 석권하고, 삼진(三秦)의 땅을 평정하여 항우와 형양(滎陽)에서 싸우고 성고(成皐)의 요충지를 차지하기까지 일흔 번의 큰 싸움과 마흔 번의 작은 싸움을 치렀습니다. 이 바람에 백성들의 **간과 뇌가 땅바닥을 칠하게 되었고**, 아버지와 자식이 들판에서 해골을 드러내게 된 것이 이루 헤아릴 수 없습니다. 그리하여 슬픈 울음소리가 끊이지 않고 다친 사람들이 아직도 일어나지 못하고 있는데, 폐하께서는 낙양을 도읍으로 삼으셨습니다. 이는 방금 터를 잡은 한나라가 주나라의 성왕(成王)과 강왕(康王) 시대의 융성함과 견주려 하는 것이니 참으로 걱정스럽습니다. 그런데 진(秦)나라의 땅은 험준한 산과 하수(河水)를 끼고 있고, 사방이 요새로 튼튼하게 되어있어 만약 위급한 일이 생겨도 십만의 군사만으로 막을 수가 있습니다.

또 진나라의 옛 터전인 비옥한 땅을 차지하신다면 바로 하늘이 내리신 곳간을 얻은 것입니다. 폐하께서 관중(關中)으로 들어가서 도읍을 정하신다면 산동(山東) 땅이 어지러워진다고 해도 진나라의 옛 땅은 온전히 보존할 수 있습니다. 무릇 다른 사람과 싸울 때 그 목을 조르고 등에 올라타지 않으면 완전한 승리를 거둘 수가 없습니다. 이제 폐하께서 관중에 들어가 도읍을 정하신다면 진나라의 옛 땅에 근거하여 천하의 목을 조르고 등에 올라타는 것이 될 것입니다."

누경은 고제에게 예전 주나라의 도읍이었던 낙양을 도읍으로 하지 말고 옛 진나라 땅인 관중으로 들어가서 도읍을 정하라고 주청한 것이었다.

이와 같이 누경이 고제에게 도읍을 옮기기를 주청하면서 유방과 항우 간의 싸움을 말하는 데에서 "간과 뇌를 땅에 칠한다."는 말인 '간뇌도지(肝腦塗地)'라는 고사성어가 유래하였다.

당시 고제의 신하들은 대부분이 산동 출신이었으므로 모두 진나라의 옛 땅으로 들어가는 것을 반대하였다.

그러자 장량(張良)이 관중에 도읍을 정했을 때의 이점을 이렇게 설명하였다.

"관중은 동쪽으로 효산(崤山)과 함곡관(函谷關)의 천연의 험한 요새가 있고, 서쪽으로는 농산(隴山)과 촉산(蜀山) 가운데 있는 들판은 천 리나 됩니다. 남쪽으로는 파촉(巴蜀)의 풍요로운 땅이 있으며, 북쪽으로는 호(胡) 땅의 목축으로 유익한 면이 많습니다. 천하가 안정되어 있을 때는 하수와 위수(渭水)를 통해 배나 수레로 물자를 도성에 대어 주고, 천하에 변고가 있으면 물결을 타고 군사나 물자를 보낼 수 있습니다. 이곳이 이른바 쇠로 두른 천 리의 성(城)과 하늘이 내린 곡창과 같은 땅입니다."

장량의 설명을 들은 고제는 도읍을 관중으로 옮길 마음을 굳히고 그날로 함양(咸陽) 부근의 장안(長安)에 도읍하기로 하였다. 진나라 시대부터 사용된 지명인 장안은 '영원히 평안하다.'라는 의미 담고 있다. 영원한 도시를 의미하는 것이다

고제는 관중으로 들어가 도읍을 정하고는 말하였다.

"짐에게 관중에 도읍을 정하자고 한 사람은 누경이다. 낙양에서 관중으로 도읍을 옮기는 것이 옳다고 한다면 누경이 가장 먼저 상을 받아야 한다. 누(婁)와 유(劉)는 음이 비슷하니 누경에게 유씨(劉氏) 성을 하사하고 봉춘군(奉春君)의 봉호를 내리며 낭중(郎中)으로 삼는다."

이렇게 되어 한나라의 도읍은 낙양에서 함곡관 서쪽 장안으로 정해졌다. 한나라는 나중에 또다시 도읍을 낙양으로 옮기게 되는 동한(東漢)과 구별하기 위하여, 이때의 한나라를 서한(西漢)이라 부르기도 한다.

고제를 도와 한나라의 기틀을 마련하는데 기여한 육가(陸賈)라는 사람이 있었다. 고제가 서광무(西廣武)에서 항우와 대치하고 있을 때, 고제 휘하에서 막빈으로 있었다. 그때 항우에게 잡혀 볼모가 된 태공(太公) 내외와 여후(呂后)의 귀환을 요청하기 위해 항우에게 사신으로 갔다가 쫓겨나온 일도 있었다. 【☞ 제33장 '홍구위계와 건곤일척' 참조 】

어느 날 육가는 고제에게 고언(苦言)을 하면서 시경(詩經)과 서경(書經)에 있는 성현의 말을 인용하자, 짜증이 난 유방은 이렇게 말하였다.

"짐은 말 위에서 천하를 얻었는데, 시와 서 따위가 대관절 무슨 소용이란 말이냐?"

고제는 자신이 말 위에서 천하를 얻었는데 시경과 서경을 어디다 쓰겠냐고 되물었는데, 육가는 이렇게 대답하였다.

"말 위에서 천하를 얻었다고 하여 어찌 말 위에서 천하를 다스릴 수 있겠습니까? 옛날 은나라 탕왕과 주나라 무왕은 무력으로 천하를 얻었지만, 민심에 순응하여 나라를 지켰습니다. 문(文)과 무(武)를 함께 쓰는 것이 나라를 오래가게 하는 길입니다. 옛날 오나라 부차(夫

差)와 진(晉)나라의 지백(智伯)은 무력을 지나치게 쓴 탓에 멸망하였고, 진(秦)나라는 형법만을 쓰고 이를 바꾸지 않았기 때문에 결국 멸망하였습니다. 만일 진나라가 천하를 통일한 뒤에 인의를 행하고 옛 성인을 본받았다면, 어떻게 폐하께서 천하를 얻어 한(漢)나라를 세울 수 있었겠습니까?"

이 말을 들은 고제는 깨달은 바가 있어, 육가에게 자신이 천하 통일을 할 수 있었던 이유와 진(秦)나라 및 과거 국가들의 멸망 사례에 대해 정리해서 글을 지어달라고 부탁하였다.

이에 육가는 신어(新語)라는 이름으로 국가의 존망에 대한 글을 쓰기 시작하였는데, 그 수는 총 12편이었고 고제도 육가가 신어를 한 편씩 써낼 때마다 좋아하면서 칭찬을 아끼지 않았다.

육가는 정치 및 사상에 대한 확립이 부족한 한(漢)나라 초기에 고제의 통치를 도우며 사상적 기틀을 다졌다.

이와 같이 "말 위에서 천하를 얻을 수는 있어도, 말 위에서 천하를 다스릴 수 있겠는가?"는 말인 '마상득지 마상치지(馬上得之 馬上治之)'라는 고사성어는 육가가 고제에게 고언을 한 데에서 유래하였다.

제41장
옹치봉후(雍齒封侯)

雍 누그러질 옹 · 齒 이 치 · 封 봉할 봉 · 侯 제후 후

옹치를 제후에 봉한다는 말. 미운 사람을 잘 대우하여 주위 사람도 기대감을 가지게 하는 것을 비유하는 의미이다.

*** 출전: 사마천, 사기(史記) 유후세가(留候世家)**

한나라의 도읍을 장안(長安)으로 옮기고 나자, 논공행상을 둘러싸고 신료들 간에 의견이 분분하였다. 낙양에 있을 때부터 시작되었으나, 서로 공을 다투는 바람에 매듭을 짓지 않고 있었다. 더는 논공행상을 미룰 수 없게 된 고제는 승상 소하(蕭何)의 공이 가장 크다고 보아 차후(酇侯)로 봉하면서 가장 많은 식읍을 하사하였다.

그러자 몇몇 공신들이 항의 조로 말하였다.

"신들은 몸소 견고한 갑옷을 입고 무기를 들고 많게는 백여 번 싸워 성을 공격하고 땅을 빼앗아 공로의 크고 작음에 차이가 있을 수 있습니다. 그러나 소하는 피땀 흘려 싸운 공도 없이 단지 붓만 잡고 말만 하였을 뿐인데 오히려 우리보다 공이 크다고 하는 것은 무슨 까닭입니까?"

고제가 말하였다.

"사냥에서 짐승을 뒤쫓아 잡는 것은 사냥개이지만, 종적을 발견하고 사냥감을 알려주는 것은 사냥꾼이다. 지금 그대들은 짐승을 잡은 사냥개에 해당하고, 소하는 사냥꾼에 해당한다. 또 그대들은 혼자 나를 따랐지만, 소하는 가족 수십 명이 나를 따라다니면서 일한 공로를 잊어서는 안 된다."

신하들은 이에 대해서는 아무런 말을 못 하다가, 공로의 순위를 정하기를 주청하며 말하였다.

"평양후(平陽侯) 조참(曹參)은 70여 군데나 상처를 입어가며 성을 공격하고 땅을 빼앗아 전공이 가장 크니, 마땅히 가장 으뜸이 되어야 합니다."

그러자 관내후(關內侯) 악천추(鄂千秋)가 진언하였다.

"조참이 비록 싸움터에서 땅을 많이 빼앗은 공이 있지만, 이는 단지 한때의 일에 불과합니다. 폐하께서 초나라와 5년을 서로 대치하면서 군사를 잃고 몸을 피해 달아나신 적이 여러 차례 있었습니다. 그때마다 소하는 늘 관중에서 군사를 보내어 보충하였고, 폐하께서 명령하여 소집한 것도 아닌데 위태한 때에 맞추어 수만의 병사를 보낸 것도 여러 차례입니다. 형양(滎陽)을 지키려고 몇 년 동안 대치할 때에, 소하가 관중에서 육로와 수로로 운반하여 군량이 부족하지 않았습니다. 폐하께서는 여러 차례 산동 지역을 잃기도 했지만, 소하는 늘 관중을 온전히 보존하여 폐하를 기다렸으니 이는 만세에 빛날 공훈입니다. 어찌 하루아침의 공훈을 가지고 만세의 공훈을 능가하려 합니까? 소하가 으뜸이고 조참이 그다음입니다."

이에 고제는 소하의 공을 으뜸으로 삼고, 칼을 차고 신을 신은 채 대전에 오를 수 있으며 조정에서도 종종걸음치지 않는 특혜를 내렸다.

이와 함께 장량을 유후(留侯)로 봉하였다. 고제는 장량에게 식읍으로 제나라 땅에서 3만 호를 고르라고 하였다.

그러자 장량이 사양하면서 말하였다.

"신은 하비(下邳)에서 몸을 일으켜 폐하를 유(留) 땅에서 만났는데, 이는 하늘이 신을 폐하께 하사한 것입니다. 폐하께서는 신이 생각해 낸 계책을 믿으며 쓰셨고, 다행스럽게 그 계책이 매번 잘 맞아떨어졌습니다. 바라옵건대 신을 폐하와 처음 만난 곳인 유 땅의 제후인 유후로 봉해 주시고, 식읍 3만 호는 사양하겠습니다."

이에 고제는 장량이 바라는 대로 해 주고, 그럭저럭 공이 큰 스무여 명은 열후(列侯)에 봉하였으나, 나머지 공신을 봉하는 일은 서로 다투는 바람에 결정을 내릴 수가 없어 계속 뒤로 미루고 있었다.

그러던 어느 날, 남궁(南宮)에서 밖을 내다보니 넓은 뜰 여기저기에서 장수들이 무리 지어 수군거리고 있었다. 옆에 있는 유후 장량에게 무슨 일이냐고 물어보자, 장량은 태연하게 모반을 논의하고 있다고 말하였다.

고제가 놀라서 물었다.

"이제 천하가 평안을 되찾았는데 무슨 이유로 반란을 일으킨단 말인가?"

이번에도 장량이 거침없이 말하였다.

"폐하께서는 평민의 몸으로 일어나 이 사람들로 인해 천하를 얻었습니다. 지금 폐하는 천자가 되었는데 소하나 조참 등 측근들만 제후로 봉하시고, 평소에 폐하가 미워하거나 원수진 자들은 죄를 물어 처벌하셨습니다. 지금 상을 내려야 할 각각의 공적을 따져보니, 천하를 다 주고도 부족합니다. 그래서 저들 생각에 한편으로는 모두에게 땅이 돌아가지 않을 것을 걱정하고 한편으로는 지난날의 잘못이나 허물 때문에 죄를 물어 처벌되는 것이 아닌지 두려워서 차라리 모반을 꾀할까 하면서 수군대고 있는 것입니다."

고제가 걱정하며 어찌하면 좋은지를 물어보자, 장량이 고제가 가장 싫어하는 자가 누구인지를 되물었다. 그러자 고제가 생각해 보지도 않고 바로 대답하였다.

"옹치(雍齒)가 옛날에 나를 여러 차례 괴롭혔는데 죽이려고 했으나 워낙 공이 많아 차마 죽이지 못하였소."

유방이 패현(沛縣)에서 거병하여 옹치에게 풍읍(豐邑)의 수비를 맡기고 항부(亢父)를 거쳐 방여(方輿)에 진군하였을 때, 유방과 사이가 그다지 좋지 않았던 옹치가 유방을 배신하고 풍읍을 위나라 왕 위구(魏咎)에 바쳐버린 일이 있었다. 【☞ 제9장 '일패도지' 참조】

그러자 유방은 항량에게 5천여 명의 군사를 빌려 옹치로부터 풍읍을 탈환하였는데, 이때 옹치는 위나라로 도주하였다. 【☞ 제10장 '이군돌기' 참조】

그 후 옹치는 항우 휘하에 있다가 무관(武關)을 지키던 왕릉이 유방의 군령으로 광무산 아래로 진영을 옮길 때, 군사 5백을 데리고 왕릉에게 찾아와 귀순하고 그 휘하에 있었다. '고릉 전투'의 패전으로 유방이 쫓기는 신세가 되었을 때, 왕릉과 옹치의 도움을 받아 한나라군 군영으로 무사히 돌아온 적이 있었다. 또한 왕릉과 옹치는 초나라군의 후군이 있는 고성 마을을 기습하여 군량을 불태우는 등으로 초나라군에 타격을 주며 맹활약하였다. 【☞ 제34장 '양호유환' 참조 】

고제는 옹치가 하는 행위에 대해 죽이고 싶도록 미워하면서도, 한편으로는 차마 그러지 못하고 있던 것은 이러한 이유 때문이었다.

그러자 장량이 말하였다.

"많은 신하들이 보는 앞에서 지금 서둘러 옹치를 열후로 봉하십시오. 폐하께서 가장 미워하는 옹치가 봉작을 받는 걸 보면 자신들도 반드시 봉작을 받을 수 있다고 굳게 믿을 것입니다."

이에 고제는 많은 신하들이 보는 앞에서 옹치를 십방후(什方侯)로 봉하였다. 여러 신하들이 모두 기뻐하며 말하였다.

"폐하의 미움을 받는 옹치도 후(侯)에 봉해졌는데, 우리는 걱정할 필요가 없겠다."

그리고 다음 날부터 저희끼리 모여 수군대는 일이 없어졌다.

이와 같이 고제가 장량의 말에 따라 가장 미워하는 옹치를 제후에 봉하여 논공행상에 대한 장수들의 불안을 무마시킨 데에서 "옹치를 제후에 봉하다."라는 말인 '**옹치봉후(雍齒封侯)**'라는 고사성어가 유래하였다.

제42장
일반천금(一飯千金)과 토사구팽(兎死狗烹)

一 한 일 · 飯 밥 반 · 千 일천 천 · 金 쇠 금

밥 한 끼에 천금이라는 말. 작은 은혜도 잊지 않고 크게 보답하는 것을 비유하는 의미이다.

*** 출전: 사마천, 사기(史記) 회음후열전(淮陰侯列傳)**

兎 토끼 토 · 死 죽을 사 · 狗 개 구 · 烹 삶을 팽

(사냥감인) 토끼가 죽으면 사냥개도 삶긴다는 말. 목적이 달성되면 필요가 없어진 사람이나 물건은 버림받는 것을 비유하는 의미이다.

*** 출전: 사마천, 사기(史記) 회음후열전(淮陰侯列傳) 및 월왕구천세가(越王句踐世家)**

기원전 202년 3월 초순, 한신(韓信)은 초나라 왕으로 봉해져 도읍인 하비(下邳)에 부임하였다.

3개월 전 고제(高帝)가 갑자기 정도(定陶)로 들이닥쳐 제나라 왕위와 군사들을 졸지에 거두어 간 일을 두고 한신은 참으로 원망스럽고 섭섭하게 생각하고 있었다. 그러나 얼마 지나지 않아 고제가 한신을 초나라 왕으로 책봉하여 주는 헤아림으로 마음속에는 어떠한 원망이나 불만도 없었다. 오히려 한과 서러움 많았던 고향 땅에 왕이 되어 금의환향할 수 있도록 해 준 고제의 배려가 그저 고마울 뿐이었다.

한신은 초나라 왕으로 부임하여 현읍(縣邑)을 돌아다니며 그동안 끊이지 않는 전쟁으로 피폐해진 민심을 다독였다.

어느 정도 마음의 여유가 생기자 회음(淮陰)으로 사람을 보내 그동안 어떻게 되었는지 궁금하게 여겨온 이들을 찾아보게 하였다.

10년 전, 강가에서 남의 빨래를 하면서 자신에게 밥을 건네주던 노파, 한때나마 신세를 졌던 남창(南昌)의 정장(亭長), 그리고 가랑이 밑으로 지나가게 했던 사내 같은 사람들이었다. **【☞ 제5장 '과하지욕' 참조】**

얼마 되지 않아 회음으로 갔던 사람이 돌아와서 한신에게 찾고자 하는 사람들의 근황을 알려주었다.

"남의 빨래를 해주던 노파는 아직도 회수(淮水)가 마을에 그대로 살고 있습니다. 여전히 남의 빨래를 해주며 살고 있는데, 많이 늙어 빨래하는 일을 많이 힘들어하고 있습니다. 남창의 정장은 여전히 남창정에 살고 있는데, 오래전에 정장을 그만두고 농사를 짓고 있습니다. 또 대왕을 욕보인 사내는 초나라 군졸로 징집되어 여러 해를 싸움터에 끌려다니다가 몇 달 전에 돌아왔는데, 백정 일을 하고 있습니다."

이들의 근황을 들은 한신은 이들을 차례대로 왕궁으로 불렀다.

가장 먼저 빨래하는 노파를 불렀다. 노파도 한신을 알아보고 반가워하자, 한신이 말하였다.

"아주머니, 그때 그 밥 달게 잘 먹었습니다. 한 끼에 천금을 쳐도 지나치지 않을 것입니다. 제가 올리는 이 정성을 적다고 나무라지 마시고 거두어 주시기 바랍니다."

그리고는 그 노파에게 그때로는 엄청난 재물인 천금을 내렸다. 여기에서 "밥 한 끼에 천금"이라는 말인 '**일반천금(一飯千金)**'의 고사성어가 유래하였다. '일반천금'은 '**일반지은(一飯之恩)**' 또는 '**표모지혜(漂母之惠)**'라고도 한다.

빨래하는 노파의 다음으로 남창의 정장을 불렀다. 그는 한신을 한눈에 알아보고 쑥스럽게 생각하며 어쩔 줄 몰라 하자. 한신이 말하였다.

"그대는 소인이다. 남에게 은혜를 베풀기는 했으나 중도에 그쳤다. 하지만 그 밥도 나에게는 귀하였다. 늦었지만 이제라도 그 밥값을 주어야겠다."

그러면서 그에게 많지도 적지도 않은 1백 전(錢)을 내렸다.

마지막으로 한신을 욕보인 백정 사내를 불러들일 때는 초나라의 신료들이 함께 있었다.

"신료들은 잘 보아두시오. 과인이 이 사람의 가랑이 밑으로 지나갔소. 그날 이 사람이 과인을 욕보일 때 죽이려고 마음먹었다면 못 죽일 리 없었겠지만, 죄만 덮어쓸 것 같아 참았기에 오늘날 과인이 있는 것이오."

한신은 신료들에게 그렇게 말하고는 그 백정을 도성의 치안을 담당하는 중위(中尉)로 임명하였다.

"하찮은 일에 목숨을 걸었지만, 그것도 굳센 기질이라면 기질이다. 너의 그 기질이 과인의 마음을 다잡게 하였으니, 이제는 그 기질로 하비 도성의 저잣거리를 잘 지켜보아라."

한신의 정감 어린 보은은 여기서 그치지 않았다. 그해 가을인 7월에 빨래하는 노파가 갑자기 병들어 죽자 한신은 그 노파를 자신의 어머니 묘소 옆에 묻어 그 공덕을 기렸다.

그러던 어느 날, 숨어지내던 종리매(鐘離昧)가 한신에게 사람을 보내 의탁을 부탁하였다. 종리매는 '해하 싸움'에서 항우의 본진과 떨어지면서 달아났다가, 항우가 오강(烏江) 가에서 자결하였다는 소문을 들었다. 종리매는 그길로 군사들을 각자 제 갈 길로 보낸 뒤에, 혼자서 고향인 이려(伊廬)로 들어와 숨어지내고 있었다. 그러다가 한신이 초나라 왕으로 부임했다는 소문을 듣고 사람을 보내온 것이다.

한신은 지난날 회음의 저잣거리를 떠돌 때부터 종리매를 알고 지내면서 서로 굳센 기상을 과시한 적도 있었다. 그러다가 한신과 종리매가 같이 항량을 섬기고 있을 때, 종리매는 장수로 기용되었다. 그러나 한신은 집극랑으로 군막이나 지키게 되자, 종리매가 언젠가는 중용될 거라며 많이 위로해 주었다. 항으에게 실망한 한신이 초나라를 버리고 군영을 빠져나갈 때도 종리매는 눈감아 주었다.

그 뒤에 한신이 한나라의 대장군이 되자, 이들은 천하를 두고 겨루는 주군을 서로 달리 섬기며 대적하는 사이가 되었다. 그러나 한신이 동북쪽으로 조(趙)·연(燕)·제(齊)를 공략하면서 전선이 달라 싸움터에서 서로 얼굴을 맞대고 싸운 적은 없었다.

하지만 고제 유방은 종리매를 싸움터에서 자주 대적하면서 그에 대한 감정이 좋지 않았다. 항우의 맹장인 종리매가 싸움터에서 항상 앞장서서 고제에게 패배를 안기는 등으로 괴롭혔기 때문이다. 그 바람에 계포처럼 종리매의 목에도 천금의 현상을 걸고 빨리 잡아 들이라는 고제의 재촉이 심한 형편이었다.

그러한 종리매가 초나라 땅인 이려로 돌아와 숨어지내면서 의탁을 부탁하자 한신은 난감할 수밖에 없었다. 한신은 우선 시간을 벌어보자는 생각으로 후원의 한 전각에 종리매를 숨겨주었다.

이 무렵 두 건의 반역 사건이 일어났다.

기원전 202년 7월, 연나라 왕인 장도(臧荼)가 조나라를 침공하여 대(代) 땅을 점령하였다. 장도는 원래 연나라 장수였으나, 항우가 조나라를 구원할 때 그를 도와 거록(巨鹿)에서 싸웠고, 항우를 종장(縱長)으로 하는 제후군으로 관중에 함께 들어갔다. 그 공으로 항우가 천하를 나눌 때 연나라 왕으로 봉해지고, 원래 연나라 왕인 한광(韓廣)은 요동왕(遼東王)으로 밀려났다. 그러나 한광이 자리를 비켜주지 않고 버티자. 군사력으로 한광을 죽이고 요동 땅까지 차지하였다.

그러다가 한신이 동북을 평정할 때 한나라에 귀부하는 척하다가,

고제 유방이 장안으로 도읍을 옮겨 거리상 많이 멀어진 것을 기회로 조나라를 공격하였다.

이때 조나라 왕 장이(張耳)는 노환으로 병석에 있어 제대로 싸워보지도 못하고 대 땅을 빼앗겼다. 장이의 아들 장오(張敖)는 고제의 딸인 노원공주(魯元公主)와 혼인하여 고제의 부마였는데, 장도의 반역을 알리고 토벌해 줄 것을 청하였다.

고제는 노관(盧綰)을 상장군으로 삼아 몸소 5만 군사를 이끌고 장도가 지키고 있는 평성(平城)을 함락시키고 장도를 사로잡았다. 고제는 장도를 연나라 도읍인 계성(薊城) 저잣거리에서 참수하고, 노관을 연나라 왕으로 세웠다.

그해 9월, 영천후(潁川侯) 이기(利幾)가 자기의 봉지를 근거로 모반을 일으켰다. 이기는 원래 항우 휘하의 장수였다. '고릉 전투'에서 패한 유방이 전열을 재정비하여 항우가 있는 진성(陳城)을 공격하자, 이에 밀린 항우가 성부(城父)로 퇴각하였다. 이때 진성을 지키고 있던 이기가 유방에게 항복하였고, 나중에 영천후로 봉해졌다. 【☞ 제35장 '패월요초' 참조 】

고제가 연나라 왕 장도를 토벌하고 장안으로 돌아가는 길에 낙양에 들러 제후들을 불러 모으자, 겁을 먹은 이기가 군사를 일으켜 대항하였다. 고제는 연나라를 토벌했던 군사들을 그대로 이끌고 가서 이기를 잡아 참수하였다.

이러한 가운데 조나라 왕 장이가 죽자, 그에게 경왕(景王)이란 시호를 내리고 장오에게 왕위를 계승하게 하였다. 또 장사왕(長沙王) 오예(吳芮)가 죽었는데, 그에게 문왕(文王)이란 시호를 내리고 그 아들 오신(吳臣)에게 왕위를 계승하게 하였다.

기원전 202년 12월, 한신이 모반을 획책하고 있다는 상소가 고제에게 올라왔다.

상소의 내용은 천하가 이미 평정되었는데도 한신이 장정들을 끌어모아 군사훈련을 시키고, 사사로운 정을 앞세워 초나라 백성들의 민심을 끌어모으고 있다는 것이다. 또한 항우의 패장들을 숨겨놓고 자신의 장수로 쓰려고 하고 있는데, 이들은 때가 오기만을 기다리고 있으며 그중에 종리매도 있다는 내용이었다.

당시 한신은 초나라 왕으로서 항우의 근거지인 서초(西楚) 지역 대부분을 통치하고 있었기 때문에, 고제는 한신이 항우의 잔존 세력을 기반으로 모반을 준비하고 있다고 의심하게 되었다. 더구나 연나라 왕 장도와 영천후 이기의 모반사건을 진압하고 난 후여서 고제의 신경이 곤두서 있는 상황이었다.

고제는 진평을 불러 계책을 묻자, 진평이 대답하였다.

"지금 폐하의 장수와 군사로는 한신을 이길 수 없으며, 한신이 모반했다는 걸 아는 사람도 없고, 한신도 계획이 새어나간 걸 모르고 있습니다. 또한 폐하께서 지방을 순수(巡狩)하시면서 제후를 불러들여도 이상하게 생각하지 않습니다. 남쪽으로 가면 진현(陳縣)에 운몽(雲夢)이라는 큰못이 있는데, 폐하께서 그곳을 순수하시면서 제후들을 부르십시오. 한신도 폐하께서 순수를 나오셨다는 말을 들으면 별다른 의심 없이 폐하를 맞이할 겁니다. 그때 한신을 사로잡으십시오."

고제는 진평의 계책에 따라 운몽으로 순수를 나간다고 하면서 제후들을 모두 진현으로 모이게 하였다.

처음에 한신은 고제의 운몽 순수가 자신을 사로잡기 위한 계책인지를 몰랐다. 그러나 두 번이나 고제에게 기습적으로 군권을 빼앗겨 본 경험이 있는 한신은 고제의 순수에 숨은 의도가 의심스러워 군사를 동원하여 고제에게 맞서볼까 생각도 하였다. 하지만 그것도 한신의 배포로는 선뜻 엄두가 나지 않았다.

그리고 두 번이나 그의 기습에 당했지만 결국은 아무 탈 없이 풀려났고, 그때마다 지위가 높아졌다고 생각하니 군사적으로 맞서는 것을 주저하게 되었다. 그래서 이제라도 종리매의 목을 베어 고제에게 바치면 설사 고제가 자신을 의심하였더라도 그 무고함을 밝혀줄 증거가 될 것이라는 생각이 들었다.

한신은 숨어 있는 종리매에게 자신의 생각을 숨김없이 말하였다. 그러자 종리매는 한신에게 욕을 하며 말하였다.

"고제가 그대의 봉지인 초나라를 두려워하여 공격하지 않은 것은 대왕 밑에 내가 있다는 말을 들었기 때문이오. 대왕께서 나와 손잡고 맞서면 감당하기 어렵다고 여기는 까닭인데, 지금 나를 바쳐 고제의 환심을 사고 싶다면 나는 이 자리에서 기꺼이 죽어 줄 수 있소. 그러나 나도 이렇게 죽지만, 대왕도 결국은 비참한 최후를 맞게 될 것이오."

그리고 허리에 차고 있던 칼을 뽑아 자신의 목을 찔러서 자결해버렸다.

한신은 종리매의 목을 베어 싸 들고 고제를 만나러 운몽으로 나갔다.

한신을 본 고제가 손짓을 하자, 순수행렬을 호위하던 영음후(穎陰侯) 관영(灌嬰)과 신무후(信武侯) 근흡(靳歙)의 군사들이 한신을 에워싸고 다짜고짜 포박하여 함거에 실었다.

고제가 한신에게 차갑게 꾸짖으며 말하였다.

"네가 나에게 반기를 든다는 고변이 있었다. 초나라 왕이 된 뒤로 사사로이 인심을 써서 초나라 백성들과 장수들의 환심을 사고, 군사를 길러 나라의 허약한 틈을 엿보았다. 그리고 종리매와 같은 항우의 맹장들을 숨겨놓고 나에게 맞설 때 쓰려 하지 않았느냐?"

한신은 고제에게 간곡하게 자신을 변명하였다.

"그것은 간사한 자들의 모함입니다. 제 개인적으로 인심을 쓴 것은 예전에 어렵고 외로웠던 시절에 진 신세를 조금 보답했을 뿐입니다. 그리고 군사를 기른 것은 초나라가 항우의 근거지인지라 군사력으로 불순한 기운을 누르기 위함이었습니다. 더구나 신이 항우의 패장들을 숨겨놓고 있다는 말은 터무니없습니다. 다만 종리매는 다소간의 말미를 주어 계포처럼 폐하께 귀순하기를 바랐으나, 스스로 목을 찌르고 죽었기에 이렇게 거두어 왔습니다."

그러나 고제는 한신의 변명을 외면하였고, 한신을 실은 함거는 낙양으로 갔다.

함거 안에서 한신은 이렇게 한탄하였다.

"과연 사람들의 말과 같구나. **새를 다 잡고 나면 활은 창고에 들어가고, 토끼가 잡혀 죽고 나면 사냥개는 가마솥에 삶기며**, 싸움을 상대하던 나라를 무찌르고 나면 지혜로운 신하는 설 곳이 없어진다고 하였다. 이제 천하가 평정되었으니 나는 버림을 받는 것이 마땅하구나!"

이와 같이 한신이 고제로부터 모반을 획책했다는 의심을 받고 포박되자 한탄하면서 한 말에서"(사냥감인)토끼가 잡혀 죽으면 사냥개도 삶긴다."는 말인 '**토사구팽(兔死狗烹)**'이라는 고사성어가 사용되었다.

원래 '토사구팽'은 춘추시대에 월(越)나라 재상인 범려(范蠡)가 월나라를 떠나면서 같은 재상인 문종(文種)에게 보낸 편지에서 유래하였는데, 이 당시 한신이 인용하여 사용한 것이다.

또 "새를 다 잡고 나면 활은 창고에 들어간다."는 말인 '**조진궁장(鳥盡弓藏)**'도 '토사구팽'과 같은 의미로 쓰인다.

고제는 낙양에서 한신을 사면하면서 말하였다.

"그대가 한 말이 모두 진실이라 하여도 종리매의 일은 용서할 수가 없다. 비록 종리매와 개인적인 정이 깊다 하여도, 짐의 명령을 어기고 숨겨 주었으니 신하 된 자가 해야 할 일이 아니다. 그대를 초나라 왕에서 물러나게 하고 열후로 봉한다."

한신은 그의 고향인 회음을 식읍으로 하는 회음후(淮陰侯)로 봉하여져, 초나라 왕에서 열후로 지위가 격하되었다.

한신을 사로잡도록 계책을 낸 진평에게는 그의 고향인 호유향을 식읍으로 주고 호유후(戶牖侯)로 봉하였다.

그리고 고제는 서장자(庶長子) 유비(劉肥)를 제나라 왕으로 봉하고, 조참(曹參)을 제나라의 상국으로 삼았다. 또 초나라를 둘로 나누어 동쪽 53현(縣)은 고제의 사촌 형인 유가(劉賈)를 형왕(荊王)으로 봉하여 다스리게 하고, 서쪽 36현은 고제의 동생인 유교(劉交)를 초왕(楚王)으로 봉하여 다스리게 하였다. 이렇게 하여 비로소 고제와 혈연관계가 있는 종성(宗姓)인 유씨(劉氏) 성을 가진 왕을 세운 셈이었다.

제43장
평성지치(平城之恥)

平 평평할 평 · 城 성 성 · 之 갈 지 · 恥 부끄러워할 치
평성에서의 치욕이라는 말. 조공을 바치고 얻는 굴욕적인 평화를 비유하는 의미이다.
*** 출전: 사마천, 사기(史記) 고조본기(高祖本紀) 및 진승상세가(陳丞相世家)**

기원전 201년 봄, 고제(高帝)는 한왕(韓王) 신(信)에게 태원군(太原郡)과 그 북쪽의 땅을 봉지로 주고 진양(晉陽)에 도읍하여 흉노(匈奴)와 맞닿은 국경을 지키게 하였다.

한왕 신은 회음후(淮陰侯) 한신(韓信)과 동명이인(同名異人)이다. 횡양군(橫陽君) 성(成)이 한왕(韓王)으로 있을 때 그 사도(司徒)였던 장량(張良)이 한나라 장수로 기용하였는데, 나중에 장량과 함께 유방을 따라 다녔다.

유방이 '암도진창(暗渡陳倉)'으로 관중 땅을 차지했을 때, 항우가 한왕 성을 열후로 낮추었다가 유방과 내통할 것을 우려하여 죽이고 정창(鄭昌)을 한왕(韓王)으로 봉하였다. 이에 유방은 신을 한나라 태위(太尉)로 삼아 한(韓)나라의 옛땅을 공략하게 하였다. 신이 정창을 공격하여 항복시키자 신을 한왕으로 봉하였는데, 그는 봉지에 머물지 않고 계속 유방을 따라다니며 참전하였다. 【☞ 제22장 '오가소립' 참조】

이후 주가(周苛)와 종공(樅公)과 더불어 형양성(滎陽城)을 지켰는데,

항우에게 성이 함락되자 항복하였다가 다시 도망쳐 유방에게로 돌아왔다. 【☞ 제28장 '이식위천' 참조】 그 후에도 계속하여 유방을 따라다니며 참전하여 천하를 평정하는데 공을 세웠다.

흉노는 융(戎) · 적(狄) · 호(胡) 등으로 불리는 북방 유목 민족이며, 진(秦)나라가 망한 뒤에 강성해지기 시작하였다.

유방과 항우가 천하를 두고 다투는 동안에 흉노의 제왕 자리인 선우(單于)에 오른 묵돌(冒頓)은 동호(東胡)와 월지(月氏)를 쳐부순 뒤에 북변의 세력을 하나로 모아 하수(河水) 아래로 내려오기 시작하였다. 이때의 묵돌이 이끄는 군사는 말을 달리며 활을 쏠 수 있는 정예병이 20만을 넘을 만큼 강성하였다.

한왕 신은 내려오는 묵돌의 군사를 막아 내지 못하고 도읍을 진양에서 마읍(馬邑)으로 옮겼다.

그러나 기원전 201년 7월, 이번에는 흉노가 마읍까지 쳐들어와 성을 포위하였다. 힘에 겨운 한왕 신은 강화 협상을 하기 위해 사신을 흉노 진영에 자주 보내게 되었다.

이때 고제는 한왕 신을 지원하고자 대군을 편성하고 있었으나, 흉노 진영에 사신을 자주 보낸다는 소식을 듣고 단순한 강화 협상이 아니라 배신하려는 두 마음을 품고 있는 것이 아닌가 하는 의심을 하였다.

기원전 201년 9월, 고제는 사람을 보내 한왕 신을 엄하게 훈계하였으나, 한왕 신은 자칫 모반으로 몰려 위태롭게 될까 봐 두려워 묵돌에게 항복하여 흉노와 손잡고 한나라에 맞서게 되었다. 기세가 오른 묵돌은 구주산(句注山)을 넘어 태원을 공격하고 진양에까지 이르렀다.

고제는 직접 군사를 이끌고 흉노에 붙어 모반한 한왕 신을 치러 나섰다. 고제는 동제(銅鞮)로 진격해, 한왕 신이 이끄는 군사들을 쳐부수고 그의 장수인 왕희(王喜)를 참수하였다.

이에 쫓긴 한왕 신은 흉노로 달아나고, 신의 장수인 만구신(曼丘臣)과 왕황(王黃)이 조나라의 먼 후손인 조리(趙利)란 자를 조나라 왕으로 세우고 흩어진 신의 군사들을 모아 흉노와 함께 고제에게 대항하였다.

흉노의 선우인 묵돌은 자신의 휘하에 있는 좌현왕(左賢王)과 우현왕(右賢王)에게 각각 1만의 기병을 이끌고 가서 진양까지 진격하게 하였으나, 고제의 한나라군은 이를 패퇴시켰다. 흉노군이 그대로 패주하자 그들을 쫓아 이석(離石)에서 다시 전투를 벌여 승리하였다.

고제는 묵돌이 대곡(代谷)에 군영을 설치하였다는 소식을 듣고, 그들의 세력을 알아보기 위해 교대로 열 번의 사신을 보내 흉노의 군영을 정탐하게 하였다. 묵돌은 이를 간파하고 정예병과 좋은 말들은 어디론가 숨겨버리고, 겉으로는 비쩍 마른 말과 늙은 병사들만 잔류시켜 한나라의 사신들이 보게 하였다.

"소문과 달리 흉노의 군세가 보잘것없습니다. 크게 힘들이지 않아도 대번에 쳐부술 수 있을 것 같습니다."

사신들이 모두 이렇게 말하며, 흉노를 치자고 하였다. 이때 봉춘군(奉春君) 유경(劉敬)만이 유일하게 반대하는 진언을 올렸으나, 고제는 화를 내며 유경을 광무(廣武)로 보내 가둬버렸다.

이즈음 한나라 후발대 20만이 구주산을 넘어 고제가 있는 쪽으로 오고 있었는데, 고제는 이를 믿고 묵돌을 공격하기로 작정하고 평성(平城)으로 들어갔다.

그런데 후발대를 기다리다 마음이 급해진 고제는 평성에 대부분의 전투병을 남기고, 기마대와 약간의 전투병만 이끌고 흉노의 형세를 살피기 위해 백등산(白登山)으로 올라갔다. 백등산은 평성에서 동북쪽으로 10리 떨어진 곳으로 그리 높지는 않으나 평지 가운데 가파르게 솟아 있어 주변 형세를 살피기 좋은 곳이었다. 하지만 그때 이미 흉노의 대군은 백등산에서 멀지 않는 곳에 매복하고 있었다.

고제와 한나라 군사들이 백등산으로 오르자마자 흉노의 대군이 몰려들어 그 산을 철통같이 포위하고 항복해 오기만을 기다렸다.

고제와 한나라 군사들은 꼼짝없이 백등산 정상에 갇혀버렸다. 한나라의 후발대를 기다리지 않고 서둘러 백등산으로 올라온 탓에 군량이 충분하지 못하였다. 타고 온 말을 잡아 생고기를 나눠 먹고 산에 쌓인 눈을 녹여 마시며 버티었으나, 사흘이 지나자 굶어 죽거나 얼어 죽는 군사들이 생겨나기 시작하였다.

이때 근심이 가득한 고제가 호군중위(護軍中尉)로 따라온 진평(陳平)에게 계책을 묻자, 진평이 말하였다.

"흉노는 유목민이라 전쟁을 할 때도 본진 안쪽에 아녀자 장막을 두고 이를 지키면서 싸웁니다. 흉노의 왕비나 후궁을 연지(閼氏)라고 하는데, 묵돌이 가장 아끼는 연지가 대곡의 장막에 있다고 합니다. 그 연지에게 뇌물을 듬뿍 주어 묵돌에게 강화를 하도록 할 수 있다면 지금의 어려움을 벗어날 수 있는 가장 손쉬운 방법입니다."

묵돌이 그가 아끼는 연지에게는 약한 편이니, 그 연지에게 뇌물을 주고 묵돌을 설득시키자고 제안한 것이다.

고제의 입장에선 비루하고 구차한 계책이기는 하나 별다른 수가 없었기에 진평의 제안에 그대로 따랐다.

진평은 날랜 군사 하나를 포위망을 뚫고 평성으로 가게 하여, 평성에 남아 있는 신료 중에서 사신을 선발하고 재물을 마련하여 흉노의 장막으로 연지를 찾아가게 하였다.

연지를 찾아간 한나라 사신은 준비해간 값비싼 물건을 연지에게 바치면서 한 폭의 미인도를 슬쩍 꺼냈다. 만약 묵돌이 한나라를 정복하면 이러한 한나라 미인들한테 흠뻑 빠질 것이라는 말로 연지의 질투심이 유발되도록 하였다. 진평의 계책이 적중하여 그 연지는 묵돌에게 군대를 철수하자고 설득하였다.

묵돌은 연지의 요청도 있었지만, 한나라의 후발대가 접근해 오고 있는데 대해 경계심을 갖고 있었다. 그래서 묵돌은 한 곳의 포위망을 느슨하게 하여 고제와 한나라 군사들이 빠져나갈 수 있도록 해주었다.

백등산에 갇힌 지 이레째 되는 날, 때마침 백등산에는 크게 안개가 끼었다. 진평은 군사들의 강노(强弩)에 두 개의 화살을 메겨 밖으로 향하게 하며 전투태세를 갖춘 상태에서 군사들이 움직이도록 하였다.

안개 속에서 보이지 않는 흉노군을 향해 강노를 들이밀고 걷는 숨막히는 시간이 지나갔다. 포위망에서 거의 탈출한 것을 깨달은 고제는 곧바로 빠르게 달아나려고 했지만, 하후영(夏侯嬰)이 그러한 고제를 만류하면서 일부러 천천히 움직여 겨우 흉노군을 피해서 탈출할 수 있었다.

한나라군이 모두 탈출한 데다 마침 한나라군의 후발대가 평성에 도착하자, 묵돌도 불리함을 알고는 군사들을 거느리고 떠났다.

고제는 씁쓸한 기분으로 귀환하면서 광무에 가두었던 유경을 풀어주고 그에게 진심으로 사죄하였다. 그리고 흉노 정책에 대한 의견을 물어보자, 이렇게 말하였다.

"천하를 평정하는 동안 사람들이 너무 지쳐 우리 힘으로는 절대 흉노를 이길 수 없습니다. 다만 원대한 미래를 계획하여 실천해나가면 우리 후손이 저들을 신하로 삼을 수 있을 것입니다. 흉노를 무력으로 제압하기는 어려우니, 화친을 위해 공주를 묵돌에게 시집보내는 것이 좋을 듯합니다. 그러면 묵돌이 폐하의 사위가 되고 그가 죽으면 폐하의 외손자인 그의 아들이 선우가 될 것이니, 그들과 사돈이 되면 전쟁은 없을 것입니다."

한번 크게 혼이 난 고제는 더 이상 흉노와 싸우는 게 진저리가 났다. 고제는 유경의 제안을 마지못해 받아들여 흉노와 화친 정책을 추진하기로 하였다. **한나라는 흉노와 굴욕적인 화친조약을 맺었는데,**

화친조약의 내용은 다음 네 가지 항목이었다.

(1) 만리장성을 양국의 경계로 삼는다.
(2) 상호 형제 관계를 맺는다.
(3) 한나라 공주를 흉노의 선우에게 시집보낸다.
(4) 매년 흉노에게 옷감과 음식을 보낸다.

여기서 말하는 형제의 맹약은 흉노가 형이 되고, 한나라가 동생이 되는 것을 말한다. 한나라는 영토를 보전하기 위해 흉노에게 공주를 시집보내고 조공을 바치는 입장으로 전락한 것이다.

고제는 공주를 흉노의 선우에게 보내야 하였는데, 여후(呂后)와의 사이에 난 노원공주는 조나라 왕 장오와 혼인을 맺은 몸이었다. 그래서 황족 가운데 다른 공주를 물색해 묵돌에게 시집보냈다. 또 국경에 시장을 열어 서로 필요한 물자를 교역하게 허락하였다.

이와 같이 "평성에서의 치욕"이라는 말인 '**평성지치(平城之恥)**'는 평성의 백등산에 갇힌 고제가 흉노의 연지에게 뇌물을 바치고 궁지에서 빠져나온 뒤에, 흉노와 굴욕적인 화친조약을 맺은 데에서 유래한 고사성어이다.

한편 흉노에 항복하여 고제에게 등을 돌렸던 한왕 신은 흉노의 장수가 되어 자주 한나라 변경을 노략질하였다.

그러다가 기원전 196년, 한나라에 반역한 진희(陳豨)와 내통하여 흉노 기병과 함께 삼합(參合)으로 쳐들어 왔다가, 무양후(舞陽侯) 번쾌(樊噲)와 극포후(棘蒲侯) 시무(柴武)에게 패하여 참수당하였다.

【☞ 제46장 '성야소하 패야소하와 차희차련' 참조】

제44장
우익이성(羽翼已成)

羽 깃 우 · 翼 날개 익 · 已 이미 이 · 成 이룰 성
날개와 깃이 이미 이루어졌다는 말. 능력이나 여건이 이미 성숙했거나, 대세가 기울어 손을 쓸 수 없는 상황을 비유하는 의미이다
*** 출전: 사마천, 사기(史記) 유후세가(留候世家)**

기원전 200년 12월, 고제(高帝)는 대(代) 땅에 갔다가 장안으로 돌아가는 길에 조나라에 들렀다. 조나라 왕 장오(張敖)는 고제의 사위였다.

장오는 조석으로 팔을 걷어붙이고 직접 밥상을 받쳐 올리면서 성심성의를 다하여 받들었다. 조나라 군왕으로서의 위엄은 생각하지 않고 사위로서의 충실과 공경을 다하여 고제를 모셨다.

장오가 그렇게 고제를 받드는데도 고제는 거만하기 이를 데 없었다. 두 다리를 벌리고 앉아서 문안을 받거나 함부로 꾸짖는 등 장오를 종 부리듯 하였다.

이때 조나라의 상국 관고(貫高)와 조오(趙午) 등을 비롯한 대신들은 고제가 자기들의 군왕을 너무 함부로 대하는 것을 치욕으로 생각하고 고제를 죽이려고 하였다.

이듬해 고제는 동원(東垣)에 갔다가 돌아오는 길에 또 조나라에 들렀다. 관고를 비롯한 조나라 대신들은 고제가 박인(柏人)에서 머물게 될 것이라고 짐작하여 그곳 관사의 측벽에 사람을 숨겨두고 고제를

시해하려고 하였다. 그러나 고제가 이상한 기분을 느끼고 그곳에 머물지 않고 그냥 지나가 버렸다. 그 바람에 관고 등이 꾸민 일은 허사가 되고 말았다.

다시 한해가 지난 기원전 198년, 관고와 원수진 사람이 관고가 고제를 시해하려 했던 일을 알고 고변(告變)을 하였다.

화가 난 고제가 조나라 왕 장오를 비롯해 관고 등 대신들을 잡아들이자, 함께 일을 꾸몄던 몇 사람이 앞다투어 목숨을 끊었다.

관고는 자신이 살아있어야 이 일과 전혀 관계가 없는 장오의 무고함을 밝혀 줄 수 있다며 갖은 고문에도 꿋꿋하게 문초에 응하면서 장오의 결백함을 주장하였다.

이로 인해 고제는 장오의 결백을 인정하여 풀어주고, 관고의 신의도 칭찬할 만하다며 사면하였다. 그러나 관고는 주군께 누를 끼쳤다며 자결하였다.

조나라 왕 장오는 관고가 결백함을 밝혀주었으나 왕위를 지켜내지는 못하였다. 고제는 장오를 선평후(宣平侯)에 봉하고, 조나라 왕에는 겨우 여덟 살인 유여의(劉如意)를 세웠다. 유여의는 척부인(戚夫人) 소생으로 대(代)왕이었던 고제의 조카 유희(劉喜)가 흉노의 등쌀에 쫓겨오자, 그를 대신해 장안에 머물면서 대(代)왕을 하고 있었다. 그러다가 장오가 관고의 일로 조나라 왕에서 밀려나자, 장안에 앉아 있는 채로 조나라 왕이 되었다.

유여의를 낳은 척부인은 정도(定陶) 사람으로 고제가 항우의 도읍인 팽성(彭城)에 들어갔을 때 얻은 여자인데, 아리따운 용모에 춤을 잘 추어 고제의 총애를 한 몸에 받았다. 처음에는 미인(美人)으로 봉해졌다가 여의를 낳고 부인(夫人)으로 지위가 격상되었다.

고제에게는 여후(呂后)가 낳은 태자 유영(劉盈)이 있는데, 사람됨이

인자하였으나 유약하고 고제 자신을 닮지 않았다고 못마땅하게 생각하였다. 그러나 척부인이 낳은 여의는 자기를 닮았다고 여겨 아끼며 이뻐하였다. 게다가 고제의 총애를 입고 있는 젊고 아리따운 척부인은 아들 여의를 태자로 책봉해 달라고 밤낮으로 고제를 졸랐다.

하지만 여후는 나이가 많아서 고제와의 사이가 갈수록 멀어지면서, 태자인 아들 영을 지켜내기 어려운 형편에 놓였다.

기원전 197년, 한(漢)나라 왕조가 들어선 지 10년에 접어들면서 나이 예순을 바라보게 된 고제는 조나라 왕 여의를 태자로 책봉하려는 마음이 간절하였다. 그래서 조정의 공론에 부치자, 모든 대신들이 적장자를 폐하고 나이 어린 서자를 태자로 세우는 일은 불가하다고 하였다. 그중에서도 어사대부 주창(周昌)이 강경하게 반대하였다.

주창은 형양성(滎陽城)을 지키다가 항우에게 사로잡혀 삶겨 죽은 주가(周苛)의 사촌 동생으로, 사람됨이 강직하고 직언을 서슴지 않아 고제도 은근히 두려워하였다.

그러나 이것으로 태자를 바꾸려는 고제가 마음을 단념한 것도 아니고 공론이 끝난 것도 아니어서 여후는 불안하기 짝이 없었다.

이에 여후는 작은 오라비인 건성후(建成侯) 여석지(呂釋之)에게 장량(張良)을 찾아가 계책을 물어보고 오도록 하였다. 여후의 큰 오라비인 주여후(周呂侯) 여택(呂澤)은 이미 항우와의 싸움터에서 죽고 난 뒤라 여석지가 여씨 가문의 기둥이었다.

이 당시 장량은 몸이 쇠약해져 조정에 나오지 않고 집 안에만 머물고 있었다. 여석지는 장량에게 가서 단도직입적으로 찾아온 까닭을 말하였다. 그러자 장량은 골육간의 일에는 계책을 말하지 않겠다며 사양을 하다가, 여석지가 간청하자 이렇게 말하였다.

"폐하께서 조정에 불러들이고 싶었으나 불러들이지 못한 현명한 선비가 네 분 있습니다. 이 네 분은 폐하께서 거만하고 사람을 업신여긴다고 하여 간곡히 부르셔도 오히려 깊은 산속으로 달아나 숨어 살고 있습니다. 이 네 분은 한나라의 신하가 되지는 않았지만, 폐하께서 우러러보고 계십니다. 건성후께서는 폐백을 마련하시고, 태자께서는 예의 바르게 겸양으로 그분들을 초빙하는 글을 짓게 하시고, 말 잘하는 사람을 보내어 간곡히 부르신다면 그분들은 이에 응할 것입니다. 그리하여 그분들을 귀한 손님으로 모시고 태자를 보위하게 하되, 때때로 폐하의 눈에 띄게 하십시오. 태자의 자리를 지켜내는 데에는 그분들이 곁에 있는 것만큼 큰 도움은 없을 것입니다."

장량이 말한 네 사람의 현명한 선비는 동원공(東園公)·녹리 선생(甪里 先生)·기리계(綺里季)·하황공(夏黃公)을 가리킨다.

동원공은 이름이 유선명(庾宣明)으로 언제나 동쪽 밭에 있다고 하여 붙여진 호칭이다. 녹리 선생의 이름은 주술(周術)인데 태백(太伯)의 후손이고, 기리계는 본명이 알려지지 않았으나 뛰어난 선비였다. 그리고 하황공은 이름이 최광(崔廣)으로 하리(夏里)에 숨어 살며 도를 닦았다 하여 그렇게 불리었다.

진승의 봉기로 진(秦)나라가 멸망하자, 이 네 사람은 상현(商縣)의 동쪽 상락산(商雒山)에 들어가 숨어 살았는데, 수염과 눈썹이 하얗게 세어 희다고 하여 '상산사호(商山四皓)'라 불리었다. 이때 모두 일흔이 넘은 나이이지만 고제가 이들의 명성을 듣고 불렀으나, 이들은 고제가 거만하고 선비를 업신여긴다는 말을 듣고 부름에 응하지 않았다.

여석지는 장량이 말 한대로 행하였다. 상산사호는 태자의 간곡한 부름에 응하여 장안에 다다르자, 여후는 이들을 여석지의 저택에 묵으면서 태자를 보필하게 하였다.

그러던 어느 날, 궁궐에서 큰 연회가 열렸다. 태자인 영(盈)이 고제의 술자리를 옆에서 모시게 되었을 때였다. 태자의 뒤를 네 사람의 늙은이가 따르고 있었는데, 수염과 눈썹이 희며 매우 위엄이 있어 보였다.

고제가 기이하게 여기고 좌우를 돌아보며 저 사람들이 무얼 하는 자들인지를 물었다. 그 말을 들은 네 사람이 고제 앞에 나가 스스로 이름을 밝혔다. 이들이 '상산사호'로 불리는 현명한 선비들임을 알아본 고제가 놀라며 그들에게 물었다.

"짐은 예전에 그대들을 중용하고자 불렀으나, 그대들은 짐을 피해 달아나 숨어 버렸다. 그런데 지금은 어떻게 하여 태자를 따라다니게 되었는가?"

고제가 몇 년이나 공을 들였지만 끝내 모셔오지 못한 '상산사호'가 동시에 대답했다.

"폐하께서는 선비들을 업신여겨 자주 욕을 하고 꾸짖기를 잘합니다. 그래서 의로운 것을 추구하는 저희는 욕되지 않으려는 마음으로 도피한 것입니다. 그러나 태자께서는 어질고 효성이 깊으며, 선비들을 아끼고 공경하여 세상 사람들은 모두가 태자를 위해서라면 목숨이라도 걸고 모시려 한다는 것을 알았습니다. 이에 저희도 태자의 이러한 품성을 지켜드리기 위해 찾아온 것입니다."

고제는 이들을 공경하는 마음으로 당부의 말을 하였다.

"현명한 그대들이 우리 태자를 잘 이끌어 주기를 부탁하겠소."

그러자 이들은 고제에게 장수(長壽)를 비는 술잔을 올리고 물러갔다. 고제가 척부인을 불러 물러가는 네 사람을 가리키며 말하였다.

"짐이 태자를 바꾸고 싶으나, 저기 네 사람이 지키고 보좌하여 **이미 태자의 깃과 날개가 자라버렸으니**, 이제는 나도 어찌 할 수가 없게 되었소. 짐이 죽은 뒤에 여후가 그대를 함부로 대할 것 같아 걱정이오."

그 말에 척부인이 흐느껴 울자 고제가 이렇게 말하였다.

"짐을 위해 초나라 춤을 추시오. 짐도 그대를 위해 초나라 노래를 불러주겠소."

고제는 척부인의 춤에 맞춰 큰소리로 노래를 불렀다.

높이 나는 큰 기러기와 고니, 한 번 날면 천 리를 가네. (鴻鵠高飛 一擧千里)
깃과 깃 촉이 이미 자라, 온 세상을 가로지르며 날아가네. (羽翮已就 橫絶四海)
온 세상을 가로지르며 날아가니, 당장 어떻게 하겠는가. (橫絶四海 當可奈何)
비록 새 잡는 활이 있다 한들, 어디에다 쓸 수 있으리오. (雖有矰繳 尙安所施)

이와 같이 고제가 태자를 바꾸고 싶어도 '상산사호'가 지키고 보좌하여 어찌할 수 없다는 것을 척부인에게 말한 데에서 "날개와 깃이 이미 이루어졌다."는 말인 '**우익이성(羽翼已成)**'이라는 고사성어가 유래하였다.

고제는 여의를 태자로 앉힐 수 없게 되자, 자신이 죽은 뒤에 여의를 지키기 위한 여러 가지 방안을 강구하였다.

강직한 주창을 조나라의 상국으로 삼아 여의를 보호하도록 하였다. 그리고 장안에 있던 여의를 조나라로 보내 여후의 눈에 띄지 않게 하였다.

척부인에게도 여후를 받들면서 언행을 조심하여 눈 밖에 나는 일을 하지 않겠다는 다짐을 받아 두고, 태자인 유영에게도 이복동생인 여의를 잘 지켜주라고 당부하였다.

제45장
수여쾌오(羞與噲伍)와 다다익선(多多益善)

羞 부끄러울 수 · 與 줄 여 · 噲 목구멍 쾌 · 伍 대오 오

번쾌와 같은 대오(반열)에 있는 것을 부끄럽게 여기다는 말. 자기보다 지위가 낮거나 못난 사람과 동등한 대우를 받는 것을 부끄럽게 여긴다는 의미이다.

*** 출전: 사마천, 사기(史記) 회음후열전(淮陰侯列傳)**

多 많을 다 · 多 많을 다 · 益 더할 익 · 善 착할 선

많으면 많을수록 좋다는 말. 많을수록 더 능력을 발휘할 수 있다는 의미이다.

*** 출전: 사마천, 사기(史記) 회음후열전(淮陰侯列傳)**

초나라 왕위에서 회음후(淮陰侯)로 격하된 한신은 나날이 우울하였다. 고제는 비록 한신을 용서하였으나 그에 대한 경계심을 늦추지 않고 있었다. 고제는 한신을 장안으로 옮겨와 살도록 하면서 도성 바깥으로 나갈 수가 없도록 하고, 항상 그의 동태를 살피고 있었다.

한신은 고제가 자신의 능력을 두려워하기 때문이라는 것을 간파하고 병을 핑계로 조정에 나가지도 않고, 고제를 따라 다니는 일도 없었다.

이렇게 한신은 고제를 원망하고 불평하면서 나날을 보냈다. 게다가 지난날 대장군이었던 자신의 휘하에서 장수로 있었던 조참(曹參)이나 주발(周勃), 관영(灌嬰)과 같은 자들과 동등한 대우를 받는 것을 수치스럽게 생각하고 있었다.

어느 날, 한신은 번쾌(樊噲)의 집을 방문한 적이 있었다. 번쾌는 무양(舞陽)을 식읍으로 받은 무양후(舞陽侯)가 되었는데, 여후(呂后)의 동생인 여수(呂須)의 남편으로 동서 간인 고제의 총애가 깊었다.

그러나 번쾌는 예전에 한신이 왕이었을 때, 그 밑에서 장수로 있었던 적을 잊지 않고 이루 말할 수 없이 공손하게 대하였다. 또 스스로를 신이라 칭하며 송구스럽다는 듯 말하였다.

"대왕께서 누추한 신(臣)의 집까지 몸소 찾아 주시다니 영광입니다."

한신이 번쾌의 집에 잠시 머물렀다가 나오면서 중얼거렸다.

"내가 죽지 못해 살아서 번쾌와 같은 반열에 서 있구나."

이와 같이 한신이 번쾌의 집을 방문하고 나서 자신의 지위가 왕위에서 열후로 낮아진 것을 한탄한 데에서 "번쾌와 같은 대오(반열)에 있는 것을 부끄럽게 여기다."라는 말인 '수여쾌오(羞與噲伍)'라는 고사성어가 유래하였다.

한신을 왕위에서 열후로 격하 시켜 장안에 살게 한 고제는 맹수를 우리 안에 가두어 놓은 것 같아 마음이 편안하였다. 그래서 고제는 한신을 위로한다는 명목으로 가끔 술자리를 만들어 그를 불러 마음을 떠보기도 하였다.

어느 날 고제는 한신과 술을 마시면서 여러 장수들의 재주와 능력을 따져가며 순위를 매겼다. 조참, 번쾌, 주발, 관영과 같은 고제 휘하의 맹장들로부터 용저(龍且), 종리매(鍾離昧), 계포(季布), 환초(桓楚) 등의 패망한 항우의 맹장들까지 얘기하며 따져 나갔다. 그러다가 고제가 불쑥 한신에게 물었다.

"짐과 같은 사람은 얼마나 되는 군사를 거느릴 수 있는가?"

한신이 망설임 없이 대답하였다.

"폐하께서는 그런대로 10만 정도를 거느릴 수 있습니다."

고제가 한신에게 다시 물었다.

"그렇다면 그대는 얼마나 거느릴 수 있는가?"

이번에도 한신은 망설임 없이 대답하였다.

"신(臣)은 **많으면 많을수록 좋습니다.**"

이 말에 고제의 얼굴이 일그러지고, 함께 자리하였던 대신들도 낯빛이 어두워지면서 좌중은 숨을 죽였다. 한신이 아차 싶어 하고 있는데, 고제가 다시 물었다.

"군사가 많을수록 좋다는 말은 그만큼 군사를 잘 거느린다는 뜻이 아닌가? 그런 그대가 어떻게 하여 짐에게 사로잡혀있는가?"

한신은 그사이에 대답을 준비한 사람처럼 말하였다.

"폐하께서는 비록 군사를 많이 거느릴 수는 없지만, 그 군사들을 이끄는 장수들을 거느릴 수 있는 능력이 있으십니다. 그래서 신이 폐하에게 사로잡혀있습니다. 하물며 폐하는 하늘의 도움을 받고 계시기 때문에 사람의 힘으로는 어찌할 수 없습니다."

이 말에 비로소 고제의 일그러졌던 얼굴이 펴지고, 함께 자리하였던 대신들의 낯빛에도 화색이 돌면서 좌중의 분위기는 밝아졌다.

하지만 한신은 고제에게 이런 말을 해야 하는 자신을 한심하게 생각하며 계속 우울한 나날을 보내고 있었다.

이와 같이 고제가 한신에게 거느릴 수 있는 군사의 수를 물어본 데에서 "많으면 많을수록 좋다."는 말인 '**다다익선(多多益善)**'이라는 고사성어가 유래하였다.

제46장

성야소하 패야소하(成也蕭何 敗也蕭何)와 차희차련(且喜且憐)

成 이룰 성 · 也 어조사 야 · 蕭 맑은대쑥 소 · 何 어찌 하
敗 깨뜨릴 패 · 也 어조사 야 · 蕭 맑은대쑥 소 · 何 어찌 하

성공하는 것도, 실패하는 것도 소하에게 달려 있다는 말. 일의 성패가 한 사람의 손에 달려 있다는 것을 비유하는 의미이다.

*** 출전: 홍매, 용재속필(容齊續筆) 권8(卷八)**

且 또 차 · 喜 기쁠 희 · 且 또 차 · 憐 불쌍히 여길 련

한편으로는 기쁘고 다른 한편으로는 가엾게 여기다는 말. 미묘한 애증 관계나 이중적인 심리를 나타내는 의미이다.

*** 출전: 사마천, 사기(史記) 회음후열전(淮陰侯列傳)**

양하후(陽夏侯) 진희(陳豨)가 거록군(鋸鹿郡)의 태수로 임명되어 부임하면서 한신에게 작별 인사를 하러 왔다.

진희는 양(梁) 땅인 완구(宛朐)에서 군사 5백으로 일어나 이들을 이끌고 고제를 따라다녔다. 그 후 연나라 왕 장도(臧荼)가 모반을 했을 때 유격 장군이 되어 대(代)나라를 정벌하였는데, 그 공으로 양하후에 봉해졌다.

우울하게 나날을 보내던 한신은 진희가 오자 반갑게 맞이하며 측근들을 물리친 다음, 그에게 함께 모반할 것을 권하였다.

"양하후가 부임하는 거록은 천하의 정예병들이 모인 곳이라 군사를 양성하면서 거느리고 다녀도 그다지 눈에 띄지 않는 곳이오. 게다가 공은 황제가 신임하고 있는 신하인지라 누가 공을 모반하였다고 고변하더라도 황제는 쉽게 믿지 않을 것이오. 그러니 이번에 거록에 가거든 그 땅에서 군사를 양성하여 공의 큰 뜻을 펼쳐보시오. 나도 장안에서 공을 위해 안에서 내응할 터이니, 그러면 천하를 도모하는 일도 수월할 것이오."

한신의 능력을 평소 잘 알고 있던 진희는 그의 제안을 받아들였다.

거록으로 간 진희는 거록 땅을 조용히 지키며 군사 양성에 힘을 쏟았다. 고제는 그런 진희를 기특하게 생각하고 대나라와 조나라의 변경에 있는 군사들을 모두 거느리게 하였다.

진희는 평소에 옛 위(魏)나라의 신릉군(信陵君)을 흠모하였다. 신릉군은 전국시대 사군자(四君子) 가운데 한 사람으로, 겸손하게 선비들을 잘 대접하기로 소문이 나서 삼천 명에 이르는 식객이 모여들었다.

진희도 그런 신릉군을 본받아 사람들을 겸손하게 대하며 대접하자 그 주변에 많은 사람들이 몰려들었다.

그러다가 대나라 상국(相國)이 되자, 다스리는 땅도 넓어지고 군사들도 점차 늘어나면서 조금씩 모반의 뜻을 드러내기 시작하였다. 전보다 힘써 군사를 기르고 군마를 늘리면서 인재를 끌어모았다. 그리고 흉노에 항복하여 고제에게 등을 돌린 한왕(韓王)이었던 신(信)의 장수인 만구신(曼丘臣)과 왕황(王黃)과도 몰래 내통하였다.

진희를 지켜보고 있던 조나라 상국 주창(周昌)이 진희에게 모여드는 사람이 많고, 군사를 마음대로 움직이는 것이 좋지 않다고 고제에게 진언하였다.

그러자 고제가 가만히 사람을 시켜 알아보게 하였는데, 황제가 몰래 사람을 보내 자기의 뒷조사를 하고 있다는 것을 알게 된 진희는 여차하면 한나라에 맞설 준비를 하게 되었다.

기원전 197년 7월, 고제의 아버지인 태상황(太上皇)이 죽었다. 고제는 조문을 빌미로 진희를 장안으로 불렀지만, 진희는 몸이 아프다는 핑계로 오지 않았다.

그러다가 그해 9월, 왕황과 손을 잡고 한나라에 반역하였다. 진희는 스스로 대나라 왕이라 칭하며 대나라 땅을 모두 차지하고 군사를 일으켜 조나라로 쳐들어갔다. 진희는 조나라 북쪽 땅을 거의 다 차지하고 거록과 한단(邯鄲)을 수중에 넣었다.

고제는 번쾌(樊噲), 관영(灌嬰), 주발(周勃), 하후영(夏候嬰), 역상(酈商), 근흡(靳歙) 등 오래된 맹장들과 제나라 상국으로 가 있는 조참(曹參)도 부르고, 회음후(淮陰侯) 한신(韓信)과 양왕(梁王) 팽월(彭越)에게도 출전을 권하였다. 그런데 한신은 아프다는 핑계로 따라나서지 않았고, 팽월은 장수 하나에 약간의 군사만 지원하였다.

이렇게 고제가 진희를 토벌하러 떠나자, 한신은 은밀히 진희에게 사람을 보내 내통을 하였다. 가신들과 짜고 거짓 칙령을 발동하여 각 관청에 감금되어있는 죄수들과 노예들을 사면으로 석방한 다음, 그들을 이끌고 나가 여후(呂后)와 태자를 습격할 계획을 세웠다.

이때 한신의 집사 중에서 사씨(謝氏)라는 사람이 잘못을 저질러서 감금시켜 놓았는데, 한신은 그를 처형할 생각이었다. 이 사씨의 동생이 한신이 모반하려는 일을 알고 여후(呂后)에게 고변하였다.

여후는 가장 먼저 상국인 소하(蕭何)를 불러 의논하였다. 소하는 한중(漢中)에서 달아나는 한신을 뒤쫓아 가서 데려와 유방에게 천거하여 한나라의 대장군으로 삼은 인연이 있었다. 【☞ 제20장 '국사무쌍' 참조】 그런데 이제 그를 잡아 들이는 일을 거들어야 하니 기구한 인연이라고 생각하였다.

여후는 자신이 짜낸 계책을 소하에게 말하였다.

"폐하께서 진희의 모반을 평정하고 그의 목을 베었다는 거짓 소문을 내고 그 축하 잔치를 장락궁(長樂宮)에서 벌인다고 하면서 한신을 부르면 어떨까요? 그러면 궁금해서라도 오지 않고는 못 배길 겁니다."

소하는 좋은 계책이라고 동조하면서 그렇게 하기로 하고, 사람을 한신에게 보내 이를 알리도록 하였다.

궁궐에서 심부름 온 사람으로부터 진희의 모반이 평정되어 참수되었다는 소식을 전해 들은 한신은 눈앞이 아득해지고 하늘이 무너지는 것 같았다. 진희가 이렇게 맥없이 무너지다니 믿어지지 않았다.

이때 소하도 한신에게 편지를 보내 경하하는 잔치 자리에 참석하지 않으면 조정의 신료들로부터 의심을 받을 수 있다고 참석을 권고하자, 한신은 마지못해 장락궁으로 갔다.

한신이 장락궁에 들어서자마자, 여후가 미리 숨겨 둔 무사들에게 사로잡혀 포박당하였다. 이어서 나타난 여후가 직접 한신을 문초하면서 고변자와 대질하였다. 한신은 간사한 종놈의 모함이라고 자신의 결백을 주장하면서 혐의를 부인하였으나, 여후는 일사천리로 신문을 진행하였다.

한신은 비로소 살아서 그곳을 빠져나가기는 틀렸다는 것을 깨닫고 하늘을 바라보며 외쳤다.

"내가 괴통(蒯通)이 말해준 계책을 듣지 않아서 마침내 아녀자의 속임수에 당하였으니, 어찌 하늘의 뜻이 아니겠는가!"

온갖 고난과 역경을 이겨내고 제나라 왕과 초나라 왕에까지 오른 입지전적인 인물이며, 항우를 제압하고 천하를 유방에게 안겨 준 장본인인 한신은 장락궁에서 여후에게 참형을 당하며 파란만장한 생을 마감하였다.

이렇게 고제가 없는 틈을 탄 여후가 한신을 모살(謀殺)하면서 한나라 초기 정치 전면에 등장하는 계기가 되었고, 점차 권력과 욕망의 화신이 되기 시작하였다.

이렇게 한신은 소하의 추천으로 인해 한나라에서 자신의 능력을 발휘할 수 있게 되었지만, 정작 소하 때문에 최후를 맞이하게 되는 아이러니한 상황이 되었다.

이후 송(宋)나라 남송(南宋) 시대의 학자인 홍매(洪邁)는 그의 저서인 '용재속필(容齋續筆)'에서 이를 빗대어 다음과 같이 말하였다.

"한신이 대장군이 된 것은 소하가 천거했기 때문이요, 이제 그가 죽음을 맞이한 것도 소하의 꾀에 의한 것이었다. 그래서 항간에는 '성공하는 것도 소하에게 달려 있고, 실패하는 것도 소하에게 달려 있다.'라는 말이 떠돌게 되었다."

이와 같이 홍매의 '용재속필'에서 '성야소하 패야소하(成也蕭何 敗也蕭何)'라는 고사성어가 유래하였는데, '성역소하 패역소하(成亦蕭何 敗亦蕭何)'라고도 한다.

한편 한나라에 반역한 진희(陳豨)를 토벌하기 위하여 직접 출병한 고제는 동쪽에서부터 진희를 공격하였다. 진희는 조나라의 수도인 한단(邯鄲)에는 군사를 배치하지 않고, 그 북쪽에 군사를 배치하고 있어 고제는 한단을 쉽게 탈환하였다. 고제는 기뻐하면서 말하였다.

"진희가 남쪽의 장수(漳水)를 이용해서 한단을 방어하지 않았으니, 이제야 이 자가 무능한 인물이라는 것을 알았다."

이때 조나라 상국인 주창이 상산(常山)의 25개 성 중에 20개 성이 진희에게 함락당한 군수와 현위(縣尉)를 참수하려고 고제에게 아뢰었다. 그러자 고제가 성이 함락당한 경위를 물어본 뒤에, 모두 항전하다가 빼앗긴 것을 알고는 힘이 모자라 그런 것은 죄를 물을 일이 아니라고 용서하였다. 그리고 군사를 모아 고제에게 달려온 조나라 장수

네 사람에게 식읍을 1천 호씩 내려 치하하여 조나라 군사들의 사기를 올렸다.

이렇게 한단에서 한 달여를 머물며 모든 채비를 갖춘 고제는 본격적인 진희의 토벌에 나섰다.

무양후(舞陽侯) 번쾌(樊噲)는 양국(襄國)·박인(柏人)·청하(淸河)·상산(常山) 등 27개 현을 무너뜨려 탈환하고, 무종(無終)과 광창(廣昌)에서 진희의 장수 기무앙(綦毋卬)과 윤반(尹潘)을 크게 무찔렀다. 또 한왕(韓王)이었던 신(信)이 흉노의 장수가 되어 진희와 내통하여 흉노 기병과 함께 삼합(參合)으로 쳐들어온 것을 번쾌와 극포후(棘蒲侯) 시무(柴武)가 참수하였다.

강후(降侯) 주발(周勃)이 진희가 자리 잡고있는 마읍(馬邑)을 들이치자, 진희는 달아나고 그의 장수인 승마치(乘馬絺)를 참수하였다. 그리고 안문군(鴈門郡) 17개 현과 운중군(雲中郡) 12개 현을 항복 받았다.

영음후(潁陰侯) 관영(灌嬰)과 건무후(建武侯) 근흡(靳歙)은 곡역(曲逆) 아래에서 진희의 승상인 후창(侯敞)이 이끄는 대군을 쳐부수고 후창을 참수하였다. 그리고 상곡양(上曲陽)·안국(安國)·안평(安平)을 차례로 항복 받았다.

평양후(平陽侯) 조참(曹參)은 대(代) 땅에서 진희의 장수인 장춘(張春)이 이끄는 대군을 쳐부수었다.

기원전 196년 12월, 고제는 진희의 주력이 마지막으로 버티고 있는 동원성(東垣城)으로 군사들을 집결시켰다. 이때 동원성을 지키고 있는 장수는 한왕이었던 신의 장수인 만구신(曼丘臣)과 왕황(王黃)애 의해 일시적으로 조나라 왕 노릇을 하였던 조리(趙利)이었다.

【☞ 제43장 '평성지치' 참조 】

고제는 동원성을 치기 전에 조리를 문루로 불러내어 항복을 권하였다.

"지난날 너는 만구신과 왕황의 간사한 짓에 넘어가 조나라 왕이라 허황스럽게 말하며 오랑캐의 사냥개 노릇을 하더니, 이제는 진희의 개가 되어 주인 없는 집을 지키고 있구나. 죄 없는 성안의 백성들을 생각해서 어서 항복하여라."

그러나 조리가 고제에게 악담을 퍼부으며 욕을 하자, 성안에 있던 군사들도 따라서 욕을 하였다. 이에 화가 난 고제가 군사들을 불같이 몰아 동원성을 몰아쳤다. 한나라 군사들이 모두 다투어 성벽을 오르니 악착같이 버티던 동원성도 버텨내지 못하고 함락되었다.

동원성이 함락되자, 진희의 세력은 급속히 허물어져 내렸다. 진희를 따르던 장수들이 잇달아 항복해 오고, 만구신과 왕황은 그의 부하들이 항복하면서 산 채로 잡아 왔다. 진희는 달아나서 대 땅을 떠돌며 재기를 노리다가 그 이듬해 겨울 영구(靈丘)에서 추격해온 번쾌의 군사들에 의해 잡혀 죽었다. 진희의 모반을 평정한 고제는 이들이 마지막으로 저항하였던 동원의 이름을 진정(眞正)으로 고쳐 부르게 하였다. 그리고 대나라에 한동안 머물면서 뒷일을 마무리 지었다.

"상산(常山) 남쪽에 있는 조나라가 대나라가 있는 상산 북쪽까지 다스리기에는 거리상 너무 멀다."

고제는 이렇게 말하며 조나라로부터 상산 북쪽의 땅을 떼어 대나라에 편입시키고, 박부인(薄夫人)과 사이의 소생인 항(恒)을 대나라 왕으로 세우면서 진양(晉陽)에 도읍하도록 하였다.

대나라에서 뒷일을 마무리한 고제는 장안으로 돌아오다가 낙양에 들러 잠시 머물러 쉬고 있었다. 그때 여후(呂后)가 사자를 보내 회음후(淮陰侯) 한신의 죽음을 알려왔다.

"회음후 한신이 진희가 일으킨 반란에 내응하기 위해 장안에서 변란을 일으키려다 발각되어 황후께서 그 죄를 물어 참수하였습니다."

그 말을 들은 고제는 한편으로는 기쁘면서도 다른 한편으로는 한신을 가엾게 여겼다.

한신의 군사적 능력이 고제의 입장에서는 화근이 될 수 있다는 점에서 짐이나 혹처럼 불편하고 때로는 위협적이기도 했는데, 이제 더는 그런 불편도 위협도 아니게 된 것이 고제의 마음을 가뿐하게 하였다. 그러나 천하를 두고 다툼에서 그가 세운 공로를 생각하니 안타까운 죽음이었다.

이와 같이 "한편으로는 기쁘고 다른 한편으로는 가엾게 여기다."는 말인 '차희차련(且喜且憐)'은 한신에 대하여 고제가 느끼는 미묘한 애증(愛憎) 관계를 나타내면서 유래한 고사성어 이다.

제47장
중원축록(中原逐鹿)과 척구폐요(跖狗吠堯)

中 가운데 중 · 原 근원 원 · 逐 쫓을 축 · 鹿 사슴 록

중원에서 사슴을 쫓는다는 말. 지위나 정권을 놓고 다투는 것을 비유하는 의미이다.

*** 출전: 사마천, 사기(史記) 회음후열전(淮陰侯列傳)/ 반고, 한서(漢書) 괴오강식부전(蒯伍江息夫傳)**

跖 발바닥 척 · 狗 개 구 · 吠 짖을 폐 · 堯 요임금 요

도척의 개는 요임금을 보고도 짖는다는 말. 선악을 가리지 않고 자기 주인에게만 하는 맹목적인 충성을 비유하는 의미이다.

*** 출전: 사마천, 사기(史記) 회음후열전(淮陰侯列傳)/ 반고, 한서(漢書) 괴오강식부전(蒯伍江息夫傳)**

회음후(淮陰侯) 한신의 죽음에 대해 '차희차련(且喜且憐)'의 감정을 가졌던 고제는 장안으로 돌아와 여후(呂后)를 만나자마자 물었다.

"한신이 죽을 때 무슨 말을 하였소?"

여후가 천연덕스럽게 대답하였다.

"한신이 달리 한 말은 없고, 괴통(蒯通)이 말해 준 계책을 듣지 않아서 한이 된다고 하였습니다"

고제는 괴통의 이름을 듣자 얼굴이 굳어지면서 말하였다.

"그자에 대해서는 짐도 들은 바 있소. 그는 제나라의 변사(辯士)로 말솜씨가 보통이 아니라고 들었소."

그러면서 사람을 풀어 괴통을 잡아 오게 하였다.

그때 괴통은 제나라 도읍인 임치(臨淄) 성안을 히죽거리고 돌아다니거나, 말도 안 되는 소리를 지껄이며 일부러 미친 사람 행세를 하면서 사람들이 자신을 알아보지 못하도록 하였다. 그러다가 무당 노릇도 하고 점도 치고 실성한 사람 흉내를 내면서 제나라 각처를 떠돌아다녔다.

그러나 고제의 엄명을 받은 관리가 수소문하여 마침내 그를 체포하자, 한탄하면서 혼자 중얼거렸다.

"관리가 나를 추적하여 잡으러 온 이유는 회음후 일밖에 없다. 그 얼간이가 하늘이 주는 것을 받지 않더니 끝내 비참한 최후를 당한 것이 틀림없다. 내가 말해 준대로 따르지 않더니 나까지 죽음으로 몰아넣는구나."

체포된 괴통이 장안으로 와서 고제 앞으로 끌려 나오자, 고제가 물었다.

"회음후가 죽으면서 너가 말한 계책을 듣지 않은 것을 한탄하였다. 네가 회음후에게 모반을 부추겼느냐?"

그러자 괴통은 모든 것을 체념한 듯 말하였다.

"예. 제가 그렇게 하라고 부추겼습니다. 그런데 그 얼간이가 제가 말해준 계책을 듣지 않아서 스스로 죽을 길로 찾아간 것입니다. 만약 그가 신의 계책에 따랐다면, 폐하께서는 그를 죽일 수 없었습니다."

고제가 대노하여 주위에 대고 소리쳤다.

"회음후가 모반을 꾸밀 위인이 못 된다는 것을 짐이 잘 알고 있다. 그런데 너 같은 놈들이 그를 부추겨 망치게 하였구나. 이놈을 당장 삶아 죽여라!"

괴통이 너무나 원통하다고 소리치자, 고제가 뭐가 원통한지 말해보라고 하였다.

괴통은 담담하게 이렇게 말하였다.

"진(秦)나라 말기에 천하를 통치하는 법도가 해이해지자, 산동(山東) 지역에서 군웅들이 봉기했습니다. 그리하여 진나라가 사슴(황제 자리를 말함)을 잃어버리자, 천하가 모두 그 뒤를 쫓아 세력을 다투었는데, 재주가 좋고 발이 빠른 자가 먼저 그 사슴을 잡았습니다. 신이 제나라 왕 한신에게 홀로서기를 권한 것은 모두 진나라가 놓친 사슴을 쫓고 있을 때이었고, 그때 신의 주인은 한신이었습니다. 도척의 개가 요임금을 보고 짖어대는 것은, 요임금이 어질지 않아서가 아니고, 개는 그의 주인이 아닌 사람을 보면 곧바로 짖기 때문입니다. 군웅들이 봉기할 때, 신은 한신만을 알고, 폐하는 알지 못하였습니다. 더구나 당시에는 칼끝을 예리하게 갈아 지니면서 폐하께서 이루신 일을 자기도 해보고자 나서는 사람이 많았습니다. 폐하께서 천하를 얻으셨지만, 그들이 그렇게 하지 못한 것은 힘이 부족하였을 뿐입니다. 폐하께서는 이런 사람을 전부 삶아 죽이시려는 것입니까?"

고제는 괴통의 말이 이치에 맞다고 하며 그의 죄를 용서하고 풀어주었다.

이와 같이 괴통이 고제에게 자신이 원통한 이유를 말하면서 "중원에서 사슴을 쫓는다."는 말인 '중원축록(中原逐鹿)'과 "도척의 개는 요임금을 보고도 짖는다."는 말인 '척구폐요(跖狗吠堯)'라는 고사성어가 유래하였다. '척구폐요'는 "개는 주인이 아니면 짖는다."는 말의 '구폐비주(狗吠非主)'와 "걸왕의 개는 요임금을 보고도 짖는다."는 말의 '걸견폐요(桀犬吠堯)'도 같은 의미로 쓰인다.

제48장
대풍가(大風歌)

大 큰 대 · 風 바람 풍 · 歌 노래 가

큰바람의 노래라는 말. 성공하여 고향에 돌아온 것을 축하하며 부르는 노래를 비유하는 의미이다.

*** 출전: 사마천, 사기(史記) 고조본기(高祖本紀)**

진희(陳豨)가 마읍(馬邑)에서 모반하여 고제가 친히 토벌에 나설 때, 양왕(梁王) 팽월(彭越)은 부름을 받고도 부하 장수만을 보내고 자신은 병을 핑계 삼아 출정하지 않았다. 【☞ 제46장 성야소하 패야소하와 차희차련 참조】 이에 고제는 문책하는 사신을 정도(定陶)로 보내 팽월을 엄히 꾸짖었다. 팽월은 자신의 실수를 깨닫고 고제에게 사죄하러 가기 위해 자신의 대장군인 호첩(扈輒)과 의논하자, 그는 이렇게 간하였다.

"대왕께서는 황제가 진희를 토벌하러 나서면서 부를 때는 직접 가지 않았다가 황제의 사람이 와서 꾸짖자 가시려고 하시는데, 만약 가시게 되면 반드시 사로잡혀 벌을 받게 될 것입니다. 차라리 군사를 일으켜 모반하는 것이 낫지 않겠습니까?"

팽월이 깜짝 놀라며 그런 말을 입 밖에 내지 말라고 호첩을 단속해 놓고서 여전히 병을 핑계 삼아 움직이지 않고 사태를 관망하고 있었다.

그런데 평소 사특하고 탐욕스러운 팽월의 태복(太僕)이 죄를 지어 달아나면서 고제가 낙양에 머물고 있을 때 이를 고변하였다.

고제는 팽월이 군사를 일으킬 것을 우려하여 조나라 상국인 주창(周昌)을 팽월에게 보내 유인하도록 하였다. 주창은 팽월에게 애초에 모반의 말을 꺼낸 호첩만 치죄한다고 속이고, 호첩을 실은 함거를 팽월이 조나라 경계까지만 호송해 달라고 유인하여 팽월도 같이 잡아들였다.

고제가 머물러있는 낙양으로 끌려온 호첩은 문초를 받다 고문으로 죽고, 팽월은 달리 모반 행적을 찾을 수가 없었으나 왕위를 박탈당하고 촉(蜀) 땅의 청의현(靑衣縣)으로 귀양을 보냈다.

귀양을 가는 팽월의 함거가 정(鄭) 땅에 이르렀을 때, 장안에서 낙양으로 가는 여후(呂后)의 행차와 만나게 되었다. 팽월은 여후에게 자신의 몰락이 너무도 억울하다고 호소하자, 여후는 팽월을 뒤따르게 하여 낙양으로 갔다. 팽월은 여후가 자기를 사면받을 수 있도록 해 줄 것이라고 믿고 있었다.

그러나 정치적 야망이 남달랐던 여후는 고제에게 팽월을 살려 두면 우환을 남기는 것이라며 이 기회에 그를 죽여야 한다고 청하였다. 이렇게 하여 팽월의 모반에 대한 문초가 다시 시작되고, 마침내 팽월이 모반죄를 덮어쓰고 참수당하였다.

팽월의 머리는 낙양성 저잣거리에 내걸리고, 그 살덩이는 소금에 절여져 본보기로 각처의 제후들에게 돌려졌다. 그리고 고제는 그의 다섯째아들 유회(劉恢)를 양(梁)왕으로 세웠다.

고제가 참수당한 팽월의 머리를 낙양성 저잣거리에 걸어두면서 이렇게 조서를 내렸다.

"감히 팽월의 머리를 거두는 자가 있다면 즉시 체포하여 옥에 가두고 짐에게 보고하라."

이때 양나라의 대부인 난포(欒布)가 제나라에 사신으로 갔다가 돌아오면서 팽월의 소식을 듣고 낙양으로 달려왔다. 그리고 팽월의 머리를 거두어 그 앞에서 제사를 지내며 통곡을 하였다.

난포는 양나라 사람이다. 양왕 팽월이 평민이었을 때 서로 친하게 지냈다. 그러나 생활이 곤궁하여 제나라에서 남의 집 고용살이를 하다가 다시 주막에서 심부름하며 살았다.

몇 년 후에 팽월은 거야택으로 가서 도적이 되었고, 난포는 다른 연유로 연나라에 팔려가 노예 생활을 하였다. 난포가 그 집 주인을 위해 원수를 갚아주자, 연나라 장수였던 장도(臧荼)가 이를 알고 그를 추천하여 도위(都尉)로 임명되었다. 그러다가 장도가 연왕(燕王)이 되자, 난포를 장군으로 삼았다. 후에 장도가 한(漢)나라에 반란을 일으키자, 한나라의 토벌군이 연나라를 공격하여 난포는 포로가 되었다.

이때 양왕인 팽월이 난포의 소식을 듣고 고제에게 부탁하여 속죄금을 내고 난포를 데려와서 양나라의 대부로 삼았다. 이러한 난포가 제나라에 사신으로 갔다가 미처 돌아오기 전에 팽월이 모반한 죄로 참형을 당한 것이었다.

팽월의 머리를 거두어 제사를 지낸 난포를 관리가 체포하여 고제에게 보고하자. 고제가 난포도 팽월과 함께 모반을 획책했다며 끓은 물에 삶아 죽이려 하였다.

그러자 난포가 고제에게 한마디만 하고 죽겠다며 이렇게 말하였다.

"폐하께서 팽성에서 항우와 싸워 곤경에 처하고 형양(滎陽)과 성고(成皐) 사이에서 패하였음에도 항우가 서쪽으로 계속 진격하지 못했던 이유는 팽월이 양나라 땅을 지키면서 항우를 괴롭혔기 때문이었습니다. 당시 팽월이 한 번 시선을 돌려 초나라를 쳐다봤다면 한나라가 지고, 한나라를 쳐다봤다면 초나라가 지게 되어 있었습니다. 또한 해하의 대회전(大會戰)에서 팽월이 참전하지 않았다면 항우는 망하지 않았을 것입니다. 이제 천하가 이미 평정되어 팽월에게 부절과 함께 양왕으로 봉해 그 역시 만세에 그의 작위를 전하라고 했습니다. 폐하께서 양나라에 징병을 명하자, 양왕은 몸이 아파 종군하지 못했는데 그것을 빌미로 폐하께서는 양왕이 반역을 꾀한다고 의심하셨으나, 아무런 흔적도 나타나지 않고 있습니다. 그런데도 폐하께서는 작은 문제를 트집 잡아 가혹한 형벌을 가해 양왕을 죽이고 멸족시켰습니다. 신은 공신들이 스스로 위험을 느끼지 않을까 하는 것이 걱정됩니다. 이제 양왕이 죽었으니, 신은 사는 것이 죽는 것만 못한 것 같아서 청컨대 삶아 죽여주십시오."

이에 고제는 난포를 갸륵하게 여기고 석방하여 도위에 임명하였다. 후에 난포는 한나라 5대 황제인 문제(文帝) 때 연나라 상국(相國)이 되었다.

소금에 절여진 팽월의 살덩이가 회남왕(淮南王) 경포(黥布)에게 도착했을 때, 경포는 그것을 보고 몹시 두려워하였다. 마치 너도 모반하면 이렇게 될 거라고 말하는 것 같았다.

경포에게 사랑하는 총희(寵姬)가 있었는데, 그녀가 아파서 궁궐 밖의 의원에게 진료를 받게 되었다.

그런데 그 의원의 집 앞에 사는 중대부 비혁(賁赫)은 총희에게 호감을 사서 경포의 총애를 받고자 하는 비루한 생각을 가졌다. 그래서 총희에게 선물도 하면서 친숙해지자, 그 의원의 집에서 같이 술을 마시고 논 적도 있었다.

어느 날 총희가 경포에게 비혁의 사람됨을 칭찬하자, 경포는 그들이 몰래 만나는 사이로 의심하게 되었다. 비혁은 의심을 산 것이 두려워 장안으로 달아나 경포가 모반하였다고 밀고하였다.

고제는 비혁이 올린 글을 상국인 소하에게 말하니, 무고일지도 모르니 우선 비혁을 가두고 경포의 태도를 살펴보자고 하였다.

그러나 회남왕 경포는 비혁이 고변했다는 사실을 알고, 한신이나 팽월의 예를 보더라도 고제가 가만있지 않을 거라는 생각이 들었다.

그래서 경포는 앉아서 당할 수 없다는 생각으로 군사를 일으키자, 고제가 직접 군사를 거느리고 경포의 토벌에 나섰다.

경포가 먼저 동쪽으로 형(荊) 땅을 공격하니, 형왕(荊王) 유가(劉賈)가 맞서 싸우다가 달아나 부릉(富陵)에서 죽었다. 경포는 초나라를 쳐 깨뜨리고 드디어 서쪽으로 가서 한나라 군대와 기현(蘄縣)에서 대치하였다.

고제는 용성(庸城)에서 성벽을 쌓고 기다리다가 제나라 상국 조참(曹參)이 20만 대군을 이끌고 오자, 합세하여 성 밖으로 나가 싸웠다. 이 싸움에서 경포는 대패하여 백여 명의 군사와 함께 회수(淮水)를 건너 강남으로 달아났다.

경포는 장사왕(長沙王) 오신(吳臣)이 보낸 사람의 꾀임으로 그를 따라 번양(番陽)으로 다시 피신하였다. 경포는 번양을 조금 지나 자향(玆鄉)이란 마을의 농가에 숨어서 오신을 만나기로 하였다가, 그곳 농민들에게 잡혀 죽었다.

그러나 이 싸움에서 고제는 어깨에 화살 맞아 부상을 입어 회북(淮北)에 머물러 치료하면서, 자신의 일곱째 아들 장(長)을 회남왕으로 삼았다.

고제는 화살에 맞은 부상이 회복되자, 장안으로 개선하는 도중에 고향인 패현(沛縣)에 들렀다. 고제는 패궁(沛宮)이라 불리는 그곳의 행궁에 자리 잡고, 고향의 옛 친구와 부로(父老)들을 모두 불러 모아 큰 잔치를 베풀었다. 잔치가 무르익고 술기운이 돌자 깊은 감회에 젖어 현악기인 축(筑)을 타며 노래를 지어 부르고 춤을 추었다. 그뿐 아니라 고향의 아이들 120명에게 자기가 지은 노래를 가르쳐 합창하게 하였다.

큰바람 일어나더니 구름이 흩날리도다. (大風起兮 雲飛揚)
세상에 위엄을 떨치고 고향에 돌아왔노라. (威加海內兮 歸故鄉)
어떤 일이 있더라도 용맹한 자를 얻어 천하를 지켜내리라. (安得猛士兮 守四方)

이 노래의 첫 구절인 "큰바람 일어나더니"라는 말에서 '대풍가(大風歌)'라는 고사성어가 유래하였다.

이 '대풍가'는 항우의 '해하가(垓下歌)'와 자주 비교되기도 한다. '해하가'는 항우가 해하에서 한나라군에 포위되어 비운에 처했을 때 읊은 노래라서 그런지 애절함이 들게 한다. 이에 비해 '대풍가'는 자신이 새로운 왕조를 열었고, 위협 세력을 모두 꺾었다는 자부심이 배어 있었다.

아이들의 합창이 점점 흥을 돋우자 고제는 자리에서 일어나 손발을 흔들고 두 눈에 눈물을 흘리며 춤을 추었다. 이렇게 패궁에서 열흘을 지내고, 장안으로 돌아가는 중에 패현 사람들이 고을을 비워놓고 서쪽으로 모두 따라나서 배웅하므로 그곳에서 또다시 사흘을 머물며 그들과 흥겹게 술을 마셨다. 고제는 패현과 풍읍의 부역과 조세를 면제시켜 주고, 패후(沛侯)로 있던 조카 유비(劉濞)를 오왕(吳王)으로 올려 세우고 장안으로 돌아왔다.

경포가 고제에게 대항하였다가 숙청되자, 유씨(劉氏) 아닌 왕으로는 오직 연나라 왕 노관(盧綰) 뿐이었다.

연나라 왕인 장도(臧荼)가 조나라를 침공하여 대(代) 땅을 점령하고 한나라에 반역하자, 노관이 장도를 사로잡아 참수한 공으로 연나라 왕이 되었다. 【☞ 제42장 '일반천금과 토사구팽' 참조 】

그러나 유씨가 아닌 다른 성씨의 왕은 숙청된다는 말이 떠돌고 있어 노관의 왕위도 안전할 수만은 없었다.

어느 날 고제가 백마를 잡아 군신들과 피를 마시면서 유씨가 아닌 사람을 왕으로 세우면 천하가 함께 쳐 없앨 것이라고 맹약한 사실이 있다고 우승상 왕릉(王陵)이 말하였다. 이렇게 한 말로 미루어 볼 때, 노관은 고제와 죽마고우라도 언제까지나 예외일 수는 없다고 생각하였다.

고제가 진희의 반란에 직접 토벌을 나서자 노관도 토벌 작전에 참전하여 동북쪽을 공격하였다. 그러나 노관은 진희를 바로 토벌하고 나면 자신이 한나라에서 불필요한 인물이 되어 연나라 왕의 자리를 오래 유지할 수 없을 것을 두려워하였다. 그래서 가능한 진희와의 싸움을 오래 끌어야겠다고 생각하고 몰래 자신의 장수인 범제(范齊)를 진희에게 보내 승패가 결정되지 않도록 하였다.

기원전 195년이 시작되는 겨울, 진희가 마침내 영구(靈丘)에서 추격해 온 번쾌의 군사들에 의해 잡혀 죽었다. 【☞ 제47장 '차희차련' 참조 】

그때 진희의 부장이 항복하면서 노관의 장수인 범제가 진희에게 가서 반란에 협조한 사실이 있다고 실토하였다.

고제는 진상을 규명하기 위하여 사자를 보내어 노관을 장안으로 불렀으나, 병을 핑계 삼아 나오지 않아 더욱 의심하게 되었다.

고제는 벽양후(辟陽侯) 심이기(審食其)와 어사대부 조요(趙堯)를 보내어 노관을 데려오게 하자, 더욱 두려워하며 숨어 버렸다.

이즈음 흉노에서 항복해 온 자가 노관의 부하인 장승(張勝)이 도망하여 흉노에 있다라고 하였다. 장승은 애당초 노관이 흉노에게 보낸 첩자였는데 흉노와 내통했다는 증거로 되어 버리자, 고제는 노관이 자신을 배반했다고 확신하며 번쾌로 하여금 노관을 토벌하게 하였다.

그러자 노관은 그의 가족과 수천의 기병을 거느리고 장성(長城) 아래에 피신하였다.

이 당시 고제는 경포의 반란을 토벌하면서 입은 부상 탓으로 건강이 좋지 않아 누워 지냈는데, 노관은 고제의 건강이 회복되면 상황을 보아 직접 장안으로 들어가 사죄하려 하였다.

그러나 기원전 195년 4월에 고제가 건강을 회복하지 못하고 마침내 승하하자, 노관은 할 수 없이 그의 무리를 거느리고 흉노 땅에 들어가 항상 한나라에 돌아갈 궁리를 하다가 1년 후 그곳에서 죽었다.

노관을 대신한 새로운 연나라 왕에는 고제의 막내아들 유건(劉建)이 책봉되었다.

제49장

소규조수(蕭規曹隨)

蕭 맑은대쑥 소 · 規 법 규 · 曹 마을 조 · 隨 따를 수

소하가 만든 법을 조참이 그대로 따른다는 말. 예전의 제도나 관습, 방식 등을 그대로 따른다는 의미이다.

*** 출전: 사마천, 사기(史記) 조상국세가(曹相國世家)/ 양웅, 양자법언(揚子法言) 연건(淵騫)**

고제(高帝)가 패현(沛縣)에서 고향의 옛 친구와 부로(父老)들을 모두 불러 모아 큰 잔치를 베풀고 '대풍가'에 맞추어 눈물을 흘리며 춤을 추면서 즐기다가 장안으로 돌아온 지 7개월 후인 기원전 195년 4월에 52세를 일기로 세상을 떠났다.

고제의 뒤를 이어 태자인 영(盈)이 15살에 제위에 올라 혜제(惠帝)가 되었다. 황제의 나이가 약관(弱冠)에 이르지 못하였고, 유약하여 자연스럽게 여테후(呂太后)가 한나라 조정의 실권을 장악하였다.

여태후는 복수의 화신이 되어 잔혹성을 드러내었다. 여태후는 고제의 후궁 가운데 척부인(戚夫人)을 가장 미워하였고, 황자(皇子)들 가운데는 척부인 소생인 조나라 왕인 여의(如意)를 가장 미워하였다.

척부인은 고제의 총애를 가장 오래 받아 왔으며, 자기의 소생으로 태자 자리를 노려 여태후의 권위에 정면으로 도전하였고, 그녀의 아들인 여의는 태자의 자리를 넘볼 수 있는 가장 위협적인 존재이었기 때문이다.

여태후는 고제가 승하하자마자 척부인에게 태형을 가하고 머리도

깎아버린 뒤 죄지은 궁녀들을 보내는 영항(永巷)에 가두어 놓고 괴롭혔다.

이에 척부인이 조나라 왕인 여의에게 들으란 듯이 자신의 신세를 한탄하는 '영항가(永巷歌)'를 지어 부르자, 분노한 여후는 여의를 장안으로 불러들여 죽이려고 하였다.

조나라의 상국(相國)인 주창(周昌)은 이러한 여태후에 맞서 여의를 보호하며 보내지 않았다. 그러나 여태후도 줄기차게 조칙(詔勅)을 빙자하여 여의의 소환을 요구하므로 어쩔 수 없이 장안으로 보내졌다.

이러한 사실을 알게 된 혜제는 이복동생인 여의를 보호하기 위하여 계속 함께 먹고 자면서 보호하여왔다. 그러나 혜제가 아침 일찍 사냥을 나간 사이 여태후는 잠들어 있던 여의를 깨워 짐독을 먹여 죽였다.

여태후의 잔혹함은 여기서 그치지 않고 영항에 갇혀있던 척부인을 끌어내 눈을 뽑고 손발을 자르고 고막을 연기로 그을려 태우고 벙어리가 되는 약을 먹여 돼지우리에 던져 놓았다. 이것을 해제에게 보여주며 '인간 돼지'라고 불렀다.

혜제는 처음에는 워낙 처참한 몰골이었기에 척부인임을 못 알아보다가, 나중에 그녀가 척부인이라는 것을 알고는 혼절하였다가 깨어나 대성통곡하면서 여태후에게 사람을 보내 이렇게 말하였다.

"이는 사람으로서는 도저히 할 수 없는 짓입니다. 나는 이런 참혹한 일을 저지른 태후의 아들이라는 사실이 부끄러워 나라를 다스릴 수 없습니다."

충격을 받은 혜제는 1년 정드 병상에 누워있다가 병이 나은 뒤에도 상심하여 주색에 빠져 자연 돔이 많이 상하였다.

혜제 2년인 기원전 193년 7월, 상국인 차후(酇侯) 소하(蕭何)가 64세를 일기로 병으로 세상을 떠났다. 혜제는 조나라 상국으로 있던 평양후(平陽侯) 조참(曹參)을 소하의 뒤를 이어 상국으로 임명하였다.

소하와 조참은 고제의 고향인 패현(沛縣)의 하급관리 출신으로, 고제와 같이 거병하여 고제를 따라나섰다. 아주 친했던 두 사람은 초한(楚漢) 전쟁 승리 후의 논공행상 때문에 사이가 벌어졌다.

한 번도 싸움터에서 말을 달린 일 없이 후방에서 군사 동원과 물자 조달을 한 소하가 일등 공신이 되어 천자국의 상국으로 임명된 반면, 수많은 부상을 입으며 혁혁한 무공을 세운 조참은 제후국인 제나라의 상국으로 황제의 곁에서 멀어졌다.

조참은 제나라 상국으로 있으면서, 각 방면의 유생과 선비들의 의견을 받아들이면서 조용히 9년 동안 제나라를 다스렸는데, 제나라의 모든 분야에서 안정을 이루었다.

소하가 죽기 전에 혜제가 소하의 집으로 병문안을 가서 후임 상국으로 조참이 어떤지를 물어보았다. 그러자 소하가 병석에서 겨우 몸을 일으키더니 황송한 마음으로 말하였다.

"폐하께서는 참으로 잘 선택하셨습니다. 신은 이제 여한이 없습니다."

이렇게 소하와 조참의 사이가 멀어지기는 하였으나, 서로의 능력만큼은 인정해 주었다.

조참은 천자국인 한(漢)나라의 상국으로 임명되자, 제나라를 떠나면서 그의 후임에게 국정을 인계할 때 이렇게 당부하였다.

"감옥과 시장은 간사한 사람들이 모여드는 장소이니, 이곳에 대한 일은 신중을 기하여야 하며 혼란이 있어서는 안 될 것입니다."

후임 상국이 의아해하며 물었다.

"제나라를 다스리는데 이것이 가장 중요한 일입니까?"

그러자 조참은 이렇게 대답하였다.

"그렇지는 않습니다. 그러나 감옥과 시장은 선과 악이 공존하는 곳으로 만약 그곳들을 엄중히 관리하지 않는다면, 간악한 사람들로 인해 백성들의 생활을 어지럽히게 될 것입니다. 그래서 이 일이 중요하다고 하는 것입니다."

조참은 한나라의 상국에 오른 뒤에 오로지 전임 상국이었던 소하가 만든 법을 충실히 따를 뿐, 무엇 하나 고치는 일이 없었다. 다만, 언행이 수수하고 꾸밈없는 사람을 발탁하고, 눈에 보이는 실적과 명성만 탐하는 관리들은 멀리하였다. 그리고는 밤낮으로 술만 마셨다.

경대부와 관리들, 그리고 빈객들이 간언을 하기 위해 오면 좋은 술로 대접하면서 말을 하려고 하면 다시 술을 권해 취하게 만들어 그냥 돌아가게 하였다. 이러한 일들이 계속되면서 습관처럼 되었다. 게다가 조참은 타인의 사소한 과실을 알게 되더라도, 언제나 그들을 도와 덮어주었다.

조참이 이런 식으로 국정을 방관하고 제대로 돌보는 것 같지 않아서, 혜제는 속으로 내가 어리다고 상국이 얕보고 그러는 것인가라는 생각이 들었다.

그래서 혜제는 중대부(中大夫)로 있는 조참의 아들 조줄(曹窋)에게 이렇게 말하였다.

"집에 돌아가거든 넌지시 부친에게 '고제께서 세상을 떠나신 지 얼마 되지 않았고, 지금의 황상께서는 나이가 젊은데 상국을 맡은 부친께서 날마다 음주만 하고 국정은 전혀 관장하지 않고 계시니, 어찌 천하의 대사가 근심이 되지 않겠습니까?'라고 말해주시오. 그러나 짐이 물어보라고 했다는 말은 절대로 하지 마시오."

집으로 돌아온 조줄은 기회를 봐서 혜제가 시킨 대로 조참에게 물어보았다. 이 말을 듣고 대노한 조참은 조줄에게 2백 대의 매질을 한 뒤에 아들을 내쫓듯 하며 말하였다.

"빨리 궁궐로 가서 폐하나 잘 모시거라. 천하의 일을 네가 논할 바가 아니다."

조줄이 궁궐로 돌아와 있었던 일을 그대로 혜제에게 보고하였다.

그러자 혜제는 조회에 나온 신하들이 보는 데에서 조참을 질책하듯이 말하였다.

"지난번 일은 짐이 조줄에게 시켜 그렇게 말하게 한 것인데, 구태여 조줄을 매질로 다스릴 것까지는 없지 않았소? "

조참은 관을 벗고 사죄한 뒤에 혜제에게 물었다.

"폐하께서는 스스로 살펴보시기에, 폐하와 고제 가운데 누가 더 지혜롭게 군사를 잘 이끄시는지요?"

혜제는 감히 고제와 견줄 수 없다고 대꾸하자, 조참이 또 물었다.

"폐하께서는 신과 소하를 비교하여 누가 더 현명하고 일을 잘한다고 보십니까?"

혜제가 조참이 소하에게 미치지 못한다고 대답하자, 조참이 아뢰었다.

"폐하의 말씀이 맞습니다. 고제께서 천하를 평정하셨고, 소하 상국께서 법령을 이미 명확하게 만들었습니다. 이제 폐하께서는 두 손을 맞잡고 아무것도 하지 않으셔도 나라를 다스릴 수 있으시고, 신 조참도 소하 상국이 만든 법을 그대로 따르기만 하면 되는 것 아니겠습니까?"

그러자 마침내 혜제도 그 뜻을 알아듣고 조참이 하는 대로 그냥 두었다.

이렇게 조참이 조용하게 아무 일이 생기지 않게 치국하는 방침을 견지했기 때문에, 백성들은 나라의 간섭을 받지 않고 저마다의 일에 힘쓰게 되었다. 따라서 한나라의 경제는 이 시기에 전쟁을 치르고 난 후유증을 극복하고 빠르게 회복할 수 있었다.

조참은 3년간 한나라 상국으로 있다가 기원전 190년에 세상을 떠났다. 조참이 죽자 백성들은 노래를 지어 부르며 조참의 덕을 추모하였다.

소하가 법을 세울 때 획 하나까지 분명하였네. (蕭何爲法 若畵一)
조참이 그를 이어서 지키고 잃지 않았네. (曹參代之 守而勿失)
맑고 공정하게 이를 돌보니 백성들이 모두 편안하였네. (載其淸淨 民以寧)

이와 같이 조참이 음주만 하고 있다고 의심하는 혜제에게 그 이유를 말한 데에서 "소하가 만든 법을 조참이 그대로 따른다."는 말인 '**소규조수(蕭規曹隨)**'라는 고사성어가 유래하였다.

조참이 세상을 떠난 1년 뒤인 기원전 189년에 무양후(舞陽侯) 번쾌(樊噲)도 세상을 떠났다.

유후(留侯) 장량(張良)은 관직을 떠나 신선술을 배운다며 두문불출한 생활을 하다가 번쾌가 세상을 떠난 3년 후인 기원전 186년에 64세를 일기로 세상을 떠났다.

장량이 다리 밑에서 황석공이란 노인과 만난 13년 만에, 그 노인이 말했던 곡성산(穀城山)을 가보니, 그 노인의 말대로 산 아래에서 황석(黃石)을 하나 발견하였다. 【☞ 제4장 '유자가교' 참조】

이후에 이 황석을 자신의 스승인 황석공으로 여겨 집으로 가져와 보물처럼 여기며 제사까지 지내주었다. 장량의 후손들은 장량이 세상을 떠나자 그 황석을 같이 묻어주었다.

제50장
좌우단(左右袒)

左 왼 좌 · 右 오른쪽 우 · 袒 웃통 벗을(소매 걷을) 단

왼쪽이나 오른쪽 어깨를 드러낸다는 말. 편을 가르거나 가부를 결정하는 것을 비유하는 의미이다.

*** 출전: 사마천, 사기(史記) 여태후본기(呂太后本紀)/ 반고, 한서(漢書) 고후기(高后紀)**

기원전 188년 8월, 혜제가 재위 7년 만인 22세의 나이로 승하하였다. 그 뒤를 이어 태자인 유공(劉恭)이 겨우 4살의 나이에 제위에 올라 소제(少帝)가 되었다.

승하한 혜제의 왕후는 노원공주(魯元公主)의 딸이었다. 여태후는 새로운 외척의 등장이 싫어 외손녀인 노원공주의 딸을 혜제의 황후로 삼았다. 그러나 혜제와 황후 사이에는 자식이 없었는데, 이름 없는 후궁이 아들을 낳자 여태후가 생모를 죽이고 그 아이를 황후가 낳은 양 길러 소제가 된 것이다.

여태후는 소제가 어리다는 이유로 정사에 관여하면서 황제의 권능을 대신하여 조정을 마음대로 주물렀다.

기원전 184년 소제가 제위에 오른 지 4년이 지나 8살이 되었을 때, 누군가가 소제에게 생모가 여태후에게 죽임을 당했다는 것을 알려주었다. 철없는 소제는 자기가 자라면 반드시 생모의 복수를 하겠다고 주위에 말하고 다녔다. 이를 전해 들은 여태후는 소제가 자란 뒤에 변란을 일으킬 것이 걱정되었다.

마침내 여태후는 소제를 유폐시켜 아무도 접근하지 못하게 한 후 몰래 살해하고, 혜제의 다른 서자인 상산왕 유홍(劉弘)을 한(漢)나라의 4대 황제로 즉위시켰다. 유홍도 소제로 불리었는데, 3대 황제인 소제와 구분하기 위하여 후소제(後少帝)로 불린다.

여전히 조정을 장악하고 있는 여태후는 여씨(呂氏) 천하를 만들기 위해 유씨(劉氏)들의 제후 왕위를 하나씩 찬탈해 나갔다. 유씨의 제후 왕들에게 여씨 일족의 딸을 왕비로 맞아들이게 하고, 여씨 성을 가진 제후왕들을 하나씩 만들어 나가는 식이었다.

이렇게 고제가 승하한 후 16년 동안 정권을 장악하였던 여태후는 병이 들자 마지막이 가까웠음을 직감하였다. 그래서 친정 조카인 조나라 왕 여록(呂祿)을 상장군으로 하여 북군을, 양(梁)나라 왕 여산(呂産)을 상국으로 삼아 남군을 거느리게 하고 이들을 불러 이렇게 유언을 남겼다.

"내가 죽고 나면 황제가 어려서 대신들이 정변을 일으킬지도 모르니, 반드시 병권을 장악하고 황궁을 지켜야 한다. 나를 위해 요란스럽게 장례를 치르지 말고 무슨 일이 있어도 병권을 내놓고 당하는 일이 없도록 해야 한다."

그 당시 강후(絳侯) 주발(周勃)이 태위(太尉)로서 병권을 총괄하여야 하나, 여태후가 이렇게 여록과 여산에게 남북으로 나누어 실질적인 병권을 가지게 하여 주발은 허울만 남은 태위가 되었다.

기원전 180년 여태후가 세상을 떠나자, 유씨들의 위협을 느낀 여록과 여산도 새로 얻은 병권에 기대어 한나라를 완전한 여씨 천하로 바꿀 정변을 일으키려고 하였다. 그러나 주발이 허울뿐이지만 병권을 총괄하는 태위 자리에 있고, 영음후(潁陰侯) 관영(灌嬰)이 거기장군(車

騎將軍)으로 별도의 대군을 거느리고 있어 쉬운 일이 아니었다.

이러는 사이에 여록의 딸을 부인으로 둔 주허후(朱虛侯) 유장(劉章)이 그녀를 통해 여씨들이 정변을 획책하고 있다는 사실을 알게 되었다. 주허후는 친형인 제나라 왕 유양(劉襄)에게 사람을 보내어 여씨들을 주살하고 황제의 자리에 오르라고 권하면서 자신은 조정 대신들과 안에서 내응하겠다고 하였다.

제나라 왕 유양이 군사를 일으켜 장안으로 진군하자, 상국을 맡고 있던 여산이 즉시 관영을 대장으로 삼고 출전하여 제나라군을 공격하라고 하였다.

그러나 군사를 이끌고 가던 관영은 형양(滎陽)에서 군사를 멈추고 부하 장수들과 의논하며 말하였다.

"관중의 병권을 쥐고 있는 여씨들이 유씨들을 위험에 빠뜨리고 스스로 황제의 자리를 대신하려고 한다. 오늘 내가 제나라군을 격파하면 여씨들의 세력을 더욱 강하게 해주는 일이 될 것이다"

관영은 더 이상 동진하지 않고 형양에 주둔하면서 사자를 보내 제나라 왕 유양과 강화를 맺고 있다가 여씨들이 난을 일으키면 힘을 합하여 그들을 주살하자고 하였다. 제나라 왕 유양은 그 즉시 군사를 물리고 제나라의 서쪽 경계로 후퇴하여 관영의 약속을 기다렸다.

태위인 주발은 실질적인 병권이 없어 군사를 부릴 수가 없었다. 그때 곡주후(曲周侯) 역상(酈商)은 노환으로 집에 누워있었는데, 그의 아들 역기(酈寄)는 조나라 왕인 상장군 여록과 사이가 좋았다. 이에 주발과 우승상 곡역후(曲逆侯) 진평(陳平)이 모의하여 역기가 여록에게 이렇게 말하며 설득하라고 시켰다.

"고제께서 천하를 평정한 후에 여태후와 함께 유씨들은 9명, 여씨들은 3명이 제후왕에 봉하였소. 이것은 모두 대신들의 의논을 거쳐 제후들에게 전해졌으며, 제후들 역시 마땅하다고 생각하고 있소. 이제 태후께서 돌아가셨으나 황제는 나이가 어리고 그대는 조나라 왕으로서 봉국에 부임하여 그 땅을 지키려 하지 않고 오히려 상장군이 되어 군사를 이끌고 장안에 거주하여 대신들의 의심을 사고 있소. 그대는 어떻게 하여 상장군의 인수(印綬)와 병권을 태위에게 돌려주지 않는 것이오? 청컨대 양나라 왕인 여산에게도 상국의 인수를 반납하고 봉국으로 돌아가라고 하십시오. 그렇게 된다면 제나라 왕은 일으킨 군사를 해산할 것이며, 그대는 베개를 높이 베고 천 리 땅의 군주 노릇을 할 수 있을 것이오."

이와 같은 역기의 말을 들은 여록이 옳은 말이라고 생각하여 상장군의 인장을 반납하고 병권을 태위에게 속하게 하려고 하였다. 그래서 이를 여산을 포함하여 여씨 원로들에게 의견을 구하자, 어떤 사람은 옳다 하고 어떤 사람은 옳지 않다고 하여 의견이 분분하여 결정하지 못하고 있었다.

당시 어사대부 평양후(平陽侯) 조줄(曹窋)이 상국 여산을 찾아가 정사를 의논하고 있었다. 그때 제나라에 사자로 갔다가 돌아온 낭중령(郎中令) 가수(賈壽)가 여산에게 제나라 왕과 관영이 힘을 합하여 여씨들을 죽여 없애려 한다면서, 여산이 황급히 궁궐로 들어가 황제를 모신 뒤에 여록의 북군과 합세하라고 재촉하였다.

조줄이 이를 듣고 진평과 주발에게 달려가 전하였다. 주발이 태위 자격으로 북군 군영으로 들어가려고 했으나 들어갈 수 없었다. 그때 북군을 지휘할 수 있는 신표인 부절(符節)은 양평후(襄平侯) 기통(紀通)이 갖고 있었다. 기통이 부절을 지참하고 거짓으로 황제의 칙령이라고 전하여 태위 주발을 북군의 군영으로 들어가게 하였다.

주발은 북군의 군영에서 역기와 전객(典客) 유게(劉揭)를 시켜 여록에게 달려가 자기의 말을 전하게 하였다.

"황제께서 태위인 나에게 북군을 맡도록 하고, 조나라 왕 여록은 봉국에 부임하도록 명하셨으니, 서둘러 상장군의 인수를 반납하고 봉국으로 떠나도록 하시오."

여록은 이에 속아 즉시 상장군의 인수를 풀어 유게에게 주므로 태위인 주발이 북군을 지휘하게 되었다. 그러자 주발이 군사들을 모아 놓고 이렇게 말하였다.

"여씨를 따르겠다는 군사들은 오른쪽 어깨를 드러내고, 유씨를 따르겠다는 군사들은 왼쪽 어깨를 드러내라!"

군사들은 모두 왼쪽 어깨를 드러내며 유씨들을 따르겠다는 뜻을 밝혔다.

이와 같이 주발이 군사들의 가부를 묻기 위해 어깨를 드러내 보이라고 한 데에서 "왼쪽이나 오른쪽 어깨를 드러낸다."는 말인 '좌우단(左右袒)'이라는 고사성어가 유래하였다.

'단(袒)'은 웃통을 벗어 어깨를 드러내거나 소매를 걷는 것을 말하는데, 이후 '좌단'은 같은 편에 서는 것을 비유하는 말로 쓰이게 되었다.

이렇게 북군은 주발이 장악하였으나, 남군은 아직 여산의 지휘하에 있었다. 주발은 주허후 유장에게 군문을 지키게 하고, 조줄을 시켜 궁문을 지키는 위위(衛尉)에게 여산을 궁문에 들이지 말도록 엄명을 내렸다.

여산이 황제가 있는 미앙궁(未央宮)으로 쳐들어가 황제를 모시려 했으나, 위병들에게 막혀 궁문 앞에서 배회하였다.

이때 유장이 1천 군사를 거느리고 여산을 공격하여 여산은 달아나다가 낭중령 관청의 측간에서 참수당하였다.

이에 비로소 주발이 여씨 일족을 모두 잡아들이라고 명령을 내리자. 봉국으로 돌아가던 조나라 왕 여록은 참수당하고, 여태후의 동생인 여수(呂須)는 성난 군중들에 맞아 죽는 등 여씨 일족이 몰락하였다.

주발과 진평은 여씨 일족을 평정한 뒤에 유장을 제나라로 보내 군사를 해산하도록 하고, 형양에 주둔하고 있던 관영의 군사도 철수하여 장안으로 돌아왔다.

그러나 황제는 아직 여태후가 내세운 후소제이므로, 대신들이 은밀히 만나 상의하였다.

"후소제와 양왕(梁王), 회양왕(淮陽王), 상산왕(常山王) 등은 모두 혜제의 진짜 아들이 아니오. 여태후가 거짓으로 다른 사람의 아들을 궁궐로 들여온 후에 그 모친을 죽이고 후궁들이 양육하여 혜제의 아들로 만들어 뒤를 잇게 하고 제후왕으로 앉혀 여씨들의 세력을 강화한 것이오. 지금 여씨 종족들은 멸족되었으나 그들이 세운 황제나 제후왕들을 그대로 남겨 놓을 경우 그들이 장성해서 권력을 행사하게 된다면 우리는 몸 붙일 데가 없게 될 것이오. 차라리 제후왕 중에서 어진 사람을 찾아 새로 세우는 것이 좋을 것이오."

그러면서 제나라 왕 유양과 회남왕 유장(劉長)이 황제 후보로 거론되었으나, 여씨들처럼 외척이 발호할 것을 경계하여 대(代)나라 왕인 유항(劉恒)을 옹립하기로 하였다.

유항은 고제와 박부인(薄夫人)의 소생이다. 유항을 황제로 옹립하게 된 이유는 현재 고제의 아들 중에서 제일 연장자이고, 어진 마음과 효성은 천하가 모두 알고 있었다. 또 그의 모친인 박부인은 매사에 조심하여 인성이 훌륭하고, 그녀의 친정도 신중하고 선량한 집안이라 여씨들과 같은 행악(行惡)은 없을 것이라 여겼기 때문이다.

기원전 180년, 황족 원로들과 대신, 열후들의 추대에 의하여 유항이 23세의 나이로 제위에 오르니 한나라 제5대 황제 문제(文帝)이다.

문제가 태복(太僕)인 여음후(汝陰侯) 하후영(夏侯嬰)이 모는 수레를 타고 장안으로 입성할 때, 후소제와 그 형제들인 양왕 유태(劉太), 회양왕 유무(劉武), 상산왕 유불의(劉不疑)는 2대 황제 혜제의 진짜 아들이 아니라는 이유로 함께 독살되었다.

제위에 오른 문제는 어진 황제로 안정과 검약을 실천하였다. 후세의 황제가 자신의 통치를 자랑하려 할 때, '나의 정치가 과연 한의 문제만 한가?'라고 자문할 정도로 근검절약을 실천에 옮긴 현군(賢君)이었다.

그의 아들인 경제(景帝)와 더불어 이 시기에 태평성대를 이루었는데, 이를 가리켜 '문경지치(文景之治)'라고 할 정도로 문제의 즉위를 기점으로 한나라는 비로소 안정기에 접어들었다.